KB018873

DIGITAL CASH
디지털 화폐

디지털 화폐
데이터는 어떻게 화폐가 되었나

초판 1쇄 인쇄일 2021년 3월 21일   초판 1쇄 발행일 2021년 3월 30일

지은이 핀 브런턴 | 옮긴이 조미현
펴낸이 박재환 | 편집 유은재 | 관리 조영란
펴낸곳 에코리브르 | 주소 서울시 마포구 동교로15길 34 3층(04003) | 전화 702-2530 | 팩스 702-2532
이메일 ecolivres@hanmail.net | 블로그 http://blog.naver.com/ecolivres
출판등록 2001년 5월 7일 제201-10-2147호
종이 세종페이퍼 | 인쇄·제본 상지사 P&B

ISBN 978-89-6263-219-4 03320

책값은 뒤표지에 있습니다.   잘못된 책은 구입한 곳에서 바꿔드립니다.

디지털 화폐

데이터는 어떻게 화폐가 되었나

핀 브런턴 지음 | 조미현 옮김

에코리브르

"죄송합니다만 그 여자가 한 말이 사실인가요?"

"당연히 아니죠. 그녀는 미래를 말하는 겁니다. 같은 게 아닌 거 알잖아요."

-보리스 비앙,《붉은 잔디(L'Herbe rouge)》

나는 미래에 대한 루트 액세스 권한을 얻으려 한다. 미래의 사고체계를 습격하고 싶다.

-주드 밀혼

차례

서문: 세 가지 흐름

이 책은 디지털 화폐와 그것을 구축하려 했던 사람들의 거의 알려지지 않은 이야기를 들려준다. 이들은 국가를 무너뜨리고 암호 유토피아를 창건하려 했고, 국제 질서의 붕괴로 보상을 얻으려 했으며, 자신들을 영원히 살게 해줄 기계의 탄생에 박차를 가하려 했다. 암호 화폐가 어떻게 생겨나게 됐는지, 즉 전제조건, 기술과 하위문화, 개념과 상상과 소설, 그리고 비트코인의 첫 발표의 이면에 있었던 미래 모델을 설명한다.

이 책의 주요 논지는 일반적인 전자 화폐보다는 특별히 **디지털 화폐** 이야기를 한다는 사실에서 출발한다. 화폐를 디지털화하는 작업이란 컴퓨터 네트워크상에서 거래하고 검증하기, 즉 그것이 보이는 그대로임을 입증하기는 쉽지만 위조나 복제는 불가능하고, 그것을 어떻게 또는 누가 사용하는지에 관한 정보는 생성하지 않으면서도 그것이 무엇이며 얼마만큼의 가치가 있는지의 정보는 전달할 수 있는 물건을 만든다는 뜻이다.

이것은 역설적이고 불가능해 보이는 요구다. 구할 수는 있지만 부족해야 하고, 고유하고 익명이지만 식별과 신뢰가 가능해야 하며, 전송은 쉽지만 사본을 만들 수는 없어야 한다. 비용을 들이지 않고, 즉시, 완벽하게 복제할 수 있도록 설계·구축된 기술들의 맥락에서 이 모든 특성을 갖춰야 한다.

내가 강조하고 싶은 이야기는 디지털 화폐는 통화 자체의 더 큰 역사 안에서 하나의 지식 문제로 보았을 때 가장 잘 이해가 된다는 것이다. 여러분은 어떻게 특정 통화의 토큰이 가치가 있는지, 즉 그것이 통용될 수 있는지, 다른 사람이 당신에게서 그것을 가져가려 할지, 그것으로 결제하고 상환할 수 있는지 아는가? 이 책의 1장에서 자세히 다루겠지만, 이상의 복잡한 문화적 마이크로공학(microtechnology), 사회적 매개체로서의 일반적인 화폐 가치는 현재 및 미래 상황에 대한 강력하면서도 흔히 추상적인 믿음, 즉 어떤 종류의 돈은 납세용으로 승인될 것이고, 또 어떤 종류의 돈은 희귀 금속이나 재료로 시장이 넘쳐나더라도 가치가 떨어지지 않을 것이며, 나머지 3분의 1은 선물, 채무 및 호혜성의 사회관계망을 유지할 거라는 예측, 짐작 및 바람에서 비롯된다.

이 높은 곳에서 **실생활**로 돌아와, 통화와 현금과 동전으로 줌인해보자. 여러분은 어떻게 이 특정 화폐의 가치를 아는가? 그것의 정체를 어떻게 확신하며, 그것이 진짜인지는 어떻게 인증하는가? 우리는 이를 연성(延性), 열전도도 및 소리를 통해 알 수 있다. 동전을 깨물어보고, 얼음이 그 위에서 얼마나 빨리 녹는지 살펴보고, 부딪힐 때 나는 '땡그랑 소리 검사'를 하면서 말이다. 벽돌 모양으로 압축된 차(tea)의 냄새와 무게, 시가(cigar)의 상표와 띠로부터, 아니면 일련번호, 서명, 제지 원료와 원단의 '촉감', 그리고 은행권이나 신용장이나 여행자수표의 위조 방지 띠나 투명무늬를 통해 알 수도 있다. 우리는 이 모든 것을 훈련, 습관, 예전 경험의 맥락 속에서 안다. 이를 염두에 두고 여러분이라면 디지털 통화를 어떻게 만들겠는가?

나는 디지털 화폐는 **디지털 데이터를 가치 있게 만드는** 도전의 일부로 이해해야 하며, 이보다 이해하기 어려운 디지털 화폐의 여러 측면은 디지털 객체(digital object)의 인증, 소유권, 확실성 및 증명의 관점에서 이해했을 때 풀린다는 것을 알려주고 싶다. 디지털 소유권과 디지털 화폐라는 쌍둥이 프로젝트는 정보 시장의 구축에서부터 익명의 진술을 확인하고, 작업 및 시간을 승인하고, 위조 및 복제와 싸우는 데 이르기까지 이 책에서 들려주는 역사가 펼쳐질 때마다 늘 함께 등장한다. 다시 말해, 이 책은 글자 그대로 그리고 비유적으로 데이터가 어떻게 **화폐화**(monetized)되었는지에 관한 역사다.

나의 두 번째 주장은 디지털 화폐의 역사는 또한 돈과 기술을 사용해 미래에 관해 얘기하는 대단히 생생한 사례를 보여줄 수 있다는 것이다. 이 이야기들은 주장을 내세우고, 승인을 구하고, 내기를 걸고, 지지자들을 소집하고, 현재에 권력을 장악하는 방식이다. 이 책 전체에 걸쳐 나는 유토피아적이고 투기적인 크고 작은 여러 통화 프로젝트를 기술할 것이다. 각각에는 시간 모델, 역사 및 미래에 관한 이야기와 판타지, 장래의 가치를 위해 활용하는 냉동보존, 각종 암호, 해상 도시 같은 연관 기술이 따라온다. 모든 프로젝트는 또한 번역 문제에 직면하기도 한다. 그것들이 탄생한 소규모 동질집단, 즉 공학 또는 소프트웨어 개발 경력이 있는 청년기부터 초중년기의 거의 전부가 백인인 미국 남성 집단—대부분 캘리포니아 해안가에 거주하고, 정치적 이론과 신념이 같으며, 메일링 리스트와 행사를 통해 서로 아는 사이다—의 바깥에서 프로젝트를 설명하고 납

득시켜야 한다.

이 책의 모든 가상화폐 주조인 및 조폐업자는 그들만의 특별한 역사적 조건 안에서 움직인다. 샤프를 가지고 그래프용지에 번영을 도식화하는 기술관료, 예견되는 전체주의 초국가(超國家, ultrastate)의 기반을 약화시키는 사이퍼펑크(cypherpunk: 강력한 암호화 및 개인정보 보호 기술을 사회적·정치적 변화의 경로로 사용하고자 하는 사람들—옮긴이), 파라오의 용기(容器)처럼 영면에 든 자신들의 냉동된 몸을 최고의 엔진 연료로 삼아 치명적인 혼란을 도모하려는 엑스트로피언(Extropian: 과학기술을 통해 육체의 수명을 무한히 연장하려는 사람들—옮긴이)이 그렇고, 자신들의 결정과 신념 및 투자를 입증해줄 미래의 붕괴에 부지런히 대비하는 자유지상주의자(libertarian), 아고리스트(agorist: 반체제적 자유시장주의자—옮긴이), 무정부 자본주의자, 초소형 국민체(micronation: 독립 국가라고 주장하지만 국제사회에서 인정받지 못한 나라—옮긴이) 시민, 객관주의자(Objectivist: 존재는 객관적이며 인간은 오직 객관적인 세계를 관찰하고 이에 이성적으로 대응할 때 바람직한 삶을 살 수 있다는 소설가 에인 랜드의 사상을 따르는 사람들—옮긴이) 및 주권적 개인들이 그렇다. 그들의 업적은 가까운 미래 시제였으나, 원형(原形) 커뮤니티 모집부터 아이디어 쿠폰 설계와 파멸을 예상하며 무기를 비축하는 일까지 필요한 행동은 현재 시제였다. 그리고 하나같이 투기적 통화와 디지털 화폐의 생산이나 채택 중 한 가지를 수반했다. 이들의 이러한 시간 틀은 "설명하고, 유도하고, 설득하여 세의 확산을 노렸던" 17세기의 신용과 고정된 금속화폐 지지자들의 그것과 같았다. "만일 그들이 행동에 나설 청중을 설득하는 데 성공한다면 미래를 장악할 수 있을 것이다."[1]

이 책의 연구과제는 한마디로 요약할 수 있다. 유통화폐(passing current)

는 사람에서 사람으로 전해지며 일반적으로 교환을 위해 승인되는 화폐를 가리키는 통화 세계의 용어다. 하지만 여러분의 지갑 속 현금이 '유통화폐'라는 개념은 그것이 예상 화폐이기 때문에, 즉 그다음으로 제공받는 사람이 그 돈을 수용할 테고, 그것은 결국 세금으로 받아들여지거나 상환될 수 있을 때만 유효하다. 현재 시제의 '통화(currency)', 그것이 통용된다는 사실은 미래의 산물이다. '통과 전류(passing current)'는 디지털 화폐를 만들 때 사용되는 트랜지스터와 컴퓨터 하드웨어 발달을 포함하는 물리학과 전자공학에도 등장한다. 이 책의 일부는 전선으로 전자를 이동시키는 작업에 관한 이야기다. 끝으로, 그리고 비유적인 '지나가는 흐름(passing current)'은 현재 시간의 경과―기록하고 서술한 과거와 예측하고 욕망하고 두려운 미래 사이에서 지금 이 순간이 지나가는 것―를 환기시킨다. 디지털 화폐 이야기는 이 세 가지 흐름, 즉 화폐의 사회적 수수께끼, 컴퓨터의 기술사, 역사적·미래적 조건에 관한 우리의 의식의 교차점에 위치한다.

그러므로 이 책의 목표는 두 가지다. 다 읽고 나면 1980년대 실험부터 비트코인 탄생에 이르기까지 디지털 화폐의 요소, 개념 및 구상에 대한 그림이 그려질 것이다. 그 속에서 여러분은 이를테면 데이터를 현금으로 변환하는 경위와 그 과정에 수반된 균형과 투쟁(특히 지불 및 거래 감시)을 알게 될 것이다. 또한 실험적 화폐들을 통해 전해지는 가까운 미래의 여러 이야기와 예상 사건이 현재에 적용되는 다양한 방식도 알게 될 것이다. 이것은 유토피아적 통화의 역사를 넘어 **미래상의 기법**으로 작용했던 원형, 이미지, 내러티브, 기능체계 및 스페큘레이티브 디자인(speculative design: 미래 현상을 예측하고 고민하여 현재를 분석하는 디자인 트렌드―옮긴이)으로까지 나아간다. 나는 통화(디지털 및 기타)와 컴퓨터 작업에 관해 여러분이 알고 있는 지식을 풍부하게 늘리고, 어떻게 강력한 미래에 대한 판타지가 화폐와 기계와 소설 등을 모두 사용해 이야기되었는지, 그리고 이야기되고 있는지를 여러분에게 보이고 싶다.

이 모든 것을 염두에 두고서 나는 이 책으로 많은 관련 인물─그중 일부는 비뚤어지고, 위험하며, 일부러 정도를 벗어나는 것으로까지 보일지 모른다─과 관행에 관한 간략한 스케치를 포함해서 유토피아적 욕망과 미래에 대한 환상과 실험적인 삶의 여러 가지 다양한 시스템을 정신없이 돌아보는 **경험**을 여러분에게 안기고자 한다. 이 여정에는 원형(原型) 국가와 수학의 난제, 시스템 창시자를 죽음에서 부활시킬 금융 시스템, 비전도성 액체, 재너두의 하이퍼텍스트, 엽전(葉錢), 객관적 가치, 통화 공황, 민간 우주선, 공개 무작위성, 망토를 착용한 미국 테크노크라시 요원, 차도르를 걸친 암호 전문가, 공해(公海)의 자치구역, 농구하는 그레이스 호퍼(Grace Hopper), 자유지상주의 은화, 측지선 수법, 고장 난 타임머신, 아이디어 쿠폰, 위조 서명, 라바 램프 벽, 사람 머리가 냉동된 탱크가 함께한다.

01

화폐로 투기하고 상상하기

대공황이 한창이던 미국의 한 유토피아 프로젝트, 전 북미 대륙을 산업적인 문제로 다스리려던 엽기적 계획에서 출발해보자. 우리는 테크노크라시 주식회사의 흥망성쇠를 통해 화폐란 시간―미래, 신념 및 예측―을 관리하는 기술이며, 사회 모형을 포함한다는 사실을 알게 된다. 화폐에 깊이 내재된 그 외의 시간 유형 중 특히 '투기적 통화'는 눈여겨볼 만하다. 그것은 유토피아 실행을 위한 시스템―이번 장에서 설명하고 책의 나머지 부분에도 이용할 개념인 코스모그램―으로 작동한다.

테크네이트

하워드 스콧(Howard Scott)은 두 가지 복장을 착용했다.[1] 1920년대에 그는 엔지니어였다. 그는 뉴욕시의 그리니치빌리지(Greenwich Village)에서 무거운 장화, 승마용 바지, 가죽 재킷, 붉은 두건에 챙 넓은 모자를 쓰고 계산자와 이따금 청사진을 갖고 다녔다. 고층빌딩 건설현장에서, 혹은 활주로를 깔거나 댐을 방문할 때 햇빛으로부터 눈을 보호하는 데 적합한 옷차림이었다. 에인 랜드(Ayn Rand)는 아직 러시아에 사는 십 대 소녀였고, 《파운틴헤드(Fountainhead)》(러시아 태생으로 미국에 이주한 소설가 에인 랜드의 첫 작품―옮긴이)는 1943년이나 되어야 나오게 되지만, 이미 스콧은 재킷을 벗어 던지고 화강암 채석장에서 핸드드릴 작업에 들어갈 태세를 갖춘 그녀의 건축가 주인공 하워드 로크(Howard Roark)처럼 입고 있었다. 하지만 이념이나 실제 면에서―공상의 산물이라는 점 빼고는―로크와 공통점은 하나도 없었다. 하워드 스콧은 실존 인물이었으나, 캐릭터를 연기하고 있었다. 그는 엔지니어도 건축가도 아니었다. 특별히 계산자로 측정할 만한 건 없었다. 그는 괴짜요, 이웃 아저씨요, 빌리지(Village)의 카페에서 삶의 합리화와 산업적 효율성 증대의 중요성에 관해 설파하는 계획경제의 연설가였다.

대공황이 공장 셔터를 내리고, 들판과 마을을 비우고, 도로와 철도를 난민으로 채우면서 전국 방방곡곡을 누비던 1930년대에 스콧의 복장은 달라졌다. 그는 회색 플란넬 맞춤 양복에 파란 넥타이를 매고 나타났다. 더 이상 석유 굴착기에서 방금 돌아온 척하는 기술자 인부가 아니라, 이제는 어느 모로 보나 합리적인 조직의 일원, 회사의 얼굴이었다. 이것은 새로운 테크노 컬처(technoculture), 그가 막 자신의 정치적 운동과 함께 활용하려던 참인 생생한 산업적 판타지, 바로 테크노크라시 주식회사(Technocracy Inc.)의 제복이었다.[2]

당시 미국은 현금이 부족한 나라였다. 잇따른 은행의 도산과 예금 인출 사태는 현금과 동전을 양말, 금고, "땅속 구멍, 변소, 코트 안감, 말의 목 사리, 석탄 더미, 속 빈 나무"[3]에 비축하도록 부추겼다. 니이절 도드(Nigel Dodd)의 2014년 저서《돈의 사회생활(The Social Life of Money)》의 첫 문장 에서 우리는 현대의 메아리를 들을 수 있다. 그는 2007~2008년에 금융 위기가 걷잡을 수 없이 소용돌이치고 유로화 다발을 "아이스박스, 진공청 소기, 밀가루 봉지, 애완동물 사료 용기, 매트리스, 바닥 아래"에 숨기던 때에 "그리스에서는 자금이 동결되었다"고 썼다. 1933년 프랭클린 델러노 루스벨트(Franklin Delano Roosevelt)가 취임과 동시에 연방예금보험 법안을 통과시킬 시간을 벌기 위해 긴급 은행휴일을 선언하자 현금 유통은 한층 더 얼어붙었다.

수백 군데의 도시와 마을이 가증권(scrip: 일시적으로 배당금을 대신해 발행하 는 약속 증서―옮긴이)을 발행했고, 다우 케미컬(Dow Chemical, 미국의 화학제 품 회사―옮긴이)은 마그네슘으로 동전을 주조했다. 디트로이트의 상점들 은 달걀 상자와 벌꿀을 맞바꿨다. 가게 주인, 의사, 약사가 고객들에게 외 상을 줬다. 학생 신문 〈데일리 프린스터니언(Daily Princetonian)〉은 프린스 턴 상인들과 제휴하여 25센트 단위의 자체 통화를 500달러어치 발행했 다. 뉴욕 로즈랜드 볼룸(Roseland Ballroom)의 직업 무용수들―유명한 로 저(Rodgers)와 하트(Hart)의 노래 가사에 나오는 "한 번 추는 데 10센트(ten cents a dance)"―은 자금을 증명할 예금통장을 보여주면 10센트 동전 대신 차용증서를 인정해줬고, 아마추어 복싱 토너먼트에서는 여송연, 빗, 감 자 자루도 받았다. 대중교통은 5센트 동전으로 운행되었으므로, 통근자들 과 멋진 옷을 차려입고 잔돈을 구걸하려는 건달들은 맨해튼의 오토매트

(Automat: 자동판매기로 간단한 식사와 음료를 팔던 체인점─옮긴이)로 밀려들었다.[4]

이보다 테크노크라시의 타이밍이 더 좋을 수는 없었을 것이다. 스콧과 그의 추종자들은 과학적 경제라는 유토피아를 가지고 심각한 금융 불확실성의 시국에 발을 들여놓았고, 만일 자신들이 집권한다면 대공황을 고쳐놓겠다고 약속했다. 수년간 그들은 미국 언론의 집중적인 관심을 받았는데, 일부는 진지했고 일부는 조롱 조였지만 전부 선전 효과는 톡톡했다. 절정기에 그들의 선봉대는 미국 역사상 골수 테일러주의자(Taylorism: 테일러가 창안한 과학적 노동 관리 및 통제 기법─옮긴이)들과 1920년대 소련 구성주의(constructivism: 금속이나 유리 등 근대 공업 재료를 받아들여 기계적 표현을 강조했던 전위적 추상예술 운동─옮긴이)의 기계 숭배자들에 가장 가까웠다. 그들은 사회와 그 안의 모든 구성원을 생산 라인에 맞춰 전면적으로 재설계하기 위해 생물리학과 동체사진법을 활용하려 했던 볼셰비키 과학경영 이론가 알렉세이 가스테프(Alexei Gastev)와 시간 연맹(Time League) 조직의 미국 버전이었다. 그것은 인간이 하나의 연속적 리듬을 가진 엔진의 완벽한 구성요소가 되는 대량 미니멀리즘(massified minimalism)의 공상과학 소설적인 문명이었다.[5] 하지만 테크노크라시는 스스로를 볼셰비키와 달리 "정치를 뛰어넘어" 그 대신 실용적인 공학과 무엇보다 '과학'의 틀에서 태어났다고 소개했다. 그들의 슬로건은 "과학에 의한 통치─기술력을 통한 사회적 통제"였다.

대공황으로부터 미국 민주주의를 구하려면 "사람, 기계, 군수물자 및 나랏돈"의 "전면적 징집!"[6] 프로그램을 동원해 그것을 타파해야 할 것이었다. 그것은 볼셰비키의 '전시(戰時) 공산주의'도 무색게 할 만한 프로그램으로, 미국인의 '할 수 있다'는 낙천적 태도와 **공학적 연극**(engineering theater)이라 이름 붙일 만한 퍼포먼스와 함께 전달되었다. 헌신적인 테크노크라시 일원들은 옷핀으로 '모나드(monad)'—소비와 생산의 통일을 위한 일체의 상징—가 있는 완장을 차고 군대 비슷한 거수경례를 했다. 그들은 자동차와 오토바이로 무리 지어 돌아다녔고, 전기 축전기 용량 단위에서 이름을 딴 열성 신입대원의 거리 홍보팀, 이름하여 패럿(Farad)이란 청년집단을 양성했다.

그들의 비전은 미국, 캐나다, (일부 초안에서는) 멕시코를 아우르는 테크네이트(Technate)라는 공황 이후 독재적인 전문 엔지니어들이 운영하는 계획경제였다. 그들이 비필수적이라고 간주하는 모든 정치적, 예술적, 윤리적, 사회적, 지적, 오락적 활동은 축소되거나 죄다 없어질 판이었다. 이런 변화가 에르그(erg: 일·에너지의 단위—옮긴이)로 표시되고 증서로 배포되는 에너지와 직결된 신(新)통화로 보증될 터였다. 스콧은 "기술이 가격체제를 강타하다"란 제목의 1933년도 〈하퍼스(Harper's)〉 기사에서 "달러의 가치는 오늘은 아주 높았다가 구매력 덕에 내일은 더 높아질 수도 낮아질 수도 있지만, 일이나 열의 단위는 1900년이든 1929년이든 1933년이든 혹은 2000년이든 똑같다"고 썼다. 돈이 '객관적 가치'를 지닌다는 그 고전적인 모순어법은 경험적 수량과 사회적으로 유지된 원칙을 혼동하고 있었다.

'에너지 증서'의 교묘한 속임수—나중에 실행되는 것보다 여기서 더 노골적으로 실행된다—를 관찰해보자. 증서는 달러보다 **더 진짜**였고, 우주에 뿌리를 둔 '일이나 열'과 존재론적으로 연결되어 있었다. 현존하지 않는다는 점을 제외하면 모든 면에서 더 진짜였다. 그러나 그것이 곧 존재할 **예정**이라고 설계는 장담했다. 증서의 도안을 작성했는데, 묘사가 제법 상세했다. "투명무늬(water-mark)가 있는 종이로 제작되며 …… 조각을 접어서 편리하게 주머니에 넣고 다닐 만큼 작은 직사각형 소책자로 발행한다."[7] 에너지 증서는 사회 전체가 그것에 적합하도록 재배열될 미래에만 존재했기 때문에 달러보다 더 진짜였다. 더 믿을 만한 가치 저장소이자 회계 단위로, 우월하고 변함없었다. 정확히 제안서도 아니고 그렇다고 원형(prototype)도 아닌 테크노크라시 에너지 증서는, 이 책에 나오는 다른 모든 투기적 통화 프로젝트와 마찬가지로 과학사학자 존 트레시(John Tresch)가 말하는 **코스모그램**(cosmogram)이었다. 코스모그램은 "과학적이면서 예술적이고 기술적이면서 동시에 정치적"이다. 그것은 우주의 모델과 그에 따라 삶과 사회를 조직하는 방법을 담고 있는 사물이다.[8]

우주의 섭리

트레시의 저서 《낭만적 기계: 나폴레옹 이후 유토피아적 과학기술(The Romantic Machine: Utopian Science and Technology after Napoleon)》은 프랑스에서 1814년 나폴레옹의 몰락과 1852년 나폴레옹 3세의 승리 사이의 기계, 실증주의적 과학 연구, 정량화 및 산업이 그야말로 낭만주의적 생활방식과 사고방식의 도구가 되었던 시대를 기록하고 부활시킨다. 그는 과학기술적 개념 및 객체가 단지 우주에 대한 경험적 지식뿐 아니라 윤리, 사회 변혁, 미학, 우리의 역사상 위치에 대한 평가, 그리고 경험의 순수한 황홀경을 가리키기 시작하던 때를 기술한다.

이런 주장을 펼치다가 트레시는 여러 종류의 일을 동시에 하는 것, 이를테면 새로운 건물, 달력 및 정리체계, 과학 기구, 파노라마와 환등 같은 대중적 볼거리에 관해 얘기하는 미묘한 입장에 놓이게 됐다. 전부 우주의 특별한 질서, 일련의 배열 및 관계, 과거 및 미래에 대한 지향, 개인적·사회적으로 우리가 어떻게 처신하고 행동해야 하는지를 말해주는 것들이었다. 여러분이 내부에 서 있을 수 있는 건물, 여러분이 향유할 기술과 가극이 결합된 볼거리, 그리고 여러분이 사용할 지도와 도구, 그것들은 문서인 동시에 객체였다. 그는 이 다양한 형태에 대해 "중요한 것은, 그리고 이것이 우주론과 다른 이유는 우리가 구체적인 실행과 일련의 객체를 낳는 텍스트에 관해 얘기하고 있다는 점이다. 그것들이 한데 모여 세계의 완전한 인벤토리(inventory) 혹은 지도를 엮는다"[9]고 썼다. 이 문서와 객체가 문화적 테크놀로지로 작용한다.

코스모그램은 우주와 그 속에서 우리의 위치를 명령하는 사물이며, 그것의 작동 속에 관계, 역할 및 행동의 체계를 내장한 물건이다. 그 예로는 성경의 성막(聖幕: 대형 천막을 이용한 유대인들의 이동식 성전─옮긴이), 도곤족(Dogon: 서아프리카 말리에 거주하는 종족─옮긴이)의 예식, 티베트 불교의 만다라에서부터 백과사전, 특정한 종류의 과학 프로젝트 및 도서관 평면도가 있다. 코스모그램을 정의하는 것은 세계사적인 의미가 아니라 그것이 제공하는 특별한 일련의 기능이다. 사용자의 시각에서 보면 그것은 우리를 시간과 공간(우리는 어디에 있고 어느 시간에 있는가?)에 위치시키며, 존재론적 차원을 설정하고(무엇이 중요한가?), 실행 및 모델을 제공한다(우리는 무엇을 해야 하며 어떻게 이해해야 하는가?). 그것은 특정 집단의 구성원들이 기준점을 정할 때 다양한 범주(중요성과 사소함, 우월과 열등, 청결과 불결) 사이의 관계와 상호연관성을 확고히 해준다. 아울러 세계의 이미지를 최대한 제공하며, 세계에 대한 참여─여러분이 실제로 옮길 수 있는 행동─를 안내할 일련의 관습 및 의례로 그 이미지를 구체화한다. 그것은 의제가 있는 세계의 모델, 곧 사물 및 상징의 배열을 통해 표현된 암시적 유토피아 프로젝트다.

마지막으로, 코스모그램은 사용자에게 공간과 더불어 시간과 역사를, 특히 미래의 역사를 만들고 체계화한다. 그 역사를 유지하고 그 미래를 생산할 실행방법을 제공한다. 그것은 종교적 우주론에 플러그를 꽂든, 19세기 마르크스주의 변증법의 톱니바퀴 장치나 20세기 그래프들의 보외법(extrapolation: 주어진 데이터 영역에서 벗어난 값을 추정하는 방법—옮긴이)에 연결했든, 지금까지 있었던 일(역사의 어떤 부분이 정말로 중요한지)과 앞으로 있을 일을 우리에게 말해준다. 지금까지 있었던 일과 앞으로 있거나 있을 가능성이 있는 일과 관련하여 **현재**가 어떤 때인지를, 그리고 현재와 관련하여 여러분이 어떻게 행동해야 할지를 말해준다. 그것은 미래를 지식의 대상으로 삼는 프로젝트다.

화폐로 투기하고 상상하기

테크노크라시 주식회사의 에너지 증서는 완벽한 코스모그램이었다. 거기에는 대단히 특이한 전체 사회와 우주가 축소판으로 담겨 있었다. 그것은 모든 자연과 이전의 인간 활동이 전체 산업의 효율성이라는 목표를 위한 부차적 보조 자료에 불과한 세계에서 가치와 가격을 책정했다. 증서에는 소지자와 그들의 구매 가능한 전부를 테크네이트에 있는 모든 역할, 서비스 및 제품의 존재론 안에 배치하는 복잡한 회계체계("수정된 듀이 십진분류법")가 들어 있었다. 그것은 테크노크라시 사회에서 행동을 장려했고 금지했다. 또한 일종의 달력 역할을 하기도 했다. 모든 에너지 증서는 2년의 '균형 잡힌 만기' 안에 소비하게 되어 있었기 때문이다.

이 2년 주기는 테크노크라시 증서에 어떤 특별한 시간을 장착했다. 사재기와 투기가 아닌 투자와 교환을 촉진하기 위해 일정한 시간이 되면 가치를 잃고 만료되는 것이다. 이 의도적인 일정은 대공황 시기에 유통됐던 다른 실험적 통화들도 마찬가지였다. 오스트리아와 캐나다와 미국에서는 잠시 일부화폐(stamp scrip: 표면에 인지를 붙이거나 유통 기한을 적어 그 기간만 기능을 발휘하게 되어 있는 화폐—옮긴이)와 사회신용 프로젝트가 번성했는데, 사용하지 않으면 의도적으로 급속히 가치가 떨어지는 화폐였다("신문처럼 뒤떨어지고, 감자처럼 썩고, 철처럼 녹슬었다").[10] 그러나 테크노크라시 화폐는 두 번째 시간 모델, 화폐의 좀더 일반적인 특징을 한 가지 탑재했다. 화폐 토큰은 그것들이 향후에 교환될 미래 시간의 유물이라는 점이었다.

화폐를 연구하는 많은 학자들은 고대의 바람 부는 디오라마(diorama: 역사적 사건이나 풍경 등을 축소된 모형으로 표현한 것—옮긴이)를 배경으로 한 고전적 화폐 기원설을 전파하든가 아니면 논박해왔다. 돈은 물자와 물물교환 또는 세금 및 공물로 시작됐든가, 아니면 언어, 선물, 수량화 또는 폐기물로 시작됐다는 것이었다. 도드의 《돈의 사회생활》은 이미 알려진 여섯 개의 다른 출발점으로 시작해 더 많은 기원을 암시한다. 이론과 실제에서 화폐의 기원에 관한 이야기는 우리의 삶에서 화폐가 담당하는 역할을 형성한다. 그런데 미래에 관한 이야기들도 마찬가지다. 우리가 받아들이는 돈은 **유통화폐**이고, 우리는 결국 그것을 다가올 시간에 다른 사람(상인, 세금 징수원, 은행)이 승인할 것임을 알고 받아들이는 것이다.[11] 우리는 H. G. 웰스(H. G. Wells)의 돌아온 시간 여행자의 주머니 속에 있던 '이상한 흰색 꽃'

처럼, 미래의 유물처럼 현금을 보유한다.

　이 사실은 화폐와 금융의 맥락에서 사소한 문제로 보인다. **물론** 사람들은 "기억나는 과거와 예상되는 미래와 측정된 시간"의 안정성과 불안정성을 고려하여 자산과 부채를 보유한다.[12] 우리가 과거로 얼마를 거슬러 올라가든, 화폐는 늘 시간과 역사의 특정한 배열 안에서 작동해왔다. 이집트의 곡물저장용 할인영수증(ostraka) 또는 메소포타미아에서 왕조의 변화와 세습된 권력 서열과 엮여 있었던 대단히 복잡한 마스(máš) 부채 및 이자 제도를 얘기할 수 있겠다.[13] 투자자들은 모델, 알고리즘 및 본능이 뒤섞인 단기 차익 거래를 한다. 재정적·금전적 시간성은 1마이크로초 미만의 변동에서 정기적인 채무 상환까지, 재무부의 4주짜리 단기 채권에서 예일 대학이 보유한 367년 된 네덜란드 수도 채권(아직도 이자를 지불한다)까지 폭넓게 걸쳐 있다. 그것은 미지의 미래를 전제로 하며, 다른 약속들은 이행되지 **않을** 테고 상황은 잘 안 풀릴 거라는 삐딱한 장담을 포함해 예측할 수 없는 변화를 회피하는 시스템을 갖고 있다.[14] 한편 개인과 가정은 다음 달 월급부터 결혼 지속기간에 이르기까지 자녀, 건강, 담보대출, 교육 및 은퇴에 관한 복잡한 내기를 한다. 이 내기의 일부는 다른 사람들은 미래에 무엇을 할지에 관한 추측이다. 그리고 다른 사람들의 잘못된 추측이 여러분 자신의 추측을 왜곡할 수 있다는 가능성을 예상하고 설명해야 한다.[15]

　금융 전문가들은 부채가 표시되는 통화의 팽창률―그것을 구성하는 화폐의 가치가 부채의 미래 수명 동안 어떻게 달라질지―의 관점에서 그것을 다룬다. 만일 은행들의 가까운 장래가 미덥지 않다면, 우리는 현찰, 금, 담뱃갑이나 세제 병을 갖고 있으면 된다. 전등이 있는 집에서도 서랍에 양초를 보관하듯이 다른 시스템이 실패할 경우에 대비하는 '예비 기술'의 혼합이다.[16] 투자자들은 "화폐의 시간적 가치"의 관점에서 투자의 순현재가치(nct present value), 즉 나중 화폐 대 지금 화폐를 반영하는 할인을 밝혀내려고 장기 연구를 한다. 그리고 할인 모델은 그것들 자체의 이미지로 경제적 미래상에 대한 우리의 의식을 재구축했는지도 모른다.[17]

신용, 동전 및 증서 사이에 흔히 있는 화폐 혼합은 유틸리티(utility) 집합으로서뿐 아니라 **보통의 시대**―그리고 보통의 미래―를 표현하는 역할을 한다. "사람들이 …… **예상하는** 미래의 모습"[18]에 관해 문화사학자 레베카 스팽(Rebecca Spang)은 프랑스 혁명기 화폐를 다룬 논문에서 이렇게 썼다. "거의 의식하지 않은 이런 형태의 신용이 반복적 활동과 규칙적인 기대를 바탕으로 하여 어떻게 세상이―그리고 중요하게는 그 안의 다른 사람들이―자연스럽게 굴러가는지에 대한 이해로 쌓여간다. 이런 측면에서 화폐는 공통된 규범과 사회적 결속의 생산 및 재생산을 위한 제도 혹은 마이크로공학 기술이기도 하다."[19]

화폐는 우리의 일상적 관계, 역할 및 교환을 통해 이동하면서 또 다른 종류의 미래의 시간성을 표현한다. 친지, 곧 혈연, 공동체 및 친구들과 공유하는 시간성이다〔여기서 **시간성**(temporality)이라는 어색한 단어는 시간 자체가 아니라 시간과의 관계 및 그것에 관한 생각을 말한다〕. 화폐 사회학자 비비아나 젤라이저(Viviana Zelizer)의 말을 빌리면, 이것은 화폐가 "현재의 상호작용에 과거는 물론 미래의 그림자를 드리우는" 미래의 시간이다. "관계의 축적된 의미와 당사자들의 미래에 대한 지분이 둘 다 오늘 일어나는 일에 영향을 미친다."[20] 개인 대출, 재무 및 계좌의 공유(아니면 공유하지 않기로 하는 결정), 또는 부유하든 가난하든 상속이나 사랑을 약속하거나, 수당을 받거나, 손님이 잊고 간 거스름돈을 은닉하는 경우를 생각해보자.[21] 우리는 우리의 관계와 개개인의 상황에서 느끼는 기대, 희망 및 공포에 비례해 돈을 적립하고 할인한다. 두 가지 의미에서 미래의 구제를 바라며 돈을 보유하고 증여한다. 종교적 기부를 통해 망자들의 영혼을 구원하건 아니면 일부 우선주 지분을 갓난아기를 위해 챙겨두건.

이 친밀감을 한 발짝만 넘어서면 더 큰 공동체, 우호 및 동맹의 네트워크가 있다. 크리스틴 데선(Christine Desan)의 《돈 벌기(Making Money)》는 근대 초 영국의 화폐제도와 자본주의 발달의 상세 분석을 통해서 화폐는 그것이 다른 어떤 것이든 항상 집단적 관습, 즉 특정 공동체 안에 "물질세계를 조직하기 위해 고안된 활동"이기도 하다고 주장한다.[22] 그것은 특정 집단을 위해―흔히 기존에 있던 영토 권력의 틀의 표현으로서―"자원을 측정하고, 수집하고, 재분배"하는 일을 한다. 데선은 돈을 버는 연금술이 국가를 초월한다면서 다음과 같이 쓴다. "그 공동체가 국가일 수도 있지만 충성, 종교, 혹은 사람들이 거듭해서 노동이나 재화를 갖다 바치는 친화도로 조직되는 집단일 수도 있다."[23] 그것은 시간, 역사, 예견되는 미래의 다양한 틀 안에 내재해 있다.

끝으로, 화폐에는 위기와 재난이라는 마지막 종류의 시간성이 있다. 돈이 떨어지면, "거의 견딜 수 없을 만큼 모든 가까운 관계가 훤히 꿰뚫어 보이면서 살아남지 못하게 된다. ……감당할 수 없을 만큼 돈은 사활을 건 모든 이익의 중심에 선다".[24] 철학자이자 비평가인 발터 베냐민(Walter Benjamin)은 제1차 세계대전 이후 독일의 인플레이션 경험에 대한 소고(小考)에서 이렇게 썼다. "저축, 연금, 신탁 및 할당금의 미래가 당장의 생존이라는 현재로 무너져 내리자 장래성, 두려움 및 현실과 친구 및 측근 사이에서 균형을 잡던 그 모든 미묘한 인간사가 단번에 드러났다. 이것 역시 화폐가 겪는 경험의 일부다. 그것은 '실질 화폐'라는 고요한 사유지의 담벼락에서 들리는 쥐들의 소리다ㅡ존 메이너드 케인스(John Maynard Keynes)의 훌륭한 문구를 빌리면, 그것은 '우리의 불안을 잠재우'고 우리의 '미래와 연관된 불신'을 진정시킨다"[25](이 책의 마지막 4분의 1의 대부분은 상상하고 기대하는 그런 종류의 시간이 배경이다).

이런 화폐의 풍경과 그것의 미래를 고려할 때 테크노크라시 에너지 증서의 시간성은 무엇 때문에 다른 걸까? 그것은 단지 '금융 투기(speculative)'ㅡ가능성 있는 미래가 값을 치르게 만드는 방법ㅡ의 의미에서뿐 아니라 미래를 상상하고 이야기를 들려주는 '가상(speculative) 픽션'이라는 의미에서 **투기적·가상적 통화**(영어의 'speculative'에는 두 가지 뜻이 있다ㅡ옮긴이)였다. 이 증서는 투자 대상의 기능도, 거래 도구의 기능도 하지 않았을뿐더러 크루거랜드(Krugerrand: 남아프리카공화국의 1온스 금화ㅡ옮긴이)의 대여 금고 역할도, 친척의 약속 역할도 하지 않았다. 대신 그것은 우주를 배열하고 형태적으로 트레시가 "있을 수 있는 세계의 이미지"라고 불렀던 것, 그리고 그와 더불어 현재 그 세계를 제정할 수 있는 관습, 의식 및 공동체를 생성하는 방식, 즉 코스모그램이었고, 화폐의 특별한 문화적 힘을 갖고 있었다.[26] 그것은 현재에서 그때로 가는 경로를 제시하면서 유토피아적 전망과 실천의 플랫폼으로 작용했다. 이제 화폐는 밀레투스의 탈레스(Thales of Miletus)처럼 올리브 수확에 내기를 걸거나 위대한 네덜란드 은행가들처럼 에스파냐 왕실의 금전적 정직성에 베팅을 하기보다는 미래의 지분뿐 아니라 거기서 나온 유물로도 작용하는 문화 프로젝트로서 투기에 이용될 수 있었다.

과학자들의 반란

하지만 투기적 통화는 **막연한** 미래의 유물이 아니다. 구체적이고 특정한 미래, 바로 그 통화가 나온 시대에 속한 미래를 표현한다. 테크노크라시 주식회사의 지속적인 미래성 퍼포먼스에도 그들의 조직은 모든 면에서 미국 대공황 시대의 공상과학적 감수성의 표현이었다. 에너지 증서를 우리 앞으로 보내온 그들의 장차 다가올 미래는 엠파이어스테이트 빌딩 또는 노먼 벨 게디스(Norman Bel Geddes)의 "머지않은 미래"의 디자인에 관한 저서 《수평선(Horizons)》만큼이나 그 시대의 산물이었다. 1932년에 캘리그라퍼(calligrapher)이자 서체 및 책 디자이너인 W. A. 드위긴스(W. A. Dwiggins)는 미국의 화폐를 "20세기 초반의 분위기로" 다시 디자인할 것을 제안하면서 이렇게 썼다. "그것은 속도, 엄청난 전위(電位: 전기장 내에서 단위 전하가 갖는 위치 에너지—옮긴이), 새로운 고속도로가 된 창공, 갑자기 가공할 크기로 부풀어 오른 우주를 전해줄 것이다."[27] 그것이 바로 테크노크라시와 그들의 화폐가 스스로를 위치시켰던 분위기였다. 드위긴스는 "우리의 1932년 미국 통화는 민주적인 형태를 보존하려 애쓰는 기계화된 에너지의 엄청난 퇴적물"을 표현해야 한다고 주장했다.[28]

하워드 스콧이 내세운 테크노크라시의 앞날은 유선형의 아르데코 스타일, 전익기(全翼機: 꼬리 날개가 없는 고정 날개의 항공기—옮긴이), 합산한 숫자의 깔끔한 행렬이 있는 미래였다. 그곳은 과학자, 기술자, 공학자의 통일되고, 전투적이며, 전체주의적인 통치 틀 속에서 기업설명서의 미학을 일상의 모든 측면에 적용했다. 유토피아의 카페테리아 음식은 양 대전 사이에 미국에서 일었던 신(新)영양운동의 선구적 화학자들이 공급할 것이었다.

미국은 자연을 "공장 체인, 조립 라인"으로 개조하려 노력 중이었다. "우리나라에서 아주 풍부하게 공급되는 셰일오일"로부터 식용 유지(油脂)를 합성하려고 대기 중이었다.[29] 전 대륙이 수직 통합형 테크놀로지 기업, 궁극적인 독점의 이미지로 만들어질 판이었다.

이것이 그 시대의 저 특별한 구석에서는 필연적인 결과로 이해되었다. 《유한계급론(The Theory of the Leisure Class)》을 집필하고 '과시적 소비'란 용어를 만든 경제학자이자 사회학자인 소스타인 베블런(Thorstein Veblen)의 1921년 저서 《엔지니어와 가격체제(The Engineers and the Price System)》는 테크노크라시한테는 예행연습 같은 것이었는데, 스콧은 그의 제자였다. 그것은 "기술자들의 소비에트"라는 비전과 기술 인력의 파업을 기반으로 한 사회 변동 모델, 곧 에인 랜드의 《움츠린 아틀라스(Atlas Shrugged)》에 나오는 '창의적 두뇌들'의 파업에 대한 사회주의적 거울 세계 버전으로 완성됐다. 1933년에 H. G. 웰스의 《다가올 세상(The Shape of Things to Come)》에서는 기술자, 과학자 및 조종사가 장악한 불가피한 세계 정부를 상정했는데, 이들은 종교 폐지, '기초 영어' 시행, "완전히 추상적인 화폐, 무게나 치수만큼 추상적이고 어떤 물리적 실체와도 무관한 화폐"의 도입에 착수했다.[30] 그 "완전히 추상적인" 화폐의 이름은 수송 화물의 통일된 단위인 "에어달러(air-dollar)"가 될 것이었는데, 지폐는 항공기 탑승 시의 무게, 부피, 속도 및 거리를 나타냈다. 우리의 모든 유토피아적 투기적 통화 주조자들에 관해 말하자면, 웰스에게 "화폐 이론은 하나같이 사실상 완벽한 사회조직론이었다". 바로 코스모그램이었다. 세계와 새로운 기술 체제를 중심으로 한 인간사의 질서 재편은 새로운 화폐 발행으로 상징화되고 수행되었다. 에어달러는 "자원이 한정된 인간의 삶이라는 낡은 고정관념이 지속적으로 확장하는 삶이라는 동적 사고로 대체되고 있음을 아주 명확히 나타냈다"[31]고 그는 썼다.

같은 해 현대 공상과학 소설의 인큐베이터인 휴고 건즈백(Hugo Gernsback: SF계의 최고 권위를 지닌 휴고상은 그의 이름을 땄다—옮긴이)의 〈원더 스토리(Wonder Stories)〉지는 '과학자들의 반란(The Revolt of the Scientists)'이라는 연재소설을 특집으로 실었다. 이 연재물에서 테크노크라시의 금융 쿠데타를 묘사했다. 기술관료 이탈자들은 금 비축분을 주석으로 바꾸고 모든 지폐의 잉크를 지울 수 있는 '광선'과 화학 기술로 부채를 없애서 자신들이 정권을 장악하기 전에 경제를 완전히 붕괴시킨다.[32] 이것은 독특한 전제가 아니었다. 세기가 바뀌고 나서부터 금은의 합성이나 화학적 분해에 관한 이야기가 그로 인한 통화 혼란과 더불어 특히 싸구려 잡지에 실린 SF의 지면에서 대중의 상상력을 사로잡고 있었다. 일찍이 1900년에는 남극의 대대적인 금 파업으로 경제가 뒤집혔다가 신비에 싸인 '식스 박사(Dr. Syx)'가 나타나 인위적으로 거의 가치를 뒷받침하지 않는 새로운 금속 '아르테미시움(artemisium)'을 제시하는 개럿 서비스(Garrett Serviss)의 스릴러 《달 금속(Moon Metal)》이 있었다. 라인홀트 아이카커(Reinhold Eichacker)의 1922년 작 《황금 전투(Der Kampf ums Gold)》의 주인공은 독일의 전쟁 배상금을 지불하고 연합국들을 일거에 파멸시키기 위해 화학적으로 금을 만든다(아이카커의 독일은 경고대로 자국 통화의 새로운 기준을 금에서 백금으로 설정했다). 하지만 테크노크라시의 내러티브와는 한 가지 차이점이 있다. 이런 혼란과 쿠데타가 거기서는 결코 금융적 재앙이 아닌 구원이었고, 세상의 도움을 강요하고 화폐 기술의 위기를 통해 예상대로 미래를 창출했다는 점이다.

이 책이 탐구하는 인물들은 미래에 대한 강력한 판타지의 관점에서 자기 자신과 투기성 통화를 조직한다. 이것은 데선이 은괴와 대조시켜 말했던 미래의 생산력 또는 미래의 세금에 대한 합리적인 내기가 아니다. 변화의 메커니즘이자 현재를 벗어나 미래로 가는 탈출 경로인 화폐로 사회가 돌이킬 수 없이 완전히 붕괴될지도 모르는 기술적이고 공상과학 소설적인 상상력이다. 역사학자 라인하트 코셀렉(Reinhart Koselleck)의 말을 빌리면, 그들의 화폐는 유토피아적일 뿐 아니라 **유크로니아적**(uchronia: 과거의 특정 시기를 변화시켜 역사를 다시 쓴 허구적 세계―옮긴이)이기도 하다. 지구상 어딘가가 아니라 다가올 역사적 시간 속의 어느 시점에 실현된 우월한 사회가 앞으로 통용될 화폐를 통해 현재를 대표하는 것이다.

모나드 문양이 있는 회색 자동차 함대가 지나가고, 묵시록적 예언 및 음모(어떤 까닭인지 특히 바티칸의 처신에 대한 음모)에 대한 집착과 과학 자경단이 필요하다는 요구가 있은 뒤에도, 테크노크라시 일당은 홀로 남았음을 깨달을 만큼 충분히 오래―코셀렉이 "예전의 미래"라 부르는 것 속에 정체된 채―존속했다. 그들은 시간 속에 고립되었지만, 자신들의 시간 안에서 유토피아적이고 유크로니아적인 가상통화의 역할을 입증했다. 그것이 자신들의 미래가 나타나도록 소환하는 증표라는 것을.

02

안전한 종이

이번 장에서는 화폐와 통화가 실제로 어떻게 작동하는지, 즉 지폐—우리 모두가 어떻게 읽는지 알고 있는 이 이상한 종류의 인쇄문서—를 제조하고, 확보하고, 인증하는 더 깊은 역사를 탐구한다. 화폐 위조자들과 그들의 적들을 추적하고, 문서의 신뢰성 문제를 고려하고, 일상의 거래 속에서 뜻하지 않게 주권에 관한 논문을 읽고, 우리 모두 본 적은 있지만 거의 누구도 알아채지 못하는 비밀 별자리에 관해 배운다.

새로운 방식으로 만든 물건

여러분은 이 책을 읽는 동안에도 많은 서명을 휴대하고 있을 것이다. 미국이라면 아마 티머시 가이트너(Timothy Geithner), 안나 카브랄(Anna

Cabral), 제이컵 루(Jacob Lew)일 테고, 브라질이라면 엔히키 메이렐리스(Henrique Meirelles), 말레이시아라면 다투크 모하마드 빈 이브라힘(Datuk Muhammad bin Ibrahim), 폴란드라면 아담 글라핀스키(Adam Glapiński), 유럽 전역은 마리오 드라기(Mario Draghi)나 장클로드 트리셰(Jean Claude Trichet)일 것이다. 이 서명들은 현존하는 가장 널리 복제된 필적 표본으로, 그것들의 개성을 보여주는 장식 획의 작은 물보라가 국가 기념물, 무덤덤하게 자아를 성찰하는 위인들의 초상화, 기념비적 숫자, 화환과 방패와 소용돌이무늬와 도리아식 기둥머리 등 육중한 건축 문장(紋章) 하드웨어와 함께 세계 은행권들의 귀퉁이에 슬며시 탑승하고 있다. 철학자 발터 베냐민은 독일의 초인플레이션 시대의 은행권을 두고 "충직한 영웅들이 화폐 단위 앞에서 자신의 칼을 칼집에 넣고 있다"면서 "이들이 지옥의 외관을 장식한다"고 묘사했다.[1]

재무부 관료들과 중앙은행장들의 이런 서명은 사랑니나 충수처럼 종이에 있는, 은행권의 의도적인 의고주의(擬古主義)의 일부, 환어음의 유물이다. 환어음은 수 세기 동안 유럽 무역을 지탱해준 복잡한 신용 체인을 위한 수단이었다. 옛날의 기술 및 관습을 나중의 그것들의 관점에서 설명하는 게 유행에 편승하는 것 같아 오해의 소지가 있지만, 환어음은 일련의 관계와 일정을 수립할 수 있는 소셜 네트워크 플랫폼과 흡사한 어떤 것을 구성했다.

한 도시의 상인이 대리인에게 어음을 발행하고 다른 사람에게 어느 미래 시점에 금액을 지급하기로 약속한다. 이 어음을 입수하고 그 지급을 받기로 한 사람은 배서를 하고 그것을 다른 사람에게 할인가로 지급하는 데 쓸 수 있고, 그 사람은 또 자기 차례가 되면 그것을 다시 양도할 수 있다. 이 할인 거래의 요율과 가격은 (레베카 스팽의 말을 빌리면) "특정 도시에서 지급해야 할 어음의 분량"이라는 더 큰 그림에 의해, "그리고 맨 처음 지명된 지급인과 어음이 손에 손을 거쳐 거래되는 사이에 거기에 배서했던 모든 이들 양측의 평판 위에" 형성됐다.[2]

안트베르펜(Antwerp)과 제노바, 파리와 프랑크푸르트, 이스탄불과 리스본 사이에 새로운 약정이 생길 때마다 서명 체인에는 연결고리가 하나 더 추가됐고, 각각의 서명은 특정 인물이 부담해야 할 책임을 발동시켰다. 스팽이 말했듯이, 기재된 서명들은 "지금까지 알려지지 않은 개인들까지도 발견될 수 있고 필요할 경우에는 책임질 수 있다는 상상을 가능케 했다".[3] 개별 어음은 사람, 행사 및 상품의 독특한 약정―가구, 브랜디, 프랑스의 X 씨, 이탈리아의 Y 박사, 네덜란드의 Z 경, 라이프치히 박람회장에서 지금으로부터 6개월 후―의 표현이자 그 자체로 독특한 사물이었다. 그것을 분실하면 보유자는 "잃어버린 개나 없어진 우산에 하듯이" 광고를 할 수 있었다. 체인의 모든 이들에게 불이행에 대한 책임이 있었으므로, 그것은 수적 금융 안전성을 뜻했다. 즉, 서명이 많으면 많을수록 더 많은 사람이 나머지 사람들의 정직성을 긍정하고 있는 셈이었다.

가치의 흐름을 관리하는 이 메커니즘은 표준화한 복제 가능성과 **이 사람들, 이 거래, 내년**이라는 독특한 세부사항들 사이에서 균형을 유지했다. 이 균형의 유약함은 프랑스 혁명기의 **아시냐**(assignat)를 생산하는 중에 서명의 위기에서 드러났다. 아시냐는 이론상, 그리고 애초에는, 국유재산과 연관된 새 정권의 화폐였다. 그것은 환어음보다 훨씬 더 광범위하게 생산·유통되기에 이르렀던 반면, 맨 처음 서기(clerk)부터 그것을 다음 사람에게 양도한 일련의 배서인들까지 여전히 특정 서명의 권한에 의존하고 있었다. 사람들은 예감으로 서기들의 불길한 음모를 상상했고, 새 화폐 발행에는 병목현상 문제—서명인들의 손과 펜의 유연성 및 시간의 제한을 받았다—가 발생했고, 새겨서 인쇄한 서명은 사물 자체의 의미를 바꿔놓았다. 아시냐는 재산 외에도 신분과 평판으로 뒷받침되어온 터였다. 자신만의 필적과 집 주소와 삼색 혁명 깃발을 꽂은 모자가 있는 어떤 특정 관료들이 발견됐고 책임을 질 수 있었다('관료(bureaucrat)'란 용어 자체가 그 시대의 발명품이었고, 혁명기에 진가를 발휘했다. 즉, 정보의 저장 및 처리 체계를 대표하는 사무용 가구('bureau'는 프랑스어로 책상을 뜻한다—옮긴이)에 의한 통치였다).[4]

이 시기에 관한 스팽의 연구는 심오하고 미묘한 변화를 기록한다. 지폐에 배서한 사람이 아닌 지폐 자체의 신분을 확인하기 위해 새로운 기술을 인쇄에 채택했다는 것이다. 이 지폐는 자산을 가진 특정인의 신원이 아니라 화폐라는 이 종잇조각의 신분을 확인하기 위해 설계된 "새로운 방식으로 만든 물건"이 되었다.[5]

미국에서도 비슷한 사례를 찾아볼 수 있다. 신용제도 서류들—납품할 물품에 대해 '중개인(factors)', 대리인, 중매인 및 브로커에게 발행하는 지급지시서, 창고증권, 선하증권, 경매 기록—은 은행이 발행하고 특정 건물, 농부나 광부 공동체, 금괴 금고에 묶인 은행권과 서로 지속적인 관계를 유지했다. 공동의 신용 네트워크가 번성했다. 이를테면 19세기에 플로리다의 오렌지 농부들과 개척자들은 북부의 관광객을 유치했는데, 이들은 상당 기간 동안 현금화할 수 없는 수표로 지불할 때가 많았다. 그에 따라 수표 자체가 돈의 역할을 하며 인디언강의 남과 북을 오갔고, 이 지역의 사회 체제를 나타내는 배서 목록도 갈수록 길어졌다.[6] 1808년 아일랜드인 방문객인 토머스 애시(Thomas Ashe)는 "이 강의 사업 전체가 돈을 쓰지 않고 이뤄진다"[7]고 썼다.

　대서양 부두에서부터 남부 면화의 노예 제국, 캐나디안강의 모피 사냥꾼과 **뱃사공**(voyageur), 서부의 미치 행렬과 최종적으로 철도에 이르기까지 북아메리카의 상업생활은 당초 15세기 베네치아 상인 가족에게 익숙했을 만한 체제로 조직되어 있었다.[8] 그것은 혈연 네트워크, '위탁품 및 상품 계정'이라 표시된 복식 부기 방식의 보잘것없는 대외무역, 가끔 있는 동전과 지폐, 그리고 사람과 기록과 투자를 관리하는 서명 중심의 방식으로 작동했다.

　동전과 정화(正貨)〔보헤미아의 탈러(thaler: 현재 체코에 해당하는 지방에서 쓰던 은화―옮긴이)와 '여덟 조각(8레알에 해당하는 에스파냐의 옛 은화―옮긴이)', 소나무 실링(Pine-tree shilling: 17세기 매사추세츠에서 주조되던 소나무가 새겨진 은화―옮긴이), 에스파냐 레알(real: 14세기 중반부터 쓰던 옛 은화―옮긴이)〕, 퀘벡에서 귀환한 병사들에게 발행한 신용장, 미래의 석탄이나 면화 바지선을 위한 선하증권, 지역화폐, 그리고 모피, 밀랍, 리넨, 차 및 화약 같은 '상품화폐(cash article)'가 있었고, 여러 언어를 사용했던 이 화폐 문화에 새로운 어휘로서 국가지폐의 개념 및 관행이 스팽이 말한 것과 같은 존재론적 왜곡과 함께 들어왔다. 신용제도는 선하증권에서 지역 기관의 은행권에 이르기까지 지역사회의 신뢰와 습득한 경험의 네트워크였다〔허먼 멜빌(Herman Melville)의 1857년 작품 《사기꾼(The Confidence-Man)》에 등장하는 한 인물은 빅스버그(Vicksburg) 신탁보험은행의 지폐 한 장을 살피면서, "좋은 지폐라면 여기저기 두꺼워지면서 종이라는 물질이 된 만큼 붉은 물결 모양의 작은 반점들이 있어야 해요"라고 말한다〕. 동전과 상품화폐는 모두 직접 체화한 지식(somatic knowledge)―저울에 다는 것부터 천한 가닥의 촘촘함, 금속의 맛과 촉감과 무게와 유연성과 모양에 이르기까지—의 사안이었다. 국가가 발행한 지폐는 새로운 형태의 화폐 정체성으로 **스스로**를 확인하고, 그것의 보유자들에게 새로운 개념뿐 아니라 사물을 평가하고 가치를 이해하는 새로운 관습을 훈련시켜야 했다.

　좋은 지폐는 손수 제작하는 법은 몰라도 쉽게 알아볼 수 있어야 한다. 즉, **안전한 종이**라는 도전과제가 주어졌다. 원작자가 제조하기에는 대수롭지 않으면서도—최초의 공학적 난관을 넘고 나면 한계비용이 거의 0에 가까워야 한다—상대편이 분해하여 모방하고 재창조하기에는 대단히 어려워야 한다. 한쪽 당사자는 다른 어떤 상대도 그만의 것을 제조하거나 기존의 지폐를 복제할 수 없는 방식으로 낡은 청바지(대부분 미국 달러의 경우)를 빳빳한 지폐 더미로 변신시킬 수 있어야 한다. 리사 기틀먼(Lisa Gitelman)은 19세기와 20세기의 쓰기 기술의 폭발적 증가—새로운 문서 작성 방식의 확장—라는 매체사(史)를 뉴욕시의 사망진단서로 시작했다. 거기에는 다중 서명, 인장과 테두리, 요판인쇄, 바코드, 투명무늬, 열변색 잉크, 미세인쇄(microprinting), 그리고 "보관된 기록의 진본"이라는 표현이 있었다.[9] 이런 정교한 골조가 갖춰지면서, 사실의 핵심—신원, 시간 및 사망—은 공중보건에서부터 유산 지급, 그리고 가장 우울한 종류의 신원 확인 작업에 이르기까지 특수한 맥락에서 사용될 수 있었다.[10] 지폐는 보이는 것과 비슷한 수준의 보안을 제공해야 하고, 시장 그 자체만큼이나 다양한 맥락에서, 즉 현찰 거래가 등장할 수 있는 모든 곳에서 거래에 참여할 모든 사람들에게 그렇게 해야 한다.

　그리고 한층 더 어려운 것인데, 이제는 디지털 기술의 더 커다란 맥락에서, 완벽하게 비트 단위의 복제가 가능한 시스템 위에 구축된 "새로운 방식으로 만든 물건"의 확산이라는 맥락에서 그렇게 해야 한다.

1달러 지폐 읽는 법

1달러 지폐. 미화 1달러. 그것은 수백억 단위로 유통되는, 현존하는 가장 보편적인 산업 생산물 중 하나다. 정확히 몇 장인지는 말하기 어렵다. 연방준비제도(Federal Reserve, 연준)가 매년 얼마나 많이 유통시켰는지는 알지만(가령 2016년에는 1달러짜리 지폐 117억만 장), 지폐의 평균 수명은 모래쥐(gerbil)의 기대 수명과 같은 1~5년이다. 법률적·경제적 의미로 그것들은 **화폐**로서 모두 정확히 동일하다. 대체 가능하고, 다른 것보다 더 많지도 적지도 않은 상호 교환적 가치를 지니며, 다른 물건의 개별 가격을 비교하는 측정 도구의 역할을 할 수 있다. 하지만 물건과 통화로서 그것은 의도적으로 그리고 상황에 따라 독특하다.

우리가 여기서 거론 중인 특정 지폐는 인쇄된 숫자들 안에 많은 데이터를 갖고 있다. 제조 장소(세인트루이스), 그것이 속한 물량의 시리즈 번호 및 일련번호, 인쇄에 사용된 특정 인쇄판(FW A 81) 및 심지어 32매짜리 한 장에서의 위치―이 경우 종이의 왼쪽 상단 구석(A1)―등이다. 구겨지고, 보풀이 약간 있고, 가장자리 두 군데가 찢겨 있다. 그것을 손에 쥘 때―우리가 보통 현찰을 다룰 때―나는 대중교통의 손잡이 막대와 끈 말고는 내가 마주치는 그 어떤 것보다 더 많은 모르는 사람들이 손댄 물체를 만지고 있는 것이다. 집단적 세균 교감 행위다. 지폐는 외국 항구에 선박 평형수(平衡水)를 배출하는 화물선처럼 이 손에서 저 손을 거치며 전 세계로 피부 상재균 군집을 실어 나른다.

미화 1달러 지폐는 간단하고 복잡한 의미에서 **읽도록** 디자인된 물건이다. 그것은 상징적이며, 사람이든 자동판매기의 지폐 감별기든 그것을 즉시 알아볼 수 있다. 초록 계열 색상, 통일된 판형의 단권, 르네 마그리트(René Magritte)의 그림처럼 괴상하고 으스스한 풍경이 있는 미완성의 피라미드가 홀로 서서 주시하는 뒷면, 지폐 시리즈의 다른 번호와 관련하여 기수―그것의 **유일성**(one-ness)―를 나타내는 12개의 디지털 숫자는 브랜드 이미지에 눈에 띄게 들어맞는다. 내가 지폐를 읽는다고 할 때 이 개념은 아주 구체적인 의미다. 그것이 상위 장르의 귀한 종이에 속하며, 우리가 특정한 방식의 해석법을 알고 있는 강력한 상징이란 뜻이다.

디자인사(史) 연구자 프랜시스 로버트슨(Frances Robertson)은 현대적인 최초의 은행권 발달과 강판조각술에 의한 전문적 도안 및 인쇄 사이의 밀접한 관계를 연대순으로 기록했다. 새로운 산업 질서의 재생산에 박차를 가했던 같은 기술―대량 생산된 부품과 복잡한 기계들의 정밀하고 자세한 렌더링―이 알아보기 쉬우면서도 모방하기 어려운 지폐 제조에 동원되었다.[11] '자동 도구', 정교한 선반(旋盤)의 전신, 공작기계, 컴퓨터 수치 제어(CNC) 장치 및 절단기는 숙련된 손작업을 대신할 수 있을 만큼 기하학적으로 정확한 제조를 가능케 해줬다. 이것들을 기관차, 선박 및 교량과 같은 일부 다른 기계용 부품, 그리고 로젯 무늬 조각기(rosette engine lathe: 테이블 형태의 전문 공예용 가공기기―옮긴이)의 반복적 나선형 문양이 있는 은행권 생산에 사용했다. 우표, 파베르제의 달걀(Fabergé eggs: 19세기 러시아 차르 황실이 보석 세공 명장 파베르제에게 명해 제작한 보물―옮긴이), 시계 다이얼, 주식 증서 및 그 외의 증명 서류에 사용하는 그 정교한 기요세(guilloche: 새끼줄이나 끈을 꼰 것 같은 띠 장식 무늬―옮긴이) 문양은 인쇄된 지폐 제조라는 도전의 직접적 유산인 1달러 지폐에도 있다.

첨단기술의 기계화된 산업적 복제의 산물들 역시 **진짜**일 필요가 있었고, 그것들의 진정성은 바로 증식의 정교함에 뿌리를 두고 있었다. 라이플총이나 기관차의 호환부품처럼 그것들은 동일하고 그만큼 신뢰할 수 있다. 철학적 의미(실재하는 사물)와 기계적 의미에서 그것들은 '참'이다. 세심하게 설계·제작하고 점검한 바퀴처럼 진짜다. 여러분은 철교의 트러스(truss)들 위를 바퀴로 달리듯 은행권을 유통시킬 수 있다.

문화사학자 메리 푸비(Mary Poovey)는 이 은행권이 **읽을거리**라는 더 큰 영역, 우리에게 거의 보이지 않게 된 영역의 일부이기도 하다고 주장했다. "그것은 인쇄된 종이만큼의 가치도 없다." 돈과 글에 똑같이 적용되는 문장이다. 푸비에게 18~19세기에 영국 및 유럽의 같은 장소에서 같은 시기에 널리 퍼졌던 공업적 은행권 제조와 '문학적 가치' 모델의 이입은 우연이 아니었다. 신문이나 시 한 페이지가 가치 있는 내용을 담고 있는 것처럼 지폐는 인쇄된 종이 위에 가치를 정의하는 관련 장르의 일부분이라는 가치를 가질 수 있었다. 그녀는 이렇게 썼다. "돈이 너무나 익숙해진 나머지 그 안에서 글은 사라진 것처럼 보였고, (다양한 형태의) 글로서 그것이 가진 역사도 잃은 것처럼 보였다."[12] 너무 복잡한 논지라 이 자리에서 전부 다룰 수는 없으나, 그것은 이 달러라는 게 무엇인지에 관한 또 하나의 측면을 제시한다. 바로 암시적이고 명시적인 개념을 전달하는 **문서**라는 측면이다.

달러는 "공적·사적인 모든 부채를 위한 법정통화"이며, 그것을 거래할 때마다 일반적인 국가들, 특히 미국에 대한 우리의 충성심으로 작용한다. 지폐를 다시 디자인하자고 제안했던 1장의 서체 디자이너이자 캘리그라퍼 W. A. 드위긴스는 "지폐는 종이 위에 스스로를 표현하고 있듯이 연방정부 제품의 품질을 말해주는 핵심 표본"이라면서 이렇게 썼다. "화폐와 연방정부의 우표는 누구나 제시할 수 있는 가장 널리 배포된 국가의 **휘장**

이다."[13] 인류학자이자 지급 시스템 연구자인 라나 스워츠(Lana Swartz)가 "거래 공동체(transactional community)"라 부르는 것에 참여하고자 나는 지갑에서 그 휘장을 꺼낸다.[14] 미국 달러의 경우, 그 공동체는 에콰도르처럼 달러화를 공식 화폐로 받아들인 나라에서부터 수축 포장한 사각의 100달러 지폐 뭉치가 지구상의 공개적이고 비밀스러운 작전을 위해 현금 보유고와 결제 메커니즘의 역할을 하는 것에 이르기까지 국경을 넘어 멀리 뻗어나가고 있다.

빨래방 현금교환기가 받아들여 25센트 동전들로 바꿔주도록 이 1달러 지폐의 주름을 펼 때, 나는 프랭클린 델러노 루스벨트가 승인한 디자인, 에이브러햄 링컨(Abraham Lincoln)이 진격했던 관할 영토, 닉슨 쇼크[Nixon Shock: 1971년 미국의 리처드 닉슨(Richard Nixon) 대통령이 금과 달러의 교환 중지 등 긴급히 발표한 정책으로 세계 경제가 충격에 빠진 사건―옮긴이]와 관련해 요동쳤던 가치와 시장 활동에 대응한 연준의 판단, 그리고 "매일같이 일어나는 국민국가의 확인"[지리학자 에밀리 길버트(Emily Gilbert)의 문구다]이 있는 이 나라의 거의 모든 사람이 소지한 40제곱센티미터의 살아 있는 역사적 문서를 펼치는 셈이다.[15] 나는 주권 개념에 관한 철학 논문―현재 그 의미가 도전받고 있는 논문―을 쥐고 있는 것이다.

세상에서 가장 미운 티셔츠

1달러짜리 지폐에서 우리가 얼마나 많은 것을 읽어낼 수 있는지 염두에 두면서 가치 단계의 한참 위에 있는, 별도의 기술적 도전에 대처해야 하는 미화 20달러를 살펴보자. 아무도 더 이상 미화 1달러는 위조하려 하지 않는다. '880번 노인〔Old Mr. 880: 오직 1달러 지폐만 위조했고 10년의 추적 끝에야 잡힌 에머리히 유트너(Emerich Juettner)라는 70대 남성. 880은 사건 파일 번호다—옮긴이〕' 같은 삼류 위조자들의 시대, 화폐 위조 역사에서 최장기 범인 추적이라는 주제는 먼 옛날 일이다.[16] 진지하고 정교한 여러 집단이 20달러의 위조 작업을 한다. 1달러와의 모든 공통사항에 덧붙여 20달러에는 읽을 수 있지만 디지털로 복제할 수 없는 기술도 포함되어야 한다. 아날로그·디지털 경계선을 자체적으로 감시해야 한다.

미화 20달러 지폐는 아주 특별한 종류의 물건이다. 그것은 현존하는 다른 모든 20달러 지폐들과 거의 같아야 하지만, 정확히 똑같아서는 안 된다. 만일 **정확히** 똑같은 또 한 장의 지폐가 있다면, 둘 중 하나는 위조품이다. 내가 아는 한, 내 앞에 있는 이 돈(일련번호 JB9557548B, 2009년 시리즈, 티머시 가이트너의 서명, 파란색 볼펜으로 그린 백악관 전랑 위의 작고 꼬불꼬불한 선)과 똑같은 지폐는 없지만, 매우 유사한 것은 64억 장이 있다. 20달러 지폐는 지갑, 봉투, 현금 보관기, 은행 및 현금 수송 차량에 있고, 수축 포장되어 창고 운반대에 있으며, 금속 탐지기를 피하도록 기다란 PVC 파이프 속에 담겨 시골 부지에 묻혀 있다. 이 지폐는 구체적인 동시에 일반적이고, 인식할 수 있지만 복제할 수 없기 때문에 비로소 제대로 작동한다. 이것을 이런 방식으로 유지하는 데는 엄청난 노력이 든다.

이 특별한 지폐는 우리 모두가 익히 알고 있는 방식으로 가치가 있으면서 동시에 가치가 없기도 하다. 만일 이것을 4등분 한다면, 사물의 실체는 여전히 있지만 의미가 달라져 가치는 사라진다(그리고 우리는 파손 행위로 범죄를 저지른 게 된다—내 돈이지만 사실상 내 것이 아니다). 그것은 누군가 그것을 소유하는 현재와 다른 누군가에게 넘어가는 그때 사이에 존재한다. 그것은 내 손에서 빠져나갈 수 있기 때문에 비로소 내게 가치가 있다. 20달러 지폐는 관대한 자선 행위에서 소화기에 이르기까지 무엇이든 될 수 있는 추상적인 양이지만, 실제로는 구체적인 질의 관점에서 존재한다. 그것은 내 개인 사정에 따라 다양하게 책정되고 할인되며, 나는 그것을 다양하게 쓰고, 절약하고, 제공할 것이다.[17] 우리는 이 모든 동시성에 새로운 것 하나를 추가할 수 있다. 이 지폐가 아날로그인 동시에 디지털이라는 점이다.

1990년대에 부서지기 쉬운 아날로그와 디지털 사이의 경계는 와르르 무너지고 있었고, 화폐의 위기가 임박했다. 고해상 스캐너, 정밀한 레이저 프린터와 컬러 프린터 및 이미지 편집 소프트웨어의 보급이 위조 비상 사태의 기초를 마련했다. 윌리엄 프리드킨(William Friedkin)의 1985년 영화 〈리브 앤 다이(To Live and Die in L.A.)〉에서 윌럼 더포(Willem Dafoe)가 화폐 위조 작업을 하는 길고 아름다운 시퀀스〔저세상에 있는 찰스 임스(Charles Eames)가 빌리 와일더(Billy Wilder)의 〈세인트루이스호의 정신(Spirit of St. Louis)〉에서 비행기 제작을 진두지휘한 장면과 더불어 영화 테크닉 사상 가장 위대한 몽타주의 하나다〕는 근무시간 이후 고급 디자인 스튜디오의 디지털 전자 출판으로 대체할 수 있을 것이다. 디지털화는 화폐를 실현 가능하게 해줬던 협정을 깨뜨렸다. 이 문제를 처리하고자 반응성 잉크와 은선(隱線)부터 착시 현상, 다른 직물 느낌, 투명무늬, 레이저 포인터를 가지고 여러분도 벽에 투사할 수 있을 회절격자에 숨겨진 액면가까지 새로운 전략들이 채택됐다. 이 중 가장 효과적인 것이 유리온 별자리(EURion Constellation)다.

만일 여러분이 세계 여러 나라에서 이 글을 읽고 있다면, 아마 지금 여러분의 지갑이나 주머니 속에 일단의 서명과 함께 이 별자리를 소지하고 있을 것이다. 멕시코 20페소(peso) 지폐를 보유하고 있다면, 그것은 베니토 후아레스(Benito Juárez)의 머리 옆의 띠 안에 있는 조그만 노란색 원들이다. 아랍에미리트연합국의 디르함(dirham) 지폐에는 보통 원들이 배경의 별처럼 랜드마크 근처에 위치해 있다. 10유로 지폐에는 그것들이 시각적으로 반복되는 아치 안에 있다. 미화 20달러는 그것들을 작고 노란 '20' 안에 감추고 있다. 칼라복사기, 스캐너 및 프린터 드라이버의 펌웨어와 (포토숍 같은) 그래픽 편집 소프트웨어 깊숙이 있는 부품들은 이 점들의 문양을 인지하여 지폐의 디지털화나 복제를 거부하는 화폐 인식 시스템을 작동시킨다.

윌리엄 깁슨(William Gibson)은 소설 《제로 히스토리(Zero History)》에서 그가 "세상에서 가장 미운 티셔츠"라고 부르는 물건을 그렸다. "전체에 흐릿한 검은 망점으로 가려진 거대한 이목구비가 있었다. 가슴 높이에는 비대칭적 눈들이, 가랑이 높이에는 음침한 입이 …… 가장자리의 사선들은 옆구리 주변과 짧고 헐렁한 소매 전체로 이어졌다."[18] 그것은 셰퍼드 페어리(Shepard Fairey: 포스터와 독특한 그래픽으로 유명한 미국의 스트리트 아티스트─옮긴이)의 'Obey' 얼굴과 QR코드 사이의 이종교배처럼 보인다. 이 문양은 디지털 비디오 감시에서 '심층 아키텍처(architecture: 컴퓨터 시스템 전체의 설계방식─옮긴이)'를 지시하는 역할을 한다. CCTV 카메라들은 이 문양의 옷을 입은 사람을 녹화하기는 하지만 검색하면서 기록에서 삭제할 것이다. "CCTV 카메라는 그 미운 티셔츠를 입은 사람의 모습을 잊는다. 맨 위에 있는 머리와 아래의 다리와 발, 팔, 손을 잊는다."

소설에서 '신사협정'은 이 수수께끼 같은 상징을 CCTV 시스템의 소프트웨어 전체에 적용할 것이라고 설정했다. 사실상 이것은 마법의 물체다.

깁슨의 등장인물들은 그것을 초자연적 힘을 부여받은 상징인 **시질**(sigil)이라 부른다. 주요 통화의 현금으로 지불하는 모든 이들은 훨씬 더 광범위한 상징 하나를 소지해왔고 접어왔다. 바로 특정 물체를 특정 방식의 디지털화에서 제외시키는 국제 협약의 표현인 별자리(Constellation)다. 가장 미운 티셔츠는 CCTV 시스템에서만 작동한다. 별자리는 고해상도 이미지의 캡처·편집·인쇄가 가능한 시스템에서만 작동한다(여러분의 휴대전화로는 그것의 사진을 아주 잘 찍을 수 있다).

위조 감지 시스템 소프트웨어는 자유롭게 이용할 수 있지만 폐쇄적인 소스다. 그것의 메커니즘은 그것을 통합한 회사들조차 검토할 수 없다는 뜻이다.[19] 더욱더 모호하게 적용되는 다른 인식 메커니즘들도 있다. 설령 여러분이 별자리를 감춘다 해도, 어떤 디지털 광학 시스템은 연구자들이 아직도 풀지 못한 단서들을 통해 화폐라는 대상의 캡처나 변경은 안 된다는 것을 알고 있다. 이것은 인간이 아니라 기계를 위해 계획된 상징체다. 기계는 화폐라는 물건을 식별하기 위해 노력한다. 단지 그것의 가치를 높이기 위해서가 아니라 아날로그 경계선상에 있는 물건의 한 종류로 유지하고 화폐의 디지털화를 방지하기 위해서다.

그렇다면 디지털로 시작한 화폐는 어땠을까? 그것의 보안과 인증, 그리고 읽고 이해하는 것은 어떻게 됐을까?

03

알려지지 않았지만 알아볼 수 있는 것

컴퓨터 시대로 나아가서 화폐가 무엇인지, 그것이 어떻게 만들어지고 인증되는지를 계속해서 탐구해보자. 이번 장에서는 공개키(public key) 암호의 발달, 특히 '전자 서명'에 사용되는 인증 기술을 설명하고, 그것들이 어떻게 기존의 문서─우리가 돈이라 부르는 인쇄 문서 부류를 포함하여─인증 전통에 편입되었으며, 그 과정에서 어떻게 이상한 하이브리드 형태를 새로이 창조했는지 살펴본다.

코딩의 고민

1944년에 낸시 웨이크(Nancy Wake)는 사흘 밤낮을 자전거를 타고 400킬로미터를 달리다시피 했다. 잠이 오면 덤불 뒤에 눕거나 도랑에 숨었다.

화장품과 세면도구를 챙겨왔으므로 갈 때는 몸단장을 할 수 있어 언제나 잠시 여행을 떠났거나 현지에 심부름을 나온 것처럼 보였다. 그녀는 점령 당한 프랑스에서 게슈타포(Gestapo)에게 '흰쥐'라고 불리는 500만 프랑의 현상금이 걸린 연합군 요원이었기 때문에 이런 길을 지나갈 수밖에 없었다. 남다른 투지와 용기의 소유자였던 웨이크는 자전거에 올랐다. 그는 오베르뉴(Auvergne)에서 수천 명의 게릴라 전투원을 조직·공급했고, 한번은 맨손으로 나치 친위대 보초병들을 처치하기도 했다. 그러지 않으면 그녀와 팀이 갇히게 된다. 무선 통신사 데니스 레이크(Denis Rake)가 퇴각 중에 생포되는 게 두려워 라디오 설비를 땅에 묻고 암호책을 파괴한 상태였다.[1]

암호가 없으면 영국의 지원팀과 교신할 방도가 없었다. 약간의 식품, 자원봉사자, 무기, 탄약과 그 외의 군수물자를 마련하고, 그들의 행동을 다른 전투원들과 조정할 길이 없었다. 웨이크는 일련의 코드를 갖고 있는 가장 가까운 통신사의 위치를 알았기에, 음식이 떨어지거나 제압당하기 전에 돌아오기를 바라면서 출발했다. 돌아왔을 때 그녀는 다른 사람의 도움 없이는 걸을 수도 자전거에서 내릴 수도 없었지만, 그들한테는 암호가 있었다.

웨이크는 특수작전본부(Special Operations Executive, SOE)로 불리는 기관의 소속이었다. SOE는 축선(軸線) 뒤에서 게릴라 전투원을 훈련시키고, 조정하고, 지원했다. SOE는 혼란스럽고, 독창적이고, 비정통적인 임시 조직이었다. 믿을 수 있고, 휴대가 간편하고, 숨기기 쉽고, 신속한 보안 통신 도구와 암호 체계가 SOE 요원들한테 시급히 필요했다. 요원들은 오드 스타하임(Odd Starheim) 같은 사람들이었다. 스타하임은 낙하산을 타고 노르웨이로 되돌아가 SOE의 나치 중수공장(重水工場) 폭파 팀을 도울 수 있도록 사보타주 및 비밀 메시지―'코딩의 고민'―훈련을 받기 위해 애버딘(Aberdeen)으로 탈출했던 노르웨이인이다.[2] 발각되는 즉시 체포와 심문의 근거가 될 25파운드 무게의 암호 장비를 가진 그를 들판으로(이를테면, 한밤중에 비행기에서 빙산 위로 밀어) 보낼 수는 없었다.

그들의 표준 방식은 '시 암호'였다. 송신자와 수신자 사이에 사전에 합의한 시가 단어 집합의 기초가 되고, 그중 번호가 매겨진 문자가 메시지를 위한 전위(轉移)의 열쇠 역할을 한다. 시는 암기할 수 있으므로 이 방법은 아무 장비도 필요치 않다는 장점이 있었다. 그러나 요원들은 키츠, 몰리에르, 셰익스피어 등 흔한 레퍼토리에서 자신들이 잘 아는 시를 고르는 잘못된 습성이 있었다. 머릿속에서 암호를 해독하다 보니 크고 작은 실수가 연발했고, 그들의 메시지는 수신자에게 혼란을 주거나 심지어 이해하기 힘들 지경이 되었다. 같은 시를 반복적으로 사용하다 보니 심지어 독창적인 시들조차 안정성이 떨어지게 되었다. SOE 참모들은 각각의 개인 코드로 다른 여러 요원들에게 정확히 똑같은 텍스트를 종종 보냈다. 만일 이 동일한 메시지 중 하나가 해독된다면, 상대방은 다른 모든 것들과 대조해가며 텍스트를 시험할 테고, 암호를 하나하나 차례로 풀어나갈 수 있을 테다. 결국 이 암호들은 암호 자체가 바뀌지 않은 만큼 일단 해독되면 계속 해독되게 된다.

SOE 암호실을 지휘하던 암호기술자 레오 마크스(Leo Marks)는 이런 관행에 반기를 들었다〔그렇다. SOE 최고 암호기술자의 성명은 흔적('mark'가 보통명사일 때의 뜻―옮긴이)이었다. 또 하나의 나보코프식 세부사항(러시아 출신의 미국 소설가 블라디미르 나보코프의 작품의 특징인 수많은 은유와 상징 및 언어유희를 가리킴―옮긴이)

으로, 그들의 사무실은 셜록 홈스가 '춤추는 사람' 같은 암호를 풀던 방들에서 멀지 않은 베이커가(Baker Street)에 있었다]. 단기적으로 그는 여러 SOE 요원들에게 손수 독창적인 시를 짓거나 적어도 흔치 않은 시—이를테면 낸시 웨이크는 "그녀의 철자 오기 습관으로 훨씬 더 음란해진 외설 시를 이용했다"[3]—를 채택하라고 설득했다. 장기적으로는 더욱 완전한 해결책을 모색했다.

그가 찾은 해법은 '1회용 암호표'였는데, 그는 이것을 '1회용 문자 암호표(letter one-time pad, 이하 LOP)'로 다듬고 실크에 미세한 활자로 인쇄했다. LOP는 '대체 사각형'과 함께 사용되는 임의로 생성된 문자의 격자, 다름 아닌 일련의 대체 규칙—A+A의 경우 P라고 쓰고, I+D의 경우 U라고 쓴다—을 참조하기 쉽게 만든 가로세로 26칸짜리 사각형 격자였다. 실크는 암호표를 감추고 파괴하기 쉽게, 코트 안감에 꿰매고 아주 작게 똘똘 뭉치고 삼키고 태우고 화장실 물에 내려보내기 쉽게 해줬다[KGB(구소련의 비밀경찰 및 첩보조직—옮긴이)는 1회용 암호표를 사용할 때 사용 후에 즉시 없앨 수 있도록 니트로셀룰로오스 종이(nitrocellulose paper, flash paper: 마술종이로도 불리며 거의 즉시 연소되고 재를 남기지 않는다—옮긴이)에 인쇄했다].[4] 실크는 비쌌지만, 마크스는 상사들에게 "실크 아니면 청산가리"—실크와 자살 알약 중 어느 한쪽을 위한 예산은 결국 요원들한테는 협상이냐 생포냐의 문제였다—로 거래를 제안했다.

'AT MIDNIGHT(한밤중에)'으로 메시지를 시작한다고 해보자. 이를테면, 'OPXCA PLZDR'로 임의의 문자로 된 암호표를 시작하는 것이다. 대체 격자를 확인해보자. A+O의 경우 J라고 쓰고, T+P면 X를 쓰는 식이다.[5] 메시지의 처음 두 마디는 'JXFZD YXQZK'가 될 것이다. 암호 작성을 마치고 나면 메시지를 보내고, 써먹은 임의의 문자들은 암호표에서 완전히 없애자. 절대 다시 사용하지 않을 '1회용'이니까(대체 사각형의 재사용은 안전을 위협하지 않는다. 임의의 문자들이 있었던 맨 처음 암호표가 없으니 대체 사각형의 어떤 것도 메시지 내용을 말해주지 않을 것이다. 그것은 암호화를 더욱 신속하게 만들어주고, 오류 확률을 낮추는 역할을 할 뿐이다). 암호 해독자는 똑같은 과정을 거꾸로 거친다. 송신자와 수신자가 동일한 암호표와 대체 사각형을 사용하고 일련의 임의의 문자 중 동일한 자리에서 시작하는 한, 1회용 암호표는 완벽한 보안 속에서 신속하게 메시지를 암호화 및 복호화할 수 있다.[6]

'완벽'이라 함은 말 그대로 **완벽**을 뜻한다. 1945년에 정보 이론의 선구자 클로드 섀넌(Claude Shannon)은〔그리고 1941년에는 독자적으로 블라디미르 코텔니코프(Vladimir Kotelnikov)가〕만일 숫자가 정말로 임의적이고 키의 재사용이 없다면 1회용 암호표는 절대적으로 안전하다는 것을 증명했다.[7] 여러분한테 얼마나 많은 암호문이 있든 암호문의 어떤 문자나 일련의 문자도 해당 문자의 단서를 제공하지 않는다. 상대방이 밝혀낼 수 있는 것은 오직 메시지의 길이뿐이다. 자연히, 많은 1회용 암호표 사용자들은 그것마저 더욱 의존할 수 없게 만들려고 메시지에 군더더기를 덧붙이려 들 것이다.

효능도 다양한 이 모든 도구와 기술―무선 암호책, 실크 손수건, 암송 시―에는 한 가지 더 심각한 공통의 문제점이 있었다. 바로 대칭이다. 1회용 암호표만큼 절대적이든, 아니면 셰익스피어 소네트에 기초한 시 암호만큼 취약하든, 이 모든 방법은 송신자와 수신자가 **똑같은 키**를 갖고 있다는 데 의존했다. 똑같은 시, 똑같은 책의 똑같은 페이지, 1회용 암호표의 똑같은 페이지 중 똑같은 줄을 암호화와 복호화에 사용해야 했다. 전달자 인증도 키에 의존했다. 보통은 메시지가 제대로 해독되면 적임자한테서 온 것이라는 증거로 받아들여졌다.

대칭키는 저장, 공유, 송신 및 업데이트의 전 단계에서 침해 지점이 엄청나게 증식할 수 있음을 뜻했다. 세관에서 짐을 가로채 모든 암호 페이지를 몰래 촬영하고, 느긋하게 여러분 나라에 들어온 요원들의 동향을 읽고, 그런 다음 그들을 제거하고 나면 마치 그들인 **것처럼** 통신을 하는 것이다. 대칭은 송신자, 수신자 및 그 사이의 모든 지점을 취약하게 만들었다. 독일 해군의 암호—그 유명한 에니그마 기계(Enigma machine)에 의존했다—에는 장치를 나머지 조직과 동기화하여 설정하고(키를 대칭으로 유지하고) 탐지 가능성을 낮추기 위해 짧은 코드를 사용하기 위한 책자도 있었다. 이 문서들은 분홍색 압지에 붉은 잉크로 인쇄했고, 따라서 포획을 방지하려면 물 한 방울로 즉시 알아볼 수 없게 할 수 있었다. 낸시 웨이크는 암호책이 없었기 때문에 생포, 고문 및 죽음의 가능성에 직면한 채 수백 킬로미터를 자전거로 달렸던 것이다.

버클리(Berkeley)에 있는 컴퓨터 과학자 존 매카시(John McCarthy)의 집을 봐주던 사람이 생각하기에 이것은 1975년 봄 어느 날 오후까지의 상황이었다.

트랩도어

"선명하게 기억나는 건 거실에 앉아 있다가 그것이 처음 떠올랐는데, 그런 다음 콜라를 마시러 아래층으로 내려갔다가 거의 잊어버렸다는 것입니다."

횟필드 디피(Whitfield Diffie)는 대칭키 문제에 사로잡혀 있었는데, 이 문제를 악화시키는 게 컴퓨터들이었다. 전화선을 도청하거나 라디오 주파수를 맞추는 사람이면 누구나 두 컴퓨터 간의 모든 신호를 해독하려고 하지 않는 이상, 컴퓨터에는 암호화와 복호화에 일치하는 키가 있어야 한다. 그런데 그 키를 어떻게 전송해야 할까? 만일 전송 중에 키를 누가 알아채기라도 한다면, 신뢰할 수 있는 컴퓨터 대 컴퓨터 교환─누군가가 우리를 엿듣지 않으며 양쪽 다 우리가 주장하는 대로 당사자들이어서 디지털로 안심하고 소통할 수 있는 가능성─은 거의 불가능하리만큼 어려워진다.

이 이야기는 구술기록에서 주인공이 직접 말하기도 했고, 다수의 훌륭한 책에서도 여러 차례 나온 내용이다.[8] 디피는 닷선(Datsun) 510 차량을 끌고 전국을 돌아다니며 도서관을 찾아가고 연구자들과 만나온 참이었다. 두 개의 관련 질문에 답하기 위해서였다. 어떻게 우리 자신 및 우리의 기계를 신뢰성 있게 검증할 수 있는가〔군용 장비에서는 **피아식별장치**(identification friend or foe, IFF)라 불리는 쟁점〕, 그리고 어떻게 가능한 한 비밀리에 소통할 수 있는가. 결국 그는 매카시 대신 집을 지키면서 다시 한번 현대 암호기법의 문제를 곰곰이 생각하게 됐다. 5월의 그날 오후, 그는 **비대칭키** 암호화로 몇 가지 다른 문제를 동시에 해결했다. 그가 음료수를 마시러 가면서 거의 잊어버렸을 때, 거실의 수렴점에서 역사가 출렁였다.

비대칭─또는 좀더 많이 알려진 대로 '공개'─키 암호화가 그렇지 않으면 절대 발견되지 않았을 것 같다는 말은 아니다. 다른 많은 사람들이 다른 측면에서 이 문제를 해결하기 위해 달려들고 있었다. 디피와 공동저자이자 공동연구자인 마틴 헬먼(Martin Hellman)도 이미 그것을 연구하던 차였다. 평생을 암호, 타원형 곡선, 마방진의 속성 혼합이라는 주제에 바친 리처드 슈뢰펠(Richard Schroeppel) 역시 그랬다. 캘리포니아 주립대 버클리 캠퍼스의 학부생 랠프 머클(Ralph Merkle)은 그것과 밀접하게 연관된 개념을 연구하는 중이었다. 바로 사전에 비밀을 공유하지 않은 두 당사자 사이에 비밀키를 공유하기 위한 퍼즐 집합으로, 그는 이것을 1974년에 처음 제안했다.[9] 뛰어난 암호 수학자이자 냉동보존술 주창자이자 엑스트로피언인 머클은 이 책에 여러 번 등장한다. 데이터 쌍 해싱(hashing)에 관한 그의 연구 '머클 트리(Merkle tree)'는 비트코인 블록체인에서 '블록'의 기초가 된다.

사실 공개키 암호화는 이미 영국의 제임스 엘리스(James Ellis), 클리퍼드 콕스(Clifford Cocks) 및 맬컴 윌리엄슨(Malcolm Williamson)이 독자적으로—'비밀이 아닌 암호화(non-secret encryption)'—발견했는데, 1969년에 처음 돌파구를 찾았고("사전에 비밀리에 키를 교환하지 않아도 승인되는 수신자가 읽을 수 있는 보안 암호화 메시지를 생성할 수 있을까?"), 1973년에 수론(數論)에서 수학적 해답을 얻었다.[10] 그러나 그들은 미국의 국가안보국(National Security Agency)에 해당하는 영국 정부통신본부(Government Communications Headquarters, GCHQ)를 위해 일했기에, 그들의 연구는 기밀이었고, 오랫동안 비밀에 부쳐졌다.

디피, 엘리스, 콕스, 윌리엄슨, 헬먼, 머클 등이 일제히 연구하고 있던 방향은 키의 분할이었다. 대칭은 동일한 키가 암호화와 복호화에 사용된다는 뜻이다. 만일 그 기능을 서로 다르지만 어딘가 관련 있는 키들로 분리할 수 있다면, 다른 쪽을 침해하지 않으면서도 키를 자유롭게 분배할 수 있을 것이다. 마치 알렉산더 대왕이 고디언의 매듭을 잘라냈듯이, 이것은 단 한 번의 결정타로 대칭키 교환이라는 난제를 풀 수 있을 터였다.

비대칭 배열은 여러분의 통신 보안을 위태롭게 하지 않으면서도 '공개' 키를 자유롭게 공유할 수 있다는 뜻이다. 그 공개키로 암호화된 메시지는 사용자가 갖고 있는 '개인'키(private key)를 사용해야만 읽을 수 있다. 키들은 일치하지만, 전자를 후자로부터 추론하지는 못한다. 즉 공개키로부터 개인키를 추출할 수 없다. 대칭키 관리 체인에 있는 모든 약한 고리에 초조해하는 대신, 그리고 컴퓨터 간의 통신 보안을 구축하기 위해 제3자의 저장소에 일치하는 키를 맡기는 대신, 여러분 스스로 키 한 쌍을 생성하여 공개키는 여러분이 공유할 사람과 공유하고 개인키는 혼자만의 비밀로 보관할 수 있다. 디피는 "암호기법의 장점은 여러분의 통신과 직접적으로 연관된 누군가를 믿지 않아도 된다는 것"이라고 말했다.[11]

이것을 작동시키려면 암호학자들은 '일방향 함수' 집합을 찾아야 했다. 이것은 함수의 계산 및 결과 산출은 매우 쉽게, 그 결과로부터 역방향 작업—함수의 반전—은 매우 어렵게("계산상 실현 불가능하게") 만들어야 했다. 그것은 일방향으로만 작동하는, 들어가는 건 허용하지만 나가는 건 안 되는 문이다. 우리는 펜, 종이, 초등학교 산수책을 가지고 앉아서 매우 큰 소수 두 개를 빠르게 곱할 수 있다. 하지만 그 결과로 나온 반소수(semiprime: 두 소수의 곱으로 만들어진 수—옮긴이)를 인수분해하고 우리가 그것을 산출하려고 어떤 소수들을 곱했는지 밝혀내는 것은 대단히 어려운 과제다. 엄청난 공간을 통한 장기간의 '무작위 대입(brute force)' 탐색전이다. 충분히 강한 키가 있다 치더라도 해결 과정은 우리의 수명뿐 아니라 문자 언어, 인류의 진화, 지질학적 시간의 역사도 왜소하게 만든다.

이 함수에는 없어서는 안 될 요소가 하나 더 있다. 바로 트랩도어(trap-door)다. 만일 그 숫자의 반소수 인수들이 있다면, 여러분은 그것들이 정확한지 빠르게 확인할 수 있다. 트랩도어를 보유한다는 것은 정확한 정보를 가진 누군가에 의해 그 함수가 뒤집힐 수 있다는 뜻이다. 디피와 헬먼은 "트랩도어 암호방식은 공개키 분배 시스템을 만드는 데 사용할 수 있다"고 썼다.[12] 실제로 이게 무슨 뜻인지 좀더 높은 수준으로 말하자면, 여러분에게 정확한 함수 집합이 있을 경우 그것을 해독하는 데 필요한 키를 몰라도 메시지를 받아 암호화할 수 있다는 것이다. 키를 가진 사람은 거의 즉시 암호를 해독할 수 있고("값싼 디지털 하드웨어의 발달" 덕분에), 상대방은 암호화된 메시지에 공개키까지는 가로챌 수 있지만 그래도 개인키를 찾아서 메시지를 읽지는 못한다. 디피와 헬먼은 이 일방향 연산을 위한 정확한 함수를 확신하지 못했고, 처음 여러 차례 시도해보니 빠른 계산으로 풀기에 너무 쉬운 것으로 드러났다. 소인수분해라는 특정 영역은 1978년 론 리베스트(Ron Rivest), 아디 샤미르(Adi Shamir) 및 레너드 애들먼(Leonard Adleman)(획기적인 RSA사와 그 알고리즘은 이들의 이름을 따서 명명했다)이 연구할 때까지 몇 년 더 기다려야 했고, 컴퓨팅 인프라 및 암호학자인 장 프랑수아 블랑셰트(Jean François Blanchette)가 "추가적인 적절한 문제의 발견을 향한 골드러시(gold rush)"라고 표현한 움직임을 일으켰는데, 모든 문제는 "서로 다른 **계산적 가정**, 그 기법을 위한 역함수 계산이 어려울 것이라는 확실한 가정"을 수반했다.[13]

이 영역에서 은유는 오해의 소지가 있다. 특정 숫자와 계산을 다른 것보다 이 목적에 훨씬 덜 적합하게 만드는 소수와 반소수 및 다른 동등한 함수에 특화된 속성이 있다. 그러나 단순한 질문은 여전히 남는다. 이런 수는 어떻게 생성되었을까?

1246203667817187840658350446081065904348203746516788057548187888883
2896668011882108550360395702725087475098647684384586210548655375970
2539305718912176843182863628469484053016144164304680668756994152469
9318570418303051254959437137215902923609914

디피와 헬먼은 키를 분할하기 위한 시스템의 세부사항에 관해 연구하다가 시스템이 가질 수 있는 두 번째 속성을 알게 됐다. 만일 비밀인 부분, 공개적 부분 및 그 사이의 트랩도어가 있는 그런 분할키가 존재한다면, 해당 공개키가 메시지를 해독할 수 있도록 그것을 암호화하는 데 개인키를 사용할 수 있다. 이것은 아무런 비밀도 제공하지 않았다. 공개키는 널리 배포될 테고, 그것을 가진 사람이면 누구나 개인키로 암호화된 메시지를 읽을 수 있을 것이다. 대신 그것은 **검증**을 했다. 메시지를 공개키로 복호화하는 것은 그것이 개인키로 암호화된 것임을 입증했다. 개인키가 보호되었다고 가정하면—여전히 그것의 창시자 혼자만이 소유한 비밀이라면—그것은 메시지가 개인키 보유자에 의해 생성되었고 전송중에 변경되지 않았음을 여러분이 검증할 수 있다는 뜻이었다. 메시지에 자필 서명과 밀봉한 봉투에 상응하는 것을 제공할 수 있는 것이다.

이것은 실물—시스템은 그런 입증할 수 있는 결과만 가능하게 할 것이다—인 동시에 강력하면서도 다소 모호한 비유였다. 디피와 헬먼은 계약서와 영수증에 관해 말했다. 리베스트와 샤미르와 애들먼은 '서명'과 '증명서'와 '심판'—블랑셰트가 인용부호 안에 언급했듯이, "암호 알고리즘은 종이에 사람의 이름을 쓰는 것에 투명한 방식으로 동화되지 않기" 때문이다—에 관해 말했다.15 우선 그것은 복제 문제의 제약을 받았다. "모든 디지털 신호는 정확히 복제될 수 있으므로, 진정한 전자 서명은 알려지지 않았지만 알아볼 수 있어야 한다"[16]고 디피와 헬먼은 썼다.

알려지지 않았지만 알아볼 수 있다. 이것은 지폐가 직면한 문제들로 인해 익숙해 보일 수 있는 무리한 요구였다. 잘못된 당사자에 의해서는 복제될 수 없는 복제 가능한 물건—인쇄된 지폐 한 장, 서명—을 어떻게 만든단 말인가? 검증할 수 있지만 복제할 수 없고, 만드는 건 쉽지만 다시 만들기는 쉽지 않고, 알려지지 않았지만 알아볼 수 있으며, 입증할 수 있게 신뢰할 만해야 한다(수십 년 후 미래에 비트코인은 거의 완전한 디지털 암호방식 서명 시스템이 된다). 디피와 헬먼은 "우리가 현재의 서면 계약서를 순수하게 전자적인 형태의 통신으로 대체할 수 있는 시스템을 개발하려면 **자필 서명과 동일한 속성을 지닌 디지털 현상을 발견해야 한다**"[17]고 썼다. 대답으로 블랑셰트는 물었다. "그런데 자필 서명이란 정확히 무엇인가?"[18]

자필 서명과 동일한 속성

1865년 사망한 실비아 하울랜드(Sylvia Howland)는 막대한 신탁재산의 일부를 조카 헤티 로빈슨(Hetty Robinson)에게 준다는 유언장을 남겼다. 로빈슨은 자신이 전 재산을 증여받는다는 두 번째 비밀 유언장을 작성했다. 유언 집행인은 이를 수락하지 않았고, 로빈슨은 그를 상대로 재판을 걸었다. 두 번째 유언장은 로빈슨의 필적으로 되어 있었다. 그녀가 연로하고 병약한 이모의 말을 받아 적은 것이다. 페이지의 서명들만 하울랜드의 것이었다. 아닐 수도 있었다. 서명에 수백만 달러가 걸려 있었다.[19]

"실비아 앤(Ann) 하울랜드"라는 세 단어는 역사상 가장 면밀히 연구된 필적 사례의 하나일 것이다. 시간과 전문기술의 관점에서 수량화했을 때, 이만큼 중대한 관심의 초점을 요했던 예술작품은 전무할 것이다. 사진술로 확대하고, 현미경으로 연구하고, 필적 전문가, 은행가, 과학자 및 선구적 사진가와 조각가가 필적을 면밀히 조사했으니 말이다.

우려되는 바는 유언장의 다른 페이지에 있는 서명이 너무 다르다는 사실이 아니었다. 그것이 너무 비슷하다는 것이었다. 한 획 한 획, 심지어 각 페이지의 배치와 여백으로부터의 거리까지 같았다. 이것은 작성이 아니라 모사처럼 보였다. 하울랜드의 서명 표본 10여 개는 훨씬 많은 변동을 보였지만, 오랜 시간에 걸친 것이었다. 여러분의 서명은 하루마다, 시간마다, 문서마다 얼마나 다른가? 은행가와 회계사―서명을 승인하는 일을 밥 먹듯 하는 사람들―는 일관성과 불일치를 증언했다.[20]

루이 아가시(Louis Agassiz)는 연필심 흔적을 찾는 데 최첨단 현미경 기술을 사용했고, 풍선을 타고 이국의 풍경을 횡단하는 탐험가 같은 증언을 했다. 강바닥의 진흙 퇴적물처럼 분포되어 있는 잉크 삼각주들은 찾았는데, 고무지우개가 남긴 뒤엉킨 단층들의 지질학적 교란은 없다는 것이었다.

천문학자 벤저민 퍼스(Benjamin Peirce)와 과학자이자 철학자이자 논리학자인 그의 아들 찰스 샌더스 퍼스(Charles Sanders Peirce)는 서명에 숙련된 이들의 감각 훈련에서 벗어나 수학과 확률로 옮아가는 아주 색다른 접근법을 시도했다. 부자는 하울랜드의 서명을 특징짓는 정확히 서른 가지의 내려긋기를 식별했고, 수십 가지 사례를 검토하면서 변형 목록을 작성하고 이론이 있는 페이지의 서명이 정확히 일치할 가능성에 대한 통계적 모델을 만들었다. 6월의 그날, 벤저민 퍼스가 "인간의 경험을 한참 뛰어넘는" 한 숫자—서명이 그것들만큼 일치할 가능성—를 기술하려고 증인석에 선 것은 이러한 산출 결과를 전달하기 위해서였다.[21]

찰스 퍼스는 훗날 미합중국에서 미국 실용주의(pragmatist, 또는 그가 선호했듯이 pragmaticist) 철학과 기호학을 공동 창안하게 된다. 그의 열정은 상징적 논리에 있었고, 그가 특히 흥미를 가진 주제는 우리가 어떻게 사물을 가리키는 기호와 사물 그 자체인 기호를 구별하는가 하는 것이었다. 0이나 달러 기호 또는 척도나 지표의 눈금은 무엇을 의미하며 어떻게 작동하는가? 하울랜드의 유언장 사건에서 그와 그의 아버지는 서명과 서명 **그림**을 구별해야 했다. 필기된 사물에서 어떻게 인간의 존재와 의식적인 동의의 순간을 식별하는지, 그리고 그것이 무엇인지와 그것이 무엇을 의미하는지는 어떻게 구별하는지를 수량화하고 설명해야 했다.[22]

알려지지 않았지만 알아볼 수 있는 것

서명은 단일한 방식으로 알려진다. 서명은 어떤 사건의 지표, 작성 행위에 있어서 신체의 지표다. 찰스 샌더스 퍼스는 기호학자로서 하나의 사물, 하나의 기호가 "상징하거나 대표한다고 이야기되는 다른 사물에 관한 지식을 전달"하는 데는 세 가지 방식이 있다고 주장했다.[23] 한 가지 방식이 **지표**, 곧 그것이 상징하는 사물과의 물리적 연관성 덕분에 지식을 전달하는 기호였다. 뭔가를 가리키는 집게손가락(index finger)처럼 '지표(index)'에 대해 생각해보자. **저기 있어,**라고 굳이 말하지 않아도 소통이 된다. 먼 곳의 연기, 북극성, 다림판의 기포, 다림추, 지도, 육지에 내린 선원의 건들거리는 걸음걸이, 유리에 남은 지문 등이 모두 지표이며, 물리적 연관성에 의해 정보를 전달하는 기호다. 서명은 공통의 관습 및 사용을 바탕으로 한 서면 기호의 집합—h, o, w, l, a, n, d라는 7개의 임의적 기호에서처럼—일 뿐 아니라 **지표**이며, 손의 기록이자 순간의 기록이자 신체와 연결된 물리적 사건의 기록이다. 멜빌은 **피쿼드호**(Pequod)의 작살꾼으로 서명하는 퀴케그(Queequeg)에 관해 이렇게 쓴다. 그는 "제공된 펜을 받아 들고 자신의 팔뚝에 문신으로 새긴 둥글고 괴상한 모양을 그대로 종이 위의 적당한 위치에 베꼈다".

인장 반지, 중국의 관인(官印)과 일본의 **인칸**(いんかん)과 한국의 **도장** 및 **국새**, 지문, 그리고 오스만제국 술탄의 독특한 서예식 서명인 **투그라**(tughra). 인간의 인증용 사물의 천년 세계사는 독특하지만 반복할 수 있고 매번 단 한 순간의 존재감을 표현할 수 있는 사물이라는 모순에 기대고 있다. 그것은 정확히 똑같지 않으면서 확인할 수 있을 만큼—알려지지 않았지만 알아볼 수 있을 만큼—자기 자신과 충분히 비슷해야 했다. 인증 행위인 서명은 극히 사적인 것이었지만, 대통령 또는 총리의 신체에서 전자 서명 기계 오토펜(Autopen) 또는 고무도장으로 위임될 수 있었다. 문화사학자 힐렐 슈워츠(Hillel Schwartz)는 유럽 낭만주의 운동의 전성기 이후 서명이 개인의 천재성 및 서체의 독특한 표현에 초점을 맞추면서 비로소 현재의 문화적 의미를 띠게 되었다고 주장했다. 그는 복제가 가능해진 인쇄 활자 시대에는 "서명의 끝에서 소용돌이치는 장식 획처럼" 사람의 손이 "어떤 인쇄기로도 재현할 수 없는 대중적 번영"을 구가했다고 썼다.[24] 장식 획은 위조에 맞선 예방수단이었다. 알아볼 수는 있지만 재현할 수 없는 조금 독특한 인간의 스타일이었다.

전자 서명은 피상적으로 유사한 개별 신체적 존재(individual bodily presence)의 행위, 즉 공개키에 상응하는 개인키가 있는 메시지 인증―디피와 헬먼이 구상했듯이 "자필 서명과 동일한 속성을 지닌 디지털 현상"―에서 시작되었다. 그러나 정확히 "동일한 속성"을 갖고 있지는 않았다. 자필 서명은 복제 없는 유사성을 포함한다. 즉, 진짜 서명을 구별시켜주는 것은 바로 복사기가 소유하지 못한 매번 발생하는 경미한 개인차다.[25] 증인, 공증인 및 변호사와 같은 공식화된 지위, 수표와 계약서와 양식 같은 문서 시스템의 맥락에서 서명은 기술적으로 간단하면서도 사회적으로 복잡한 역할을 맡는다.

한편 암호화된 서명이라는 '디지털 현상'은 증가세에 있던 재미있는 수학적 객체, 소프트웨어 프로세스 및 모델의 계열이었다. 이런 요소들이 블랑세트의 표현대로 "창의적으로 조립되어" 새로운 확인, 인증, 승인 또는 검증 방식을 가진 이상한 동물 우화집이라는 서명의 비유에 '돌연변이'들을 낳았다. 바로 일회용 서명, 다중 위임 서명, 링 서명(ring signature: 암호 화폐의 그룹 서명에서 원서명자를 추적할 수 없도록 한 서명―옮긴이), 공정 은닉 서명, 부인 방지 서명, 순방향 보안 서명, 실패―정지 서명(fail-stop signature), 임계치 서명, 다중 서명, 지정 확인자 서명(designated confirmer signature) 같은 이름을 가진 키메라(chimera: 사자의 머리에 염소 몸통에 뱀 꼬리를 한 그리스 신화 속 괴물―옮긴이)들이다.

문학에는 심심치 않게 암호학자들이 빅트롤라(Victrola) 축음기의 태엽을 세게 감고 난해한 아날로그 은유와 비유를 재생하는 문단이 등장한다. 투명 잉크와 서명한 덮개와 반박 불가의 인장, 자물쇠와 열쇠와 귀중

품 보관 상자, 그리고 자기앞수표와 무기명 채권과 은행권. 암호학자이
자 사업가인 데이비드 차움(David Chaum)은 공증인의 엠보싱 스탬프가 찍
힌 모르는 문시가 들어 있고 카본지로 안을 댄 밀봉된 봉두를 상상하라고
썼다. 그는 이 이상한 생각으로부터 암호화 방식으로 구현한 최초의 실용
적인 디지털 화폐 계획—전체주의적인 미래를 피할 수 있기를 바랐던 계
획—을 발전시키게 된다.

04

비공개 요소

우리는 1975년의 전자 화폐가 제공한 전면적 감시와 통제의 악몽에서 시작한다. 그리고 전자거래 및 컴퓨터 활용 상거래의 예측과 두려움을 염두에 두고, 데이비드 차움의 업적으로 넘어간다. 차움의 디지캐시 프로젝트는 기존 통화로 기존 은행에 의해 디지털로 발행 및 상환될 수 있는 현금의 익명성을 가진 화폐 프로토콜이었다. 그것의 실패는 신종 디지털 화폐를 단순히 거래만 하는 게 아니라 만들기까지 하고자 했던 다른 사람들이 채택했던 설계 틀을 남겼다.

배열된 에너지

우선, 판타지.

"돈보다 낫다." 마틴 그린버거(Martin Greenberger)의 1964년 '미래의 컴퓨터' 기사에 나오는 "컴퓨터화된 공동체"의 비전 가운데서 이 소제목은 자랑스럽게 선언했다. 그는 1945년 하이퍼텍스트의 원형이 된 버니바 부시(Vannevar Bush)의 획기적인 비전 '우리가 생각하는 대로(As We May Think)'를 실었던 똑같은 잡지 〈아틀란틱(Atlantic)〉에 그것을 발표했다. 그린버거도 부시처럼 미래의 '정보 편의시설'과 그것의 응용, 이를테면 "의학정보 시스템", "자동 도서관", 시뮬레이션 서비스, "디자인 콘솔 …… 편집 콘솔 …… 컴퓨터화된 공동체"를 가정했다.[1] 이 모든 것의 열쇠는 바로 그 '돈보다 나은' 플랫폼일 터였다. "일각에서 '돈 열쇠'라고 하는 이 카드들은 간단한 터미널 및 정보 교환으로 화폐, 수표, 금전등록기, 매상전표 및 거스름돈의 필요성을 거의 제거할 수 있다."

그린버거는 고도로 중앙집중화된 전화선 시스템과 기존의 은행 및 지불업체에 의존하며 어딘가 미래적인 마법을 가미한 당시 개발 중이던 신용카드 인프라 같은 것을 말하는 것이었다. "우연이지만 우리는〔전자 화폐를 채택하는〕과정에서 또 다른 육체노동 계급, 즉 돈을 노리는 잡다한 도둑들을 몰아낼 것으로 기대할 수 있다. 분식회계를 통한 횡령의 가능성이 높아져서 그 결과 실업자가 발생할 수 있지만, 컴퓨터가 조용하게 부패의 위험 없이 자체 작업을 감시하도록 위임할 수 있는 방법이 있다"고 그는 장담했다. 설마!

6년 뒤 보르도(Bordeaux) 회의에서 컴퓨터 과학자 존 매카시는 그린버거가 장담한 바로 그런 '콘솔(console)' 같은 것에 대해 얘기했다. 그것들을 실행에 옮기는 데 대해 더욱 엄격한 어조로 말이다[2](휫필드 디피가 공개키 암호법의 일부를 개발했을 때 버클리에서 봐주고 있던 집의 주인이 바로 이 매카시다). '가

정용 정보 단말기'의 미래를 고려할 때 매카시에게 '화폐'가 담당할 역할은 분명했다. 전자 화폐는 새로운 형태의 디지털 상거래를 가능하게 할 것이었다. 광고, 정보 및 물품의 대금 "독자는 너무 비싸다고 생각하는 자료에 대해서는 시스템이 방해하도록 만들 것이다"―그리고 아직 실현되지 않은 종류의 거래를 생각했다. 그는 '매매에 미칠 지대한 영향'을 예상했다. 그러나 이런 거래는 어떻게 검증할까? 돌이켜 생각하면 간단해 보일지 몰라도, 디지털 거래 입증에는 식별, 인증, 승인 및 증명이라는 미묘한 사항들이 포함되어 있다.

5년 뒤 비자(Visa)사의 CEO 디 호크(Dee Hock)가 해답을 제시했다. 호크는 측지선 돔과 글로벌 네트워크의 건축가 버크민스터 풀러(Buckminster Fuller)와 수염을 기른 인공두뇌학의 현자이자 경영 컨설턴트인 스태퍼드 비어(Stafford Beer) 같은 부류에 속했다. 이들은 1970년대의 유토피아 인프라를 위한 제트족(jet-set: 1950년대 말 제트기로 자주 여행하는 부자들을 가리키던 말―옮긴이) 영업사원이자 우주 홍보 담당들이었다. 자연의 창발적 질서와 자기조직화 과정에 매료된 호크는 단순히 '전자 자금 이체(Electronic Funds Transfer, EFT)' 사업을 구축하는 데는 관심이 없었다. 그의 시선은 '전자적 가치 교환(Electronic Value Exchange, EVE)'이 일으킬 사회 변혁에 꽂혀 있다. 그는 EVE가 미래의 화폐라고 썼다. 이것은 다시 말하면 지구 주위의 컴퓨터 네트워크를 통해 원활하게 흐르는 "배열된 에너지" 안에 "보증된 알파벳–숫자 데이터"였다.[3]

호크에게 EVE는 초창기 인터넷, 일련의 관련된 유토피아적 공상이 있는 글로벌 네트워크 기계의 자매 시스템이 될 것이었다. 그가 설계한 본부는 원형 사무실인데, 여기에는 상징적으로 지구의 네 모퉁이가 포함되었고 각각의 지역 문화에 할애된 부분과 여러 언어의 실시간 번역용 부스가 있다[4](그는 험한 말을 퍼부으며 비자사를 떠난 일을 두고 마치 입산하는 도사처럼, "책, 자연, 끊임없는 사색이 있는 …… 익명과 고립의 삶"을 찾아서라고 말했다). EVE는 다음 시대의 인공두뇌 사회의 일부분이 될 것이었다.

그러나 문제가 있었다. 무엇이 장차 화폐가 될 알파벳-숫자 데이터를 '보증'했는가? 과연 무엇이 신용을 이루는 저 에너지의 흐름을 지시하고 흐르게 할까?

감시.

우리가 상상할 수 있는 최고의 감시 시스템

이제, 악몽.

"여러분이 막 책을 사려는 참이었다고 치자." 1975년 스탠퍼드 대학 컴퓨터 과학자 폴 아머(Paul Armer)는 〈컴퓨터 앤 피플(Computer and People)〉지 기사에 이렇게 썼다. 의회에서의 증언을 바탕으로 쓴 기사인데, 그가 의회를 위해 추천한 도서 목록에는 조지 오웰(George Orwell)의 《1984》, 미국 내 첩보 수집에 관한 닉슨 행정부의 메모, 루시 다비도비츠(Lucy Dawidowicz)의 《유대인과의 전쟁, 1933-1945(The War Against the Jews, 1933-1945)》가 들어 있었다. 아머의 글에는 전자 화폐 인증이 초래하는 감시 문제에 관한 놀라운 선견지명이 있었다. "여러분은 카드('직불카드'라고도 한다……)를 제시한다." 그는 이어서 썼다. "카드를 읽고 나서 여러분의 은행을 호출하는 단말기에 그것을 집어넣는 점원한테."[5] 은행은 OK 신호를 보내든지 아니면 거래를 거절한다. 그리고 거기서 문제는 시작된다.

아머가 직불카드로 책을 한 권 샀을 때, 결제 시스템은 그의 당시 위치를 파악하고 그것을 그의 이동 로그(log)에 추가했고, 그것과 함께 "여러분의 금융 거래에 관한 많은 데이터"와 "여러분 삶에 관한 많은 데이터"도 추가했다. 만약 여러분이 경찰의 특별 관심 대상으로 이미 지목되어 있었다면 어떻게 될까? "나는 이런 시스템이 이미 지나치게 남용되어왔음을 의심치 않는다." 1971년 KGB를 위한 이상적이고 신중한 감시 장비 구축의 임무를 부여받고, 아머와 컴퓨터 및 감시 전문가 집단은 일종의 전자 자금 이체 시스템을 내놓았다. "그것은 모든 재무회계를 처리하고 중앙계획경제의 핵심인 통계를 제공할 뿐만 아니라, 눈에 띄지 않아야 한다는 제약 안에서는 우리가 상상할 수 있는 최상의 감시 시스템이다."[6]

그가 자신의 개념적 구매 대상으로 책을 고른 데는 의도가 있었다. 만일 여러분이 아직 지목되지는 않았지만, 특정한 도서 구입 때문에 의심스러운 집단 또는 패턴의 일부로 '리스트'에 오르게 됐다면 어떻게 될까? 만약 그것이 당국이 결정하기로는 여러분이 읽어서는 안 되는 책이라면, 시스템이 여러분의 구매 시도를 자동으로 거절할까? 여러분의 돈은 어떤 물건은 살 수 있고 어떤 물건은 그럴 수 없는 걸까?

아머의 증언 이후 10년이 지나 집필된 마거릿 애트우드(Margaret Atwood)의 소설 《시녀 이야기(The Handmaid's Tale)》가 부분적으로 전자 화폐에 대한 디스토피아적 이야기였음을 기억하자. 여성의 소유로 식별된 전산계좌와 신용거래는 동결된다. 애트우드가 나중에 말한 것처럼, "이제 우리한테 신용카드가 있으니 신용에 대한 사람들의 접근을 차단하기가 아주 쉽다". 그녀는 여러 지배 시스템 중 특히 '대상자 특정' 토큰이 독자적인 선택과 결정을 막는 **금전적 강압**(monetary coercion)의 과정을 그렸다. "나는 오렌지를 갈망하며 그것을 쳐다본다." 주인공 오프레드(Offred)는 생각한다. "하지만 오렌지 쿠폰을 한 장도 안 가져왔다."[7] 이것의 현실세계 버전이 이미 존재하거나 존재하게 될 것이다. 기업도시의 쿠폰과 가증권(scrip: 기업에서 배당금 대신 지급하는 것—옮긴이)에서부터 컬러 코드로 된 주정부 발행 식권과 미국에서 전자보조금이체(electronic benefit transfer, EBT) 시스템을 통해 발행하는 복지기금—식품 보조금의 경우, 특정 상품에는 지불이 허용되지 않으며 데이터 수집과 분석의 대상이 되는 '돈'—에 이르기까지.[8]

전자 화폐는 시장을 경찰의 신속한 대응 체계로 만드는 통제장치이자, 위치 로그이자, 시민들에게 기업이나 정부가 원하는 행동을 하도록 보상하고 거부하는 스키너 상자(Skinner box: 동물의 학습, 특히 문제 해결 학습 실험에 쓰는 상자 모양 장치—옮긴이)의 역할을 할 수 있다. 1990년 철학자 질 들뢰즈(Gilles Deleuze)는 '통제사회에 대한 추신(Postscript on the Societies of Control)'이라는 짧은 글을 썼다. 들뢰즈는 이론가·역사가인 미셸 푸코(Michel Foucault)가 찾아낸 변화—주권사회에서 규율사회로 전환되는, 삶의 모든 수준에서 권력이 표현되는 방식의 변화—에서 출발한 뒤 이렇게 물었다. 후기산업·네트워크·자본주의 사회의 사람들은 지금 **통제사회**에 비길 만한 전환을 겪고 있는 것일까? 그는 자신의 말이 무슨 뜻인지 설명하기 위해 권력의 모범적 기술에 기댄다. "아마 두 사회의 차이점을 가장 잘 표현하는 것이 바로 화폐일 것이다."[9]

이전의 규율사회는 생산력을 조직하기 위해, 곧 비스킷, 시민, 신문, 병사, 모델 T 자동차, 건강하고 생각이 건전한 신체 및 호환 가능 부품을 생산하기 위해, 안정되고 표준화된 메커니즘이 작용하는 일련의 울타리 친 공간 또는 '내부'로 작동했다. 그는 이것이 금을 "수치석 표준으로,"—즉정 메커니즘인 기준으로—"고정시키는 주조화폐"의 틀에서 이뤄졌다고 썼다. 그는 현재 및 가까운 미래의 통제사회는 "기준통화들로 설정된 비율에 따라 조절되는 유동적 환율"로 가치를 모델링한다고 주장했다. 닉슨 쇼크 이후의 즉각적이나 다름없는 전자통신과 지속적인 데이터의 수집, 피드백, 분석 및 조정의 체제다.[10]

"어떤 특정 순간에 열린 환경 안에서 모든 요소의 위치"를 알고 있는 통제 시스템은 '코드화된 수치', 손쉽게 표시·분석·활용되는 디지털 데이터로 주로 감독되고 관리되는 사회를 통해 힘을 발휘한다. "인간은 더이상 울타리 안의 인간이 아닌 빚을 진 인간이다." 들뢰즈는 마치 디스토피아적인 SF 영화의 음성 내레이션을 전달하듯 쓴다.[11] 카드상의 돈, 데이터로서의 화폐가 지배하고 통제할 수 있다. 여기서는 지불할 수 있고 저기서는 안 된다, 이건 지불할 수 있고 저건 안 된다고 하고, 추가 조정을 위해 사용자에 관한 실시간 정보를 생성하면서 말이다. 들뢰즈는 그의 추측 모드로 가택 연금 발찌와 가석방 수감, 기한 내 생산과 물류 체인, 휴대전화와 지리적 위치정보와 정량화된 자아(quantified self), 영역 및 접근 거부 기술, 디지털 결제와 디지털 화폐 플랫폼을 통합한다. 새로운 통치권 모델과 권력의 표현 및 행사의 윤곽을 규정하는 넓은 영토다.[12]

빅브라더를 쓸모없게 만들다

데이비드 차움도 온라인 신용 및 직불 시스템 장부가 인적 서류가 되어 버린 미래를 우려했다. 그는 "결제와 관련해 공개되는 정보의 단위가 폭발적으로 올라갈 것"이라고 경고했다.[13] 아머의 증언이 있고 나서 8년 뒤인 1983년에 차움 역시 "개인의 종적, 인간관계 및 라이프스타일에 관한 많은 정보를 노출하는" 다른 많은 거래들과 함께 도서 구입에 관해 썼다.[14] 디지털 결제의 신용을 관리하는 동일한 메커니즘이 날짜, 시간 및 위치정보가 찍힌 많은 정보를 노출할 수 있는 기록을 생성할 것이다. 그런데 이것은 실시간 특정 지역 서비스 제한, 가격 담합과 바가지요금 및 그 밖의 금융 소외 메커니즘을 위해 디지털 장부(ledger) 화폐가 적극적으로 조작될 수 있는 방법을 고려하기 전이다. 차움은 팬옵티콘(panopticon: 영국의 철학자 제러미 벤담이 죄수를 효과적으로 감시할 목적으로 고안한 원형 감옥—옮긴이), 경찰국가 및 빅브라더(Big Brother: 조지 오웰의 소설 《1984》에 등장하는 정보 독점으로 사회를 통제하는 관리 권력—옮긴이)에 관해 얘기했다. 그는 1995년 의회 강연에서 신용카드와 매장의 네트워크 단말기에서 "전자 꼬리표를 단 사육장의 동물"인 인간 개체군을 예견했다.[15] 하지만 그에게는 제시할 해법이 있었다.

사육장의 대안은 각 당사자가 "자신의 이익을 보호"할 수 있는 "소도시 시장 광장의 판매자와 구매자들"일 것이라며 그는 이어갔다. "개인과 조직 간의 동등성을 확보"하기 위해 그는 사용자를 비밀에 부치면서도 신원을 증명할 수 있는 화폐를 만드는 데 공개키 암호 및 서명 기술을 기반으로 삼았다. 네덜란드에 본부를 둔 그의 회사 디지캐시(DigiCash)는 그것을 '이캐시(Ecash, eCash, e-Cash로 다양하게 인용된다)'라 불렀다. 그들은 감시를 기반으로 한 신용직불 시스템에 대한 대안으로 최초의 실질적이고 기능적인 디지털 화폐를 창조했다. 차움의 접근법, 특허 및 이론은 10년 이상 디지털 화폐 연구의 의제를 설정했다.

차움은 "비밀요원들의 연락용 정보전달소(dead drop), 문서 보안, 도난경보기, 금고, 자물쇠, 덮개 및 인장"에 매료되었다(그 밖에 그의 특허 중에는 다양한 금속 열쇠를 인식할 수 있는 전자자물쇠와 투표 시스템이 있었다).[16] 그는 쉽게 말해 구식의 아날로그 문서 보안을 닮은 아이디어를 하나 개발했다. 여러분이 어떤 문서의 내용은 노출하지 않으면서 공증을 받고—오늘 발견했다는 증명을 기록하고 보관하기 위해—세상과는 아직 그 발견을 공유하지 않으면서도 우선권을 주장하고 싶다고 가정하자. 과학사학자 마리오 비아지올리(Mario Biagioli)는 크리스티안 하위헌스(Christiaan Huygens)가 태엽시계의 발견 소식을 철자 순서를 바꾼 아나그램("413537312343242 abcefilmnorstux")으로 제출하고, 갈릴레오 갈릴레이(Galileo Galilei)가 토성의 불규칙한 모양 관찰을 "smaismrmilmepoetaleumibunenugttauiras"로 발표했던 르네상스 시대 과학계의 관행에서 바로 이런 문제를 기술한 바 있다.[17] 서류작업의 해결책은 진화했다. 프랑스 과학아카데미처럼 신뢰할 수 있는 기관들에 밀봉한 내용을 기탁하는 것이다. 이 밀봉된 봉투 접근법은 한 걸음 더 나아갈 수 있었다.

여러분의 서류를 카본지로 된 봉투에 넣고, 덮개를 밀봉한 다음, 봉투 **겉면**에 공증인의 도장을 찍거나 서명과 날짜를 기입하게 하라. 도장을 찍거나 서명하는 사람은 자신이 무엇을 인증하고 있는지 알지 못한다. 색인의 성질을 갖는 시간의 흔적이며 비밀이 새나가지 않는 증거물, 곧 '은닉 서명'이다. 카본지 봉투와 은닉 서명은 증거물을 그것이 담긴 용기가 아니라 그 **서류**와 연결시키며, 어떤 봉투 교체―김 나는 주전자, 적외선램프, 가느다란 상아 주걱 및 디지털 시대 이전에 있었던 '덮개와 밀봉' 정탐 기술의 우아한 다른 꼼수들―의 혐의도 없애준다. 그 서류는 내용을 드러내지 않으면서도 스스로에 대한 사실을 입증할 수 있다. 알려지지 않았지만 알아볼 수 있는 것이다.

차움은 디지털 화폐에도 유사한 절차를 발전시켰다. ATM에서 유로나 달러나 위안을 한 다발 인출하는 것과 마찬가지로―그것이 전용 트랜잭션 카드(transaction card) 또는 여러분의 컴퓨터에서 실행되며 인터넷에 연결된 프로그램으로 이동한다는 점을 제외하면―디지털 형태로 된 은행 계좌에서 돈을 인출하는 것이다. 카드를 손에 들고 컴퓨터에서 프로그램을 열면, 여러분은 디지털 화폐를 현금처럼 쓸 수 있다. 시스템이 원격으로 체크인하여 한 계좌에 입금하고 다른 계좌에 출금하는 장부에 반영되는 거래 같은 게 아니라 주인이 바뀌는 동전처럼 말이다.

돈은 카드나 디지털 지갑(digital wallet)상에 또는 그 안에 있을 것이다. 만약 여러분이 카드를 분실한다면, 돈은 마치 퇴근 후 현금 팁 봉투를 기차에 두고 내리는 경우처럼 사라질 것이다. 카드를 상인에게 주거나 컴퓨터상에서 온라인 거래를 승인하면, 여러분의 신원을 확인하거나 은행에 체크인할 필요 없이 그들의 시스템은 카드에서 그 값을 제할 수 있다. "값을 나타내는 보안 데이터"(차움의 표현)가 손 안의 현금처럼 스스로를 입증할 수 있는 것이다.[18] 마지막으로, 그리고 가장 차움에게 중요하게, 이캐시는 그것을 인출하여 사용한 사람과 연결되지 않는다. 차움이 "빅브라더를 쓸모없게 만들기"를 바랐던 신원 확인 없는 입증 기술이다.[19]

비공개 요소

이는 자율적인 디지털 가치 저장을 의도한 게 아니었다. 차움은 이캐시로 새로운 통화를 제안한 것이 아니라 은행이 기존의 통화를 디지털 화폐로, 그리고 그 역으로 전환할 수 있는 메커니즘을 제안하고 있었다. 1993년에 소프트웨어 개발자 할 피니(Hal Finney)—사이퍼펑크이며 엑스트로피언이며 궁극적으로는 비트코인의 주요 공신—가 프로젝트를 설명하면서 좋은 비교를 했다. 지난 100여 년간 국가·영토 통화가 있기 이전에는 지방은행이 자산 대비 화폐를 발행할 수 있었다. 상인은 은행권이 동전이나 금과나 기타 물건의 "액면가로 발행 은행에서 상환될 수 있을 것"이라는 가정하에 그 은행권의 결제를 승인하고는 했다.[20] 은행은 '귀중품'을 보유했고, 은행권은 그 매개체로 유통됐다. 차움의 시스템의 상인들도 마찬가지로 국가 통화의 액면가로 발행 은행에서 상환될 수 있다는 사실을 알고 이캐시를 받아들일 것이다.

각각의 해결책이 해결해야 할 또 다른 문제를 차례차례 창출하는 차움의 메커니즘을 네 부분으로 나눠보자.

1. 현금이 진짜인지 어떻게 아는가?

여러분은 온라인 구매를 원한다. 은행에 20달러짜리 이캐시 은행권을 요청한다. 은행은 이 돈을 여러분의 계좌에서 인출하여—마치 여러분이 ATM에서 현금을 인출하듯—새로운 이캐시 은행권을 생성하고, 이것을 여러분에게 전자메일로 보내거나 스마트카드에 예치한다. 이 은행권은 "이것은 웰스파고(Wells Fargo) 은행에서 20달러의 가치가 있으며 요청에 따라 지불할 수 있다"에 상응하는 가치 진술을 담고 있다. 은행은 여러분에게 그 은행권을 보내기 전에 **개인키**로 그것을 암호화한다. 공개키를 가진 사람은 누구나 거기에 해당하는 개인키로 암호화된 메시지를 복호화할 수 있으므로, 개인키로 암호화된 메시지는 일종의 서명 역할을 한다는 점을 상기하자. 웰스파고 은행은 여기저기 상인들에게 그들의 공개키 복제본을 배포할 것이다. 술집, **편의점**, 택시 기사, 식품잡화점과 모든 온라인 상점이 복제본을 갖고 있으므로, 그들의 거래 소프트웨어는 이캐시 은행권이 은행의 '서명'을 받았는지와 얼마의 가치가 있는지를 즉시 확인할 수 있다.

2. 왜 그것은 위조할 수 없는가?

여기서 공개키 암호 사용은 비밀을 전혀 저장하지 않는다. 은행의 개인키 서명이 이캐시 은행권을 은행의 상품으로 인증하고 그것의 가치 위조를 불가능하게 만든다. 범죄자는 그 은행에서 나온 것처럼 보이는 새로운 은행권을 만들 수가 없다. 하지만 서명은 **위조**—은행이 실제로 생산한 이캐시 은행권의 복제—를 막지는 못한다. 결국 그 '은행권'은 일련의 데이터일 뿐이다. 중간에 가로채 복사해서 붙이고, 누군가 그 구역의 모든 가게에서 똑같은 200달러짜리 수표를 긁듯이 써버릴 수 있는 것이다. 따라서 은행은 은행권마다 독특한 일련번호를 제공한다. 택시 기사는 근무시간이 끝나면 자신의 은행 지점에 스마트카드에 적립된 이캐시 은행권을 예치한다. 은행은 자기들이 그 은행권과 그것의 가치를 서명했는지 검증하고, 예전에 입금된 적이 없는지—즉, 똑같은 은행권이 여러 차례 달러로 상환된 적이 없는지—확인하기 위해 고유의 일련번호를 점검하고, 이 달러들을 택시 기사의 계좌에 입금한다. 하지만 고유의 일련번호는 지급인의 거래상 개인정보는 없앤다. 상인이 그것을 예치할 때 일련번호는 그것이 발행된—여러분의 특정 계좌에—번호에 해당한다.

3. 일련번호가 여러분을 추적하는 데 사용될 수는 없는가?

차움의 해결책은 **비공개 요소**였다. 사용자—여러분—는 이제 여러분이 원하는 은행권마다 일련번호를 생성한다. 여러분은 이 번호들을 이캐시 요청과 함께 은행에 보낸다. 은행은 '우리의 요청에 따라 그들의 10달러를 지불할 수 있다'는 개인키 서명과 함께 이 이캐시 은행권들에 서명하고, 여러분의 계좌에서 그 금액을 인출한다. 여러분은 이전처럼 어디서든 이캐시를 쓸 수 있다. 하지만 암호수학의 우아한 마술에 의해, 여러분이 보낸 일련번호에 여러분이 사용하기 전에 은행이 이캐시 은행권을 제공하고 나면 나눌 수 있는 여러분에게 알려준 임의의 숫자—비공개 요소—를 곱한 상태다. 은행은 그 돈을 회계처리 했고, 여러분이 쓸 수 있는 은행권을 창출했으며, 그들은 이것을 국가 통화로 상환하겠지만, 그것이 여러분의 계좌에서 왔는지는 더 이상 알지도 못하며 알 필요도 없다. 그것을 받는 상인들도 마찬가지다. 은행은 상인들이 상환해달라고 그들에게 주는 은행권의 일련번호가 이전에 쓰이지 않았는지 확인하려고 점검하겠지만, 그 번호는 더 이상 다른 어떤 데이터에도 해당하지 않으며, 여러분의 거래를 신원과 연결시키지 않는다. 그 안의 서류 기록이 없는데도 내용물이 10달러로 상환될 수 있음을 확인하고 카본지로 만든 복사본의 밀봉된 봉투에 도장을 찍은 것이다.

4. 하지만 사기성 오프라인 지출은 어떻게 해야 할까?

'콜드 프로세서(cold processor)' 지갑을 사용해 오프라인 거래—가령 우리의 개념상 택시 안에서처럼—를 한다면 디지털 부도수표에 해당하는 돈으로 은행이 일련번호들을 비교하기 전에 같은 은행권을 여러 번 쓰는 것도 여전히 가능할 것이다. 그러면 은행은 운 좋은 첫 번째 상인이 그들의 은행권을 예치한 후에 모든 이캐시 은행권의 이행을 거부할 테고, 비공개 요소가 있는 상태에서 사기성 지출을 여러분과 연결시킬 방법은 없을 것이다. 이것은 분명 상인들이 이 새로운 시스템을 채택하는 것을 방해할 테고, 오프라인 환경(가령 포장마차와 벼룩시장)에서부터 매우 빠른 결제가 필요한 시스템(가령 여러분의 차가 지나갈 때 태그한 것을 스캔하는 전자 요금소)에 이르기까지 여러 지급 분야에서 문제를 일으킬 것이다(디지캐시는 네덜란드 전자 요금소의 초기 인프라를 위한 결제 시스템 작업을 했다). 아주 우아한 최후의 일격으로, 차움, 질 브라사르(Gilles Brassard), 클로드 크리포(Claude Cripeau)는 모든 이캐시 거래마다 질문—지출자의 소프트웨어가 각각의 은행권에 대해 대답해야 하는 수치적 문제—을 수반하는 수학적 메커니즘을 개발했다.[21] 그런 답변이 한 개일 때는 아무런 의미가 없고 특정 이캐시 은행권의 익명성을 손상시키지 않겠지만, 답변이 **두 개**—여러분이 똑같은 은행권을 두 번 쓰려고 할 경우에만 제공하게 된다—일 때는 그 은행권이 발행된 계좌를 드러내고 지출자의 익명성은 사라지게 된다.

전체 시스템을 우리 앞에 놓고 봤을 때, 상인들—자신들에게 지불된 이캐시를 현금화하는 모든 사람들—은 익명이 아니라는 점에 주목하자. 경화(hard currency: 달러처럼 언제든 금이나 다른 화폐로 바꿀 수 있는 통화—옮긴이)보다 이캐시로 뇌물과 암시장 활동을 하는 게 결코 더 유리하지는 않을 것이다. 사실 그들의 활동은 지폐와 동전에 비해 이캐시를 돈세탁하는 게 얼마나 더 어려운가로 인해 더욱더 제약을 받을 것이다. 차움은 전자 화폐와 감시의 '모 아니면 도'식 모델과 단절한 종류의 디지털 화폐 생산 방식—마약 거래와 몸값 요구 등등에 더 이상 힘을 실어주지 않고 개인 고객의 개인정보를 보호하는 기술—을 찾아낸 상태였다. 이캐시를 쓰는 사람이 시스템을 속이려 들지 않는 이상, 그리하여 그 순간 바로 그 남용 행위를 통해 자신을 드러내지 않는 이상, 이캐시를 쓰는 것은 추적할 수 없었다.

기술적 차원에서 이캐시에는 여전히 풀어야 할 복잡한 문제, 가령 거스름돈, 환불, 수신자 부담이 있었고, 후속으로 많은 개선사항이 다른 이들에 의해 개발되게 된다. 그러나 전체 구조는 기능적이고 일관적이었다. 차움이 의회에서 말했듯이, 그것은 "핵물질, 군사 기밀, 고액의 전신환을 보호하는 데 사용했던 가장 정교한 코드"와 동일한 메커니즘으로 감시, 위조 및 모조를 방지하는 익명의 디지털 화폐였다. 그것은 잠재적 범죄자들에 대비한 인프라를 구축하지 않고도 그의 개인정보의 미래 위기 모델에 나타나는 많은 도전과제를 충족시켰다.

차움의 약속에는 암묵적 위협도 도사리고 있었다. "전자 형태의 국가 통화를 제대로 얻지 못한다면, 시장이 그 주위를 맴돌다가 다른 통화를 만들어낼 것"이라고 그는 경고했다.[22] 그것은 우리가 현재 살아가고 있는 결과에 대한 예측이었다.

확실한 디자인 공간

1990년대 중반, 네덜란드에 본부를 둔 디지캐시는 세인트루이스(St. Louis)의 한 은행에서 시험 프로그램을 진행 중이었다. 홍보용으로 장난스레

무담보의 '사이버벅스(Cyberbucks)'를 발행했는데, 그것은 티셔츠, 브리태니커 백과사전 기사들, 몬티 파이튼(Monty Python)의 옛날 명대사 대본, 차움의 이전 책 중판본을 구입하는 데 알맞았다.[23] 차움은 도이치방크(Deutsche Bank)와 거래하고 있었고, 싱가포르부터 영국에 이르기까지 비슷한 기술 연구도 진행 중이었다. 디지캐시 소프트웨어는 모든 공통된 운영 체제를 위해 존재했고, 웹 브라우저 모자이크(Mosaic)로 통합되었다. ING, 비자, 마이크로소프트 및 일련의 은행이 에인트호번(Eindhoven)에 있는 디지캐시 사무실을 찾아왔다.

그 10년이 끝나기 전에 디지캐시는 파산했다.

원인은 복잡하고 아직도 논란이 있지만, 디지털 통화와 가상화폐를 제작하는 이들에게 디지캐시와 그 기술의 유산은 분명했다. 영감으로서의 유산과 경고로서의 유산. 장 프랑수아 블랑셰트가 그것을 완벽하게 표현한다. 차움의 연구는 "내구성 있는 연구 방안뿐 아니라 더욱 중요하게 확실한 디자인 공간을 터놓았다. 그 공간은 컴퓨터를 반드시 감시와 사회통제의 이미지와 연결할 필요는 없으며, 명백히 사회적인 목표—이 경우, 개인정보 보호, 익명성, 그것들이 민주적 참여에 끼치는 영향—를 갖고 일관되고 창의적인 과학 연구 프로그램을 추진할 수 있다는 점을 시사했다".[24] 그런 디자인 공간과 그것의 사회적 목표가 추가적인 실험으로 채워질 영역을 열어줬다. 바로 전면적 익명성을 추구하거나, 새로운 종류의 속성을 지닌 화폐를 찾고 있거나, 은행 또는 국가가 전혀 없이 영구적인 디지털 이캐시를 추구하는 사람들이다.[25]

차움과 동료들의 연구, 그리고 디지캐시의 흥망성쇠는 다른 많은 제안들에 기준점을 제공했다. 이캐시가 나오고 나서 '스마트 계약', '디지털 무기명 증서' 및 통화 메커니즘은 개인정보 보호와 사람과 기업 간의 동등성 보존뿐만 아니라 훨씬 극단적인 프로젝트들, 가령 공해(公海)상에서 작동하는 장외거래 시스템, 네트워크 자체의 암호화된 틈, 그리고 중앙은행과 지역통화의 합법성에 반대하는 적극적인 음모의 기초로서도 적합해졌다.[26] 차움과 이캐시는 나쁜 미래를 예측하고 회피하기 위한 구체적인 연구개발 계획의 본보기였고 그런 열망을 제공했다. 1992년에 할 피니는 암호와 이캐시가 자신에게 어떤 의미인지를 기술했다. 피니는 차움이 열어준 길이 "개인과 조직 간 힘의 균형을 가져온다. ⋯⋯만일 일이 잘 풀린다면, 그것이 우리가 지금까지 해온 일 중 가장 중요한 것이었음을 돌아보고 알게 될지도 모른다"고 썼다.[27]

이캐시는 또한 경고의 이야기이기도 했다. 차움은 회고하며 말했다. "나는 완벽한 개인정보 보호가 보장될 수 있도록 과거의 작업 방식을 바꾸라고 세상에 요구하고 있었다."[28] 이러한 도구들이 채택되게 하자니 극복해야 할 관성이 너무 많았다. 컴퓨터 과학자 아빈드 나라야난(Arvind Narayanan)은 "차움의 아이디어 같은 야심적인 발상들"이 직면하는 시험대 중 하나, 즉 새로운 시스템이 작동하기 위해 완전히 즉각적으로 그것을 채택해야 하는 "현상유지에 만족하지 못하는 충분한 잠재 사용자들"을 설명하기 위해 "사회적 동의(societal buy-in)"라는 문구를 사용했다.[29] 전자메일 암호 같은 도구는 개인 및 소집단에 의해 갈수록 더 많이 채택될 수 있지만, 차움의 시스템은 대대적인 변화가 필요했다. 다시 말해, 기술만으로는 충분치 않다. 훌륭한 수학, 과학적 발견, 자유로운 아이디어 유통, 신뢰할 만한 하드웨어 및 실행 코드가 있다 해도 여러분에게는 욕망, 비전, 불만족, 판타지 및 이야기가 필요하다. 수평선 바로 너머의 유토피아의 빛, 그리고 거기에 도달할 코스모그램 말이다.

그런 도전에 부응하기 위해 만일 사회를 먼저 만들고 그다음에 플랫폼을 만들 수 있다면 어떨까? 만일 여러분이 기술이 불가피해진 세계를 구축할 수 있다면 어떻게 될까?

05

정부의 붕괴

우리는 암호 무정부주의자, 아메리칸 인포메이션 익스체인지 플랫폼, 재너두 프로젝트가 모두 디지털 데이터 자체를 가치 있게 만들려고 했던, 그리고 추후 시장의 기반을 다지려 했던 1980년대와 1990년대의 사이퍼펑크식 급진적 화폐 모델을 발견한다. 진정으로 자율적인 디지털 화폐를 만든다는 것은 근본적인 세 가지 문제를 해결한다는 뜻이었다. 바로 조정, 복제 및 채택이다. 이번 장에서는 처음 두 문제를 설명하면서 디지털 화폐의 미래는 어떤 모습일지의 비전을 소개한다.

블랙홀

1992년 9월 25일 금요일, 샌프란시스코의 블랙홀(Black Hole)이란 클럽에

서 세인트주드(St Jude)는 미래에서 온 대사들을 만났다.[1]

그녀는 그들이 불투명하고 익명이었기 때문에 다가올 세상에서 온 인물들, "이미 진행 중인, 헤헤, 혁명"의 일원들임을 알았다. 그들은 차도르(Chador: 무슬림 여성들이 착용하는 모자 달린 망토 모양 의상—옮긴이)를 두르고 '눈이 세 개'인 고글을 쓰고 있었다. 말할 때는 자신들의 목소리를 색소폰과 첼로로 필터링해 합성한 보코더(vocoder)를 통해 얘기했고, 머리에 장착한 스피커를 통해 크라프트베르크(Kraftwerk: 독일의 일렉트로닉 밴드—옮긴이)식 거친 목소리와 톱니 소리가 알아볼 수 없게 된 채 방송되었다. 그리고 그들의 목소리만 있는 게 아니었다. 테레민(theremin: 두 개의 진공관에 의해 맥놀이를 일어나게 하여 소리를 내는 전자 악기—옮긴이)과 급속히 흐르는 물처럼 다른 사람들도 그들의 스피커를 통해 말했다. 제3의 눈인 고글은 커뮤니티 네트워크로 전송하는 렌즈였다. "사람들이 들락날락하네요." 그녀가 농담을 던지자 차도르들은 여러 시간대의 "오케스트라의 킥킥 웃음소리들"로 메아리쳤다. "내가 국제적으로 인기가 있었나?" 그녀는 의아했다.

대사들은 그녀보다 훨씬 컸는데, 둘 다 정확히 같은 키였다. 키 높이 굽을 숨긴 밑창이 두껍고 무거운 신발 **코터니**(cothurni)를 신고 있었다. 그들은 의상 때문에 어떤 독특한 걸음걸이나 몸짓도 방해를 받는 납 장화를 신은 심해의 잠수부처럼 이리저리 휘청거렸다. 그들이 블랙홀—정보의 광자(光子) 하나도 빠져나갈 수 없을 클럽—의 연기 속에서 모습을 드러냈을 때, 그녀는 그들을 알아봤다. "당신들, 암호 무정부주의자들 맞죠? 내가 사이퍼펑크라 부르는 부류들! ……세상을 정복하고 싶은 건가요?" 네덜란드 악센트가 있는 한 첼로가 짜증 내며 부인했다. "우리는 정복을 믿지 않아. 사실 우리는 **정복할 수 없는** 것들을 만들려고 작업하고 있지."

차도르 두 명과 그들을 통해 얘기하던 "많은 중첩된 목소리들"—특히 어떤 목소리가 치렁치렁한 검은 옷 아래 있는 몸뚱이들에 속하는지 알고 있는 이들—은 자신들의 프로젝트를 이렇게 요약했다. "암호화된 **모든 것**", 온라인 평판과 분배된 신용 등급 시스템, 그리고 "수백만을 위한 스위스 은행 계좌"의 안전한 디지털 화폐가 있는 익명의 경제. 테레민은 그것이 "정부를 쓸모없게 만드는 국제 통화 시스템"에 합쳐졌다고 말했다.

"아니, 나는 망상중이 아니다"고 세인트주드는 썼다. 그녀는 사이퍼펑크들을 만난 **적이 있다**. 사실 그들에게 그 이름을 붙여준 것도 그녀였다. 그것은 블랙홀 클럽의 연기 자욱한 '어둠에 가까운' 곳이 아니라 지난 토요일에 선명한 캘리포니아 연안의 햇빛 아래 있는 버클리의 한 집에서 일어났다. 하지만 그녀는 그런 실제 상황을 다선율 네트워크를 부착한 실루엣, 여백의 잉크 얼룩과 징 박힌 장갑, 전기 충격기, 암호화 방식이라는 허구적 이야기로 전달했다. "틀림없는 헛소문"이라며 그녀는 마지막 줄에 말했다. "그 혁명가들은 cypherpunks@toad.com으로 연락하면 된다." 그 주에 개시된 진짜 메일링 리스트의 진짜 주소로서, 그녀는 이곳에 자신의 소설 초고를 돌리고 있었다.

몇십 년 전, 주드 '세인트주드' 밀혼(Jude 'St Jude' Milhon)은 레코드 가게와 공공 도서관 뒤편에 마련된 텔레타이프(teletype) 키보드로 초창기 디지털 소셜 네트워크인 커뮤니티 메모리(Community Memory)를 공동 창립했다.[2] 커뮤니티 메모리는 인터존(Interzone)으로부터 생방송으로 윌리엄 버로스(William Burroughs: 미국 비트 세대의 지도자이자 소설가—옮긴이)의 반복구를 두드려댔던 '벤웨이 박사(Dr. Benway)' 같은 가명 캐릭터들이 번성할 장을 열어줬다. 시스템이 빈약해 로그인 같은 것은 없었고, 따라서 누구나 벤

웨이—아니면 다른 누군가—라고 쓸 수 있었다. 원작자는 "어떤 불법 저작권 침해자들이 벤웨이 로고 복제에 대해 얘기한 적이 있어요"라고 말했다. "그러라고 해요⋯⋯. 어차피 공공 영역인데."[3] 그 스피커들로 그 이름 아래 누가 말하고 있든 무슨 차이가 있겠는가? "주드의 철학 중 하나가 여러분이 누군지 세상에 얘기할 필요가 없어야 한다는 것이었다"[4]고 2003년 밀혼의 사망 후 한 친구는 썼다.

"그러니까 여러분의 핵심 신분을 보호하고 있는 거군요. 맞죠?"라고 세인트주드는 블랙홀의 차도르들 중 한 명과 동시에 그녀의 실제 청중, 그녀가 새로이 이름 붙인 '사이퍼펑크'들에게 물었다.[5] "설명, 확장, 수정은 환영합니다. 그 사안에 대해서라면 남용과 위협도 마찬가지고요." 그녀는 사이버컬처 잡지 〈몬도 2000(Mondo 2000)〉에 게재하는 칼럼 '무책임한 저널리즘'에 '사이퍼펑크 운동'이라는 이야기를 쓰고 있었다〔〈몬도 2000〉은 장난, 밴드 인터뷰, 패션 사진과 함께 가상현실, 사이키델릭, 암호, 실험소설에 관한 글을 싣는 〈와이어드(Wired)〉지의 무정부주의자 누이 격 잡지다〕. 그녀는 거기에 영감을 준 사람들, 'cypherpunks@toad.com' 메일링 리스트의 초창기 멤버들, 일주일 전 창립 모임에서 에릭 휴스(Eric Hughes)의 집에 실제로 모였던 집단에게 초고를 보냈다. 밀혼은 그 모임에서 아이디어를 메모했는데, 지금은 "오직 그 메모가 제대로 명확하게 서술되었는지", 그리고 그곳에서 탐구되던 미래의 **느낌**, 암호화를 기반으로 한 질서, 익명성, '안전한 디지털 화폐'를 자신이 잘 포착했는지가 걱정이었다. "정부가 무너진다"며 어렴풋하고 불투명한 그림자 속에서 테레민은 함성을 질렀다.

정부의 붕괴

티머시 C. 메이(Timothy C. May)는 엔지니어, 프로그래머, 암호광으로 구성된 느슨한 팀이 사이퍼펑크가 되었던 버클리의 그 토요일 모임에서 세인트주드와 함께 있었다.

그는 은퇴한 엔지니어였다. 여생 동안 자립을 유지하려면 얼마나 많은 돈이 필요한지 신중히 계산한 끝에 34세에 은퇴했다. 인텔(Intel)에 있을 때는 세라믹 케이스의 알파 입자 방출로 생성된 마이크로칩의 오류와 관련해 유명했던 복잡한 문제를 해결했다. 그는 우주의 완고한 사실성에 관한 물리학자의 감각─인간이 모래 더미나 석영 조각에서 그것을 인지하든 말든 방사능은 방사능이다─을 갖고 있었고 인간과 그들의 기계를 똑같이 특징짓는 허약함에 대해 냉소적으로 경멸했다. 알파 입자 논문에서 칩 설계와 방사성 붕괴에 관한 정확한 증거 및 주장의 페이지들에 이은 마지막 문장은 이러했다. "인간 공학적 관점에서 볼 때, 21세기의 마이크로컴퓨터 제어 로봇이 인간에게 닥치는 일부 똑같은 병에 시달릴 수 있다는 데 주목하는 것은 적잖이 만족스럽다. 로봇도 인간만큼 오류가 있을 수 있다."[6]

메이는 당시 온라인에서 시간을 보내던 많은 이들과 마찬가지로 전자메일과 포스트, 포럼(forum)과 스레드(thread)에 자동으로 첨부되는 텍스트 덩어리인 서명란, '.sig' 파일을 갖고 있었다. 서명란은 전화번호, 소속, 내부적 농담 및 약간의 아스키(ASCII) 아트를 위한 공간이었다〔사이퍼펑크 메일링 리스트의 또 다른 참가자인 줄리언 어산지(Julian Assange: 정부나 기업의 비리 문서 공개 사이트인 위키리크스의 창립자─옮긴이)는 자신의 서명란에 냉소적인 닉슨 인용문을 포함시켰다[7]. 메이의 서명란에는 토킹헤즈(Talking Heads: 미국의 뉴웨이브 밴드—옮긴이)의 노래가사, 당시 가장 유명했던 소수를 집어넣은 수학적 말장난과 미래의 연대표, 축약된 공상과학 이야기가 들어 있었다. '암호 무정부주의: 암호화, 디지털 화폐, 익명의 네트워크, 디지털 가명, 영지식 (zero knowledge), 평판, 정보 시장, 암시장, 정부의 붕괴' 같은.

그것은 구성요소의 목록, 관심사 목록, 상상된 미래의 연대기—등장 순서대로 크레딧에 오른 다가올 일들—였다. 우리는 그것을 미래 암호 무정부주의자 시대의 여명기 스토리로 이렇게 고쳐 쓸 수 있다. 암호화에 있어서 일련의 근본적인 돌파구와 수십 년간 정부가 지원한 공학 및 연구가 이제 정부의 파괴를 가능하게 한다. 익명의 네트워크와 디지털 가명의 실험, 영지식 시스템 및 평판에 대한 실험이 디지털 화폐를 위한 인프라를 제공한다. 필요한 것은 작동 중인 이런 요소들을 보여주어 새로운 사용자를 끌어들이고 교육할 수 있는 개념증명 정보 시장이다. 이는 상거래의 추적 및 과세가 불가능한 글로벌 암시장 네트워크를 창출할 수 있으며, 그 후 정부는 필연적으로 붕괴할 것이다.

그가 할 일은 이 이야기가 실현되도록 만드는 것이었다. 혼자서는 할 수 없었다. 파트너, 운동, 선봉에 선 수학자들의 음모가 필요했다. 그는 9월의 그 토요일에 모인 사람들을 상대로 "현대 세계에 유령이 출몰하고 있다. 암호화된 무정부 상태라는 유령이다"라고 읽었고, 그들 가운데 주드 밀혼이 있었다. 이것이 그의 '암호 무정부주의 선언문'의 첫 번째 문장이었다.

그들의 첫 만남부터 사이퍼펑크 커뮤니티는 여러 종류의 오버래핑 타임(overlapping time: 국제금융시장 간의 시차로 인해 영업시간이 겹치면서 계속 이어지는 것—옮긴이) 속에 존재했다. 그들은 합리적인 추측을 했다. "물리적인 사람들이 아닌 가명으로만 연결된 네트워크를 통해 화폐가 유통되는 때가 되면 여러분은 훨씬 더 많은 가상의 신원을 보게 될 것이다."[8] 그들은 일종의 '영원한 개척지'에 있는 거주지로서 '공간 VR' 같은 것을 추측했다. 언젠가는 네트워크상에 수백만, 수십억 명으로 확장될 기법과 기술을 스스로 채택하면서 미래의 신호를 물색했다. "우리가 논의 중인 것은 이런 생각들의 장기적 영향이다."[9]

사이퍼펑크 프로젝트의 가장 미묘하고 중요한 역사적 조건은 부적절한 시기였다. 자체적인 역사적 맥락보다 앞서 프로젝트를 만들었다는 고전적인 니체(Nietzsche)적 의미에서뿐 아니라 **너무 느리다**는 의미에서도 때가 맞지 않았다. 암호화 기초 요소(낮은 수준의 신뢰할 만한 알고리즘)의 증명과 작업 시스템 구현 사이에 명백한 지연이 있었다. "사이퍼펑크들이 말한 일들은 대부분 왜 일어나지 *않은* 것일까?" 메이는 물었다.[10] 그가 사이퍼펑크의 첫 모임에서 그 토요일에 읽었던 바로 그 선언문은 1988년, 1989년, 1990년에 "비슷한 생각을 가진 테크노–무정부주의자들" 사이에 유포되면서 4년의 나이를 먹었다. "그것은 역사적 이유로 그냥 이대로 내버려두련다."[11] 우리는 "개인과 집단이 서로 완전한 익명의 방식으로 소통하고 교류할 수 있는 능력을 제공하기 직전에 있다." 그렇다면 그게 왜 그리 오래 걸렸을까?[12]

널리 받아들여지는 일련의 공통 프로토콜이 있는 전자메일 같은 분야는 진척이 있을 수 있지만, "독립형 물건도 아니고 흔히 시간 지연과 오프라인 처리 등을 수반하는 다자간 프로토콜인 디지털 화폐 같은 것들의 상황은 훨씬 더 암담해진다".[13] 디지털 화폐를 만드는 것은 기술적으로 복잡한 동시에 의미적으로 혼란스러웠다. 메이는 "'암호화'나 '전자메일 재발송'의 의미는 꽤 명확하지만, '디지털 은행'은 도대체 뭘까?"라고 썼다.[14] 가령 전자메일의 취약성이나 서로 다른 암호 체계의 장단점은 논의할 수 있는 주제지만, **화폐**는 가치, 시간, 역사 및 사회구조에 관한 암묵적인 주장들의 집합이다. 여러분에게 '디지털 은행'이 의미하는 것은 세상을 알고, 구성하고, 설명하는 방식인 코스모그램의 일부분이다. 이것을 정의하는 것은 프로그래밍 언어, 데이터베이스, 포맷, 협업 툴, 여러분이 실제로 코드를 수집하기 시작하는 데 필요한 시스템의 버저닝(versioning: 일정 기간 동안 수정되기 전의 파일을 보관하는 기능―옮긴이)에 대한 합의보다 선행하는 합의 구축 프로젝트다.

디지털 은행을 설립하는 것은 난해한 **조정** 문제〔무료 오픈소스 소프트웨어 제작에 관한 요차이 벤클러(Yochai Benkler)의 표현〕, 보통 가격체계나 경영구조에 의해 해결되는 문제다.[15] 특정 종류의 활동에 보상 및 인센티브를 주는 시장이 있을 수도 있고, 월급을 지불하고 팀을 모으고 명령을 내리는 회사나 기관이 있을 수도 있다. 많은 사람을 대략 같은 쪽으로 지향하도록 만드는 서로 다르지만 양립할 수 있는 두 가지 방법이다. 디지털 뱅킹 플랫폼 구축은 일반적으로 비자, 연준, 또는 권한과 사무공간과 내부 갈등을 해결할 프로젝트 관리자나 운영진 계층이 있는 기타 대형 기관의 명령어 아키텍처(command architecture) 안에서 이뤄질 것이다. 반면 사이퍼펑크들은 아주 똑똑한 사람들로 구성된 비공식적으로 두 자릿수인 일당과 메일링 리스트를 갖고 있었다. "이 명단에 있는 우리는 뭔가를 개발한다고 돈을 받지 않고, 누구의 도움도 받지 않으며, 우리를 도울 기업의 재정적 지원도 없다."[16]

무료 오픈소스 소프트웨어의 이야기는 운용체제에서부터 인터넷의 많은 부분이 의존하고 있는 서버 플랫폼에 이르기까지 모든 것을 구축하는 비로 그 역경을 극복한 새로운 기술 공동체들의 이야기다. 이 모든 프로젝트는 제재소의 톱밥처럼 오픈소스 노력들이 생성하는 줄기찬 내부 언쟁이 특징이었지만, 디지털 은행 같은 것을 만드는 데 필요한 대화의 복잡성은 주문이 달랐다. 그것은 재미있는 기술적인 질문에서 출발한 게 아니라 권위, 주권 및 가치의 본질에 관한 철학적·사회적 약속에서 시작되었다.

합의가 절대 나오지 않을 것 같은 장시간의 느린 대화를 하기에는 상황이 너무 급박했다. 혹시 여러분이라면 이 계획들 중 하나를 밀어붙이도록 충분한 양의 기고자, 사용자 및 참여자를 끌어모을 수 있을까? 여러분이 휴스가 확인한 단계 ─ 물리적인 사람들이 아닌 가명에만 연결되어 …… 네트워크를 통해 화폐가 유통되는 ─ 에 도달할 수 있다면, 시스템은 스스로 가동될 것이며, 그것을 뒷받침하고 구축하기 위한 새로운 종류의 가격 체계에 의해 사람들한테는 인센티브가 주어질 것이다.[17] 그것은 **유통화폐/지나가는 흐름**(passing current) 상태에 도달했을 것이다. 충분한 인원이 있다면 그런 종류의 말 그대로이면서 비유적인 승인을 구축할 수 있을 텐데, 그것은 단순히 기술을 구축하는 문제가 아니라 이야기를 들려주는 문제였다.

메이가 들려주고 싶었던 이야기 ─ 디지털 화폐의 승리와 정부 붕괴의 이야기 ─ 의 한 챕터는 가치 있는 데이터를 위한 플랫폼과 디지털 화폐를 위한 경제적 맥락을 창출할 '정보 시장'의 부상이었다. 어떻게 하면 온라인 정보 시장이 순조롭게 출발할 수 있을까? 메이의 궤도 안에 들어 있던 밀접하게 관련된 두 회사가 이 질문에 대답하려 했고, 그들의 시스템, 약속 및 파트너들이 훗날 디지털 화폐를 형성하게 된다. 둘 중 첫 번째 회사는 필립 샐린(Philip Salin)이 설립한 아메리칸 인포메이션 익스체인지였다. 1988년, 메이가 비슷한 생각을 하는 집단과 처음으로 암호 무정부주의 프로젝트에 관해 나눈 토론은 1988년 샐린의 거실에서 벌어졌다.[18]

아메리칸 로켓 컴퍼니

필립 샐린은 160킬로미터 길이의 도로 한쪽 끝에 살았다. 그 길은 그가 어느 지점에 서 있건 행성의 대기권 밖까지 쭉 뻗어 있었다. 그는 팰로 앨토(Palo Alto)에서 저(低)지구 궤도까지 가는 궤적을 계획했다. 그의 아크테크놀로지(Arc Technologies)—나중에 "트럭 타고 별까지"의 스타스트럭(Starstruck)이 되었다가 결국 새로운 경영진 아래 아메리칸 로켓 컴퍼니(American Rocket Company)가 되었다—팀은 설탕에 기초한 '로켓 캔디' 연료로 저렴한 발사 로켓을 실험했고, 애플 컴퓨터의 초대 CEO인 마이클 스콧(Michael Scott)이 투자한 자금으로 살림을 꾸렸다. 하지만 샐린은 항공 우주 공학자가 아니었다. MBA 학위를 보유한 경제학 공부벌레였고, 시장 중심의 오스트리아학파 경제학자 프리드리히 하이에크(Friedrich Hayek)의 추종자였으며, 시장 운영만으로도 변화를 추진할 수 있다고 믿는 인물이었다. 샐린은 우주의 미래가 직면한 가장 큰 난관은 중력 또는 금속의 변형 내성보다 더욱 강력한 힘, 바로 잘못 할당된 돈이라고 생각했다.

그는 의회 위원회 앞에서 우주왕복선이 너무 저렴하다고 힘줘 말했다. 그 비용을 보조금으로 받아 인위적으로 활기를 잃는 바람에 기업가적인 로켓 산업이 위축됐다는 것이었다.[19] 돈의 움직임만으로도 우리는 충분히 중력에서 벗어날 수 있었다. "차기 우주의 커다란 돌파구는 경제적 돌파구가 될 것"이라고 그는 증언했다.[20] 샐린은 정보 시장, 곧 돈과 지식의 유통―정보로서의 돈, 돈으로서의 정보―에 매료됐다.

우주 사업이 곤경에 처해 있던 1984년에 샐린은 자신이 하이에크와 카를 포퍼(Karl Popper)의 책들을 읽으며 시분할 컴퓨터 시스템을 연구하던 1970년대부터 구상해온 프로젝트에 착수했다. 바로 지식재산을 위한 디지털 시장. 그는 그것을 아메리칸 인포메이션 익스체인지(American Information Exchange, 이하 AMIX)라 불렀고, 모든 종류의 두뇌활동을 소매로 거래하는 장소로 구상했다. 그곳은 단순히 정보뿐만 아니라 해답도, 이를테면 조사, 시장 분석, 특허, 평면도, CAD 렌더링, 문제에 대한 솔루션 및 공식도 제공할 것이었다. "우리는 그저 사람들이 자신들의 지식을 수익을 위해 거래하는 것을 가로막는 마찰 및 거래 비용을 줄이려는 것뿐"이라고 샐린은 말했다.[21]

이를 위해 그들은 프로필, 등급, 논평, 그리고 '정보 브로커'라는 새로운 직업을 위한 시장 관리자들을 갖춘 경매 및 판매 시스템을 구축해야 했다. 회계와 청구서, 거래와 지불을 처리할 플랫폼이 필요했다. 잠재적인 정보 제품 및 서비스의 전문화된 세계를 아우르는 다수의 주제, 하위 주제 및 항목을 저장할 유닉스(Unix) 서버에 모든 고객이 전화를 걸 수 있도록 미국 전역에 사용자 정의 AMIX 소프트웨어를 실행하는 개인용 컴퓨터(칭찬 일색의 기사조차 '번거롭다'고 썼다)가 필요했다.[22] AMIX 팀은 과학기술 전문 저널리스트 독 설즈(Doc Searls)가 회고했듯이 인터넷 자체가 나중에 제공할 모든 인프라의 맞춤형 버전인 "온라인 서비스를 처음부터 만들려 애쓰고" 있었다. "필(Phil: 필립의 애칭—옮긴이)은 자신만의 인터넷을 만들어야 했다."[23] 하지만 이런 문제들을 해결하기에 앞서 AMIX는 왜 디지털 정보가 **가치가 있는지**를 설명해야 했다.

1990년에 에스더 다이슨(Esther Dyson)은 간단하게 이의를 제기했다. "비용을 거의 들이지 않고 복제할 수 있는 정보와 같은 제품에서는 공급과 수요 법칙이 작동하지 않는다."[24] 당시 다이슨은 주로 컴퓨터 붐을 다루는 산업 저널리스트였고, 디지털 정보 시장 개발의 옹호자였다. 잠재적으로 완벽한 이 사이버 자유주의 시장에 문제가 하나 있었고, 그것이 샐린의 사업 계획의 핵심에 놓여 있었다. 다이슨은 디지털 미디어의 가치에 관한 거듭되는 반대에 답하려 애쓰면서 AMIX에 대해 다음과 같은 반복적인 글을 썼다. "그것은 일단 생성되고 나면 거의 무료로 복제할 수 있다."[25]

1972년에 순회 작가이자 예술가 겸 활동가인 스튜어트 브랜드(Stewart Brand)—여러 벤처 사업 중에서도 특히 〈전 세계 카탈로그(Whole Earth Catalog)〉 잡지로 유명하다—는 코드를 작성해 **스페이스워!**(Spacewar!)라는 초창기 비디오 게임을 하던 '컴퓨터 건달'들의 하위문화 속에서 시간을 보냈다.[26] 그는 아날로그 미디어를 디지털화하는 것의 함의를 마치 동틀 녘처럼 선명하게 설명했다. "엄청난 양의 정보가 컴퓨터에서 디지털화되고 전송될 수 있으므로, 가령 음악 연구자들은 인터넷상에서 레코드를 '완전히 원본 그대로' 교환할 수 있다. (현재 형태의) 레코드 가게로 보면 과다한 양이다."[27] 그의 표현은 중요한 면에서 부적절한데, 오늘날에도 우리가 계속해서 흔히 저지르는 의미론적 오류다. 그가 말하는 음악학 연구자들은 레코드를 주거니 받거니 하면서 '교환'하고 있는 게 아니다. 데이터를 필터링하거나 압축하거나 변경하기 위해 의도적으로 뭔가를 하지 않는 한 (내 컴퓨터와 여러분의 컴퓨터에 있고, 서버에 저장되어 있고, 로컬 메모리 저장소와 음악 재생 장치에 있는) 복사본 각각이 비트 단위로 완벽한 복사본이므로, 그들은 레코드를 **제작**하고 있는 것이다.[28]

　20세기 컴퓨터 및 통신의 기술사는 대부분 **충실도**(fidelity), 정확도, 오류 수정에 대한 도전, 즉 전화선부터 전파까지, 단일 컴퓨터의 저장·처리·디스플레이 사이의 배선에 이르기까지, 불완전한 매체와 잡음 통신로들을 사용해 완벽한 사본을 저장하고 전송하는 도전의 역사다.[29] 컴퓨터, 특히 네트워크 컴퓨터 작업은 회화와 사진을 훨씬 뛰어넘는 복제 능력을 가진 복사 기계의 글로벌 시대를 창출했다고 할 수 있다.[30] 다이슨의 AMIX에 관한 〈포브스(Forbes)〉지 칼럼의 맞은편 페이지에는 '문서 업체'로서의 역할로 '국가품질상(National Quality Award)'을 수상했음을 기리는 제록스(Xerox)사의 전면 광고가 실렸다. 낡은 35밀리 영화 필름에 천공된 디지털 명령을 사용했던 콘라트 추제(Konrad Zuse)의 최초의 컴퓨터 프로그램처럼, 여기서도 두 개의 다른 미디어 시스템이 깔끔하게 병치되어 있었다.[31]

　이것은 몇 세기에 걸쳐 계속되고 있는 '지식재산' 개념의 위기에서 또 다른 단계였다. 디지털 전환은 정보가 얼마나, 왜, 어떤 방법으로 가치가 있느냐는 해묵은 질문에 대한 새로운 대답을 가능하게 해줬다.[32] AMIX의 틀에서 샐린의 대답은 시장 주도의 기만적인 단순성을 갖고 있었다. 사람들이 돈을 지불할 것이기 때문에 디지털 정보가 가치가 있다는 것이었다. 어떤 정보에 지불하며 왜 지불하는지는 도대체 누가 알까? 다이슨은 "후안(Juan)한테는 상식인 것이 앨리스한테는 짜릿한 발견"이라고 AMIX 개념에 관한 에세이들 중 한 편에서 썼다. "시장에서 결정하게 내버려두자."[33] 그러나 이 대답에는 훨씬 심오한 질문이 들어 있었다. 디지털 정보를 위한 거래 및 지불 플랫폼. AMIX가 사실 시장이었다. '디지털 정보'는 지불되는 물건, 즉 화폐 자체를 포함하게 되었다. 무엇이 디지털 시장의 디지털 화폐를 가치 있게 만들었을까?[34]

정보가 신속한 검증이 가능한 일련의 비트로서 계좌에서 계좌로 이동하며 전송·저장될 수 있게 만든 그 동일한 메커니즘이 화폐를 가장 얇은 존재론적 얼음 위에서 이런 식으로 거래되게 했다. 팀 메이는 스테가노그래피(steganography, 다른 데이터 안에 어떤 데이터를 숨기는 것) 기술을 사용해 노래나 고해상 이미지 파일 안에 디지털 화폐로 거금을 은닉할 수 있을 것이라고 지적했다. 진부한 디지털 사진 한 장이 현금이 가득한 장갑차 한 대를 담을 수 있는 것이다. 그러나 화폐도 사진 같은 물건이었고, 복제라는 근본적인 문제를 똑같이 안고 있었다. 다이슨은 두 가지 근거로 AMIX 찬성론을 폈다. 디지털 정보는 일반적으로 무료로 복제할 수 있지만 특별히 찾으려면 비용이 많이 들고, 가장 가치 있는 데이터는 널리 구할 수 없는 경향이 있다는 것이었다. 그것이 우리가 화폐라고 부르는 종류의 디지털 미디어에서는 어떻게 작동할까?

샐린은 살아생전 이 프로젝트들이 어떻게 됐는지 보지 못했다. AMIX가 컴퓨터 지원 디자인(CAD) 기업 오토데스크(Autodesk)에 인수된 직후인 1991년 12월, 41세에 간암으로 사망했기 때문이다. 그는 '신경' 수술을 받고―그의 머리는 그가 고대하던 사회가 오면 소생시키려고 떼어내 냉동했다―제어된 냉동보존술에 의해 일시정지―그의 뇌는 되살리거나 디지털로 재구성하고, 그의 몸은 복제하거나 인공기관으로 대체할 것이었다―를 당한 59번째 인간이 되었다. 그는 이것이 제기하는 문제들 중 하나를 메이와 함께 논의했다. 어떻게 하면 우리와 함께 자산이나 시간을 뛰어넘어 불멸에 이르도록 이전할 것인가. 만일 우주왕복선 가격을 정확히 매기기 어렵고 AMIX에서 사람들 간의 지불을 안전하게 처리하기 힘들다면, 여러분 자신이 애리조나(Arizona)의 한 용기에 냉동되어 '생체시계가 멈췄다'가 어떤 포스트휴먼(posthuman) 포맷으로 소생한 미지의 미래로 돈을 전송한다고 상상해보라.

'한시적 출시 암호 프로토콜', 즉 메시지를 얼마간의 시간이 지난 뒤 또는 특정 사건 이후에만 읽을 수 있도록 암호화하는 이론적 방법에 관한 메이의 1993년 메모는 몇 년 전 샐린과의 논의에서 나왔던 최초의 용례를 제시했다. "무엇보다 그사이 돈을 압류나 과세 등으로부터 보호하면서 미래로 보내는 것"은 "언젠가 미래에 여러분의 부활/소생을 준비하고자 하는 냉동보존술 쪽 사람들이" 관심을 가질 만한 사안이다[35](10년 뒤 줄리언 어산지가 사이퍼펑크 리스트에 똑같은 문제를 제기하지만, 기밀 방출의 보안에 대해서였다[36]). 그것은 미래에 대비한 은행계정이 될 것이고, 부활을 믿는 자들에게 보상을 제공할 수 있을 것이다. 최초로 계정 소유자를 소생시킨 집단은 데이터가 해독되고 나면 약속된 포상을 받는다. 그것은 샐린이 창조하고 싶어 했던 미래의 정보 브로커들에게 궁극의 전적이 될 터다. 바로 창조자를 죽음에서 되살리는 가격체계다.

테크노-휴브리스 지대

샐린의 편심 궤도는 그는 물론이고 그의 협력자이자 공동 창립자이자 배우자인 나노기술 주창자 게일 퍼거미트(Gayle Pergamit)를 시분할 컴퓨터부터 벨 전화사(Bell Telephone)의 독점을 해체하는 데 영향을 미친 경제 분석 글, 민간 우주선 계획 및 디지털 정보 시장에 이르기까지 일련의 근(近)미래 산업들의 사변적 경계로 데려갔다. 그러나 그의 가장 이상한 직책은 재너두 운용사(Xanadu Operating Company, XOR)라는 기업의 근무자 명단에 있는 '엑셀러레이터(accelerator)'였다(명단에서 퍼거미트의 직책은 '숨은 변수'였다).[37] 재너두는 AMIX의 자매 프로젝트로, 인간의 모든 지식을 디지털화하고 가장 기본적인 수준에서 거기에 돈을 짜 넣는 계획이었다.[38] 샐린과 마찬가지로 재너두 팀한테도 돈은 최고의 로켓 연료, 미래로 가는 추진제였다. 재너두의 테오도어 '테드' 넬슨(Theodor 'Ted' Nelson)(XOR에서의 직위는 '디렉터')은 자신을 비롯해 프로젝트를 완수하려는 노력의 일환으로 그가 펜실베이니아로 집결시킨 '최종 구현 팀'을 "전부 헌신적인 자본주의자들"이라고 묘사했다. "……나는 위원회에 대한 혐오, 무뎌진 창의성, 생각의 희석 때문이고, 그들은 그들 자신의 우주왕복선에 대한 욕망 때문이다."[39] 디지털 정보와 디지털 화폐가 제대로 구현된다면 펜실베이니아의 킹오브프러시아(King of Prussia)에 있는 PDP-11 컴퓨터 앞 의자에서 저 하늘의 별로 그들을 데려다줄 것이었다.

컴퓨터 지원 디자인 소프트웨어 회사인 오토데스크가 AMIX에 투자하게 된 것은 바로 재너두 투자를 통해서였다. 두 업체는 샐린을 포함한 몇 명이 겹쳐서만이 아니라 서로 잘 맞았다. 양쪽 다 디지털 정보를 검색하고, 찾고, 무엇보다도 **가격을 책정하는** 일, 즉 오토데스크의 창립자 존 워커(John Walker)가 경영진에게 주는 메모에 표현했듯이 "우리 시대에 정보란 밀, 살아 있는 돼지, 스위스 프랑 또는 S&P500 지수처럼 유형의 상품이라는 사실을 받아들이는 일"을 했다.[40] 정보는 어찌 보면 **돈**이었고, 아니 돈이 될 수 있었고, 그것을 활용한 네트워크는 "브레턴우즈(Bretton Woods) 시대 이후 통화선물(특정 화폐를 미래의 일정 시점에 미리 약정된 가격으로 매입·매도하는 금융선물의 일종—옮긴이)의 기능만큼이나 자명한" 유용성을 제공할 수 있을 것이었다.[41] 재너두와 AMIX에서 워커는 운용과 가격책정으로 디지털 시스템에 적합한 신종 연구·개발에 박차를 가할 수 있는 정보 시장—기술사회 전체를 위한 일종의 가속기—의 개발 방법을 보았다.

AMIX의 메커니즘은 간단한(설령 엄청난 야심이 있다 해도) 정보 시장의 구축과 관련 있었다. 재너두의 시스템은 한층 더 극단적이어서 과거와 미래의 인류 문화 전체를 위한 모델이었고, 거기서 디지털 정보와 디지털 화폐는 분리하거나 구분할 수 없었다. 그것은 사실상 **모든 것**을 영원히 디지털 화폐로 재창조하는 작업이었다. 일상적인 현재에서 회사를 존속시키려고 노력하는 자리에 있던 워커는 "수십억 년 넘게 1000조 명의 사람들을 위해 현재와 미래의 모든 형태의 정보를 전부 저장할 수 있는 시스템을 통째로 설계"하려고 계획하는 재너두 팀과의 초현실적 대화를 묘사했다.[42] 그는 프로젝트 전체가 "지나치게 왜곡되어(hyper-warped) 테크노-휴브리스(hubris: 그리스어에서 유래한 말로 역사학자 토인비가 자신의 능력과 방법을 우상화함으로써 오류에 빠지게 된 상태의 뜻으로 사용했다—옮긴이) 지대에 들어가 있었다"고 썼다.

접두사 'hyper-'는 적절한 선택이었다. 넬슨은 '하이퍼텍스트(hypertext)'라는 용어를 만들었고, 1965년 〈복잡한 것, 변화 중인 것, 쉽게 규정할 수 없는 것들을 위한 파일 구조(A File Structure for the Complex, the Changing and the Indeterminate)〉라는 논문에서 그것을 처음 발표했다. 그는 수십 년간 자신의 비전을 실현할 시스템을 간헐적으로 전도하고 옹호해온 터였다. 재너두란 이름의 이 시스템은 지금까지 작성됐거나 앞으로 작성될 **모든** 텍스트에 대한 저작 및 액세스 도구, 그리고 아울러 텍스트, 오디오, 비디오, 'n차원 그래픽', 사물, 사람, 장소 및 'DNA/RNA' 내부와 그것들 사이의 관계를 제공하는 단말기들의 글로벌 네트워크가 되겠다고 약속했다.

재너두는 모든 것을 다른 모든 것과 연결하고, 설계가 거의 확정적인 재너두 자체를 **제외한** 모든 것에 대해 어떤 형태의 결론이나 종결이나 마침표도 거부할 일종의 우주적 앰퍼샌드(&: 'and' 기호—옮긴이)가 될 것이었다. 넬슨은 "그것이 그토록 오래 걸린 이유는 그것의 모든 궁극적 특징들이 설계의 일부분이기 때문"이라고 썼다. "다른 이들은 더 적은 작업을 수행하도록 시스템을 설계하는 것으로 시작해, 그다음에 특징들을 추가한다. 우리는 그 작업들 전부를 처리할 수 있는 통합 구조로 이것을 설계했다."[43]

이 정도의 우주적 야심과 규모를 가진 시스템이라면 디자인 선택에 형이상학적 의미가 있다는 뜻이었다. 설계는 "이 개념들의 진정한 구조"의 발현을 반영했다고 넬슨은 누누이 주장했다.[44] 진정한 구조는 재산, 소유권 및 디지털 화폐 유통의 구조였다. 디지털 텍스트의 검색 및 디스플레이에 관한 넬슨의 참신한 아이디어와 재너두라는 미완성이자 완성할 수 없는 40년짜리 프로젝트의 엉망진창 매력으로 많은 것들이 만들어졌지만, 가장 심오한 기술적 차원에서 보면 재너두는 새로운 텍스트 관행이 구축되는 기반인 지불 시스템—시장 인프라—이었다. 넬슨은 이 시스템을 "기술적 구조와 소유권 관행"으로 설명했다.[45] 지식은 고정된 저자, 소유권 및 지불의 관점에서 존재했다. 미래의 재너두 사용자, 즉 수십억 년 간 1000조 명의 완벽한 지식체계를 사용하는 사람들 중 한 명은 "합법적인 저작권 보유자거나 저작권 보유자로부터 허가를 얻어 저장 비용을 지불하는 누군가"였다. 상호 연결된 다수의 재너두 단말기로 이뤄진 재너두 네트워크의 기초는 "전송되는 모든 바이트(byte)에 대한 저작권 사용료"가 되는 것이다.[46]

이 프로젝트에서 가장 중요한 개발자 중 한 명인 마크 밀러(Mark Miller) (XOR 직책: '해커')는 이것을 가능하게 만드는 특정 바이트의 위치와 소유자를 지정할 수 있는 주소 지정 시스템(addressing system)―초한수(超限數: 유한하지 않은 순서수와 기수를 뜻함―옮긴이)의 속성에 기초한 '텀블러(tumbler)' 시스템―개발을 주도했다. 넬슨은 "문학적 전통에는 소유자가 있고 다른 문서에 의해 공정한 의도를 가진 특정 규칙들 안에서 인용되고 링크될 수 있다"고 썼다(저작권과 저자가 비교적 최근의 발명품이므로 그가 어떤 '문학적 전통'을 가리키고 있었던 것인지 궁금하다).[47] 권력으로서의 돈에 대한 충성심을 표현하기 위해 가운데 이름 철자를 '$amuel'로 썼던 밀러는 자신의 홈페이지에 격언 하나를 올려놓았다. "시장에서 할당되지 않는 것이라면, 그것은 **돈보다 더 비싸다.**"[48] 그는 이어서 시장 같은 컴퓨터 시스템 '아고릭스(agorics)'를 개발하고 스마트 계약(일정 조건을 충족하면 당사자 간에 거래가 자동으로 체결되는 소프트웨어 프로그램을 이용한 계약―옮긴이)을 지지하게 된다. 그리고 이 책에서 나중에 엑스트로피언들 가운데 다시 등장한다.[49]

재산, 저작 및 지불의 특별한 구조는 이 시스템의 가장 심층에 있는 구조 안에 구축됐다. 재너두에서 글을 쓴다는 것은 다른 소유권자들에 관해 **소유**하는 것―그리고 서버 이용 시간에 대해 지불하는 것―이다. 절대적인 조건과 사전에 설정된 "모든 궁극적 특징"을 가진 이 "통합 구조"는 운명적으로 모든 디지털 "복합 텍스트 군집화(즉, 생각)"[50]를 회귀하고 통제된 상품으로 만들어 복제를 불가능하게 할 것이다(재너두에서 텍스트를 인용한다는 것은 그것을 베끼는 게 아니라 텍스트의 메모리 위치와 작성한 사람의 계정—귀속과 사용료의 체인—으로부터 '옮겨오는(transclude)' 것이다). 그것은 생각이 수익을 내도록 만든다는 의미에서뿐 아니라 그 **자체를 돈으로** 만든다는 의미에서 생각을 '화폐화'할 것이다. 모든 정보 교환은 자금 거래이기도 하다. 쓰고 읽는다는 것은 지불하고 지불받는 것이다.

재너두가 돈의 이동—1센트 한참 아래의 모든 소액결제를 그룹화하고 결제한 집계—을 어떻게 구현할지는 여전히 시스템의 다른 여러 측면보다 훨씬 더 모호했다. 하지만 요구는 명확했다. 디지털 정보는 그 자체로 시장이 되어야 하며, 가격인 동시에 가격의 척도가 되어야 한다는 것이었다. 미래는 우리에게 그 이상을 요구하지 않았다. 밀러는 자신이 잠시 쉬었다가 "나노기술의 위험성에 대한 두려움과 가능성에 대한 믿을 수 없는 흥분 때문에" 1988년에 재너두 작업에 복귀했다고 썼다. "사회적 담론 및 사회적 의사결정 과정을 위한 더 나은 미디어를 창출함으로써, 우리는 신기술이 제기한 위험에서 살아남을 훨씬 더 높은 확률을 얻게 된다."[51] 미래로 가는 길이 정보 시장과 그것이 추진하는 결정을 통해 놓였다. 재너두의 컨설턴트로 일했던 자유지상주의 경제학자 로빈 핸슨(Robin Hanson)은 "중국의 덩샤오핑 주석이 죽기 전에 재너두가 상품을 내놓을 것이다"와 같은 주장을 포함해 미래의 사건에 직원들이 돈을 걸 수 있는 예측 시장을 회사 내부에 만들었다.[52] 핸슨은 설명했다. "그들은 자신들의 상품이 중국을 도와 덩샤오핑 이후 민주주의로의 전환을 완성시킬 수 있기를 바랐다"(핸슨 역시 이 책에서 '아이디어 선물' 통화를 개발하는 엑스트로피언들 가운데 등장한다).

1979년 펜실베이니아의 '최종 구현 팀'부터 1988년 새로운 팀이 "18개월 내로 시장에 첫 재너두 시스템을 내놓을" 것이라던 워커의 약속까지, 재너두는 영원한 미래 시제로 존재했다.[53] 언제나 미래로 후퇴했던 재너두는 지금으로부터 6개월 후부터는 수백만 년간 운용될 거라고 했었다. AMIX는 '자체 인터넷'을 구축해야 했고, 테크노-휴브리스 지대의 깊은 내부에서 돌아가던 재너두는 모든 형태의 생각에 대한 모든 표현으로 영구히 확장할 수 있는 단일 통합 구조를 운송해야 했다. 투자한 지 2년 만에 오토데스크는 AMIX와 재너두의 지분 80퍼센트를 매각하고 디지털 정보를 양적으로 가치 있게 만들 방법을 모색하는 과정에 들어갔다.

AMIX와 재너두는 둘 다 모든 단어, 문서 및 링크와 연결된 명확한 저자를 중심으로 구축되고 은행 계좌 및 영구적인 신원과 결합된 **공개** 시스템이었다. 팀 메이는 그 대신 신원을 숨기거나 암호화하거나 난독화할 수 있는 경우 이런 시스템이 사용되는 방식을 익히 알고 있었다. 재너두의 몇몇 핵심 프로그래머는 1992년 첫 모임 이후 시작된 사이퍼펑크 메일링 리스트에 있었다. 주드 밀혼이 미래에서 온 방문자들로 둔갑시켰던 바로 그 사람들이다. 샐린과 AMIX에 관해 얘기할 때 메이는 그것이 얼마나 빠르게 정보의 암시장 모델을 제공하거나 그 자체가 암시장이 될 것인지 지적했다. 메이는 누군가가 AMIX에 마이크로칩 디자인과 제조에 관한 아주 구체적인 기술적 질문―사실상 영업비밀이다―을 한다고 가정했다. "마이크로칩 업체에서 일하는 어떤 남자가 자기 회사의 수천만 달러가 들어간 연구를 10만 달러에 팔겠다고 제안하기까지 얼마나 오래 걸릴까?"[54]

그것은 디지털 정보를 가치 있게 만드는 방법이었고, 암호 무정부주의의 기원을 향한 한 걸음이었다. 메이는 그것이 세상을 바꿀 다른 버전의 시장이며, 그것 역시 한 이야기에 뿌리를 두고 있다고 썼다. "이미 버너 빈지(Vernor Vinge)의 《진짜 이름(True Names)》(해커와 가상현실이 등장하는 1981년 사이버펑크 소설—옮긴이)이 내 생각에 깊은 영향을 끼쳤다."[55]

06

영원한 개척지

조정(무엇을 만들지에 관한 합의) 및 복제(쉽게 복사할 수 있는 데이터가 부족하게 하는 것)와 더불어 사이퍼펑크 디지털 은행은 세 번째 문제에 직면했다. 바로 채택, 즉 충분히 많은 사람들이 그것을 사용하게 하는 것이다. 사이퍼펑크는 새로운 암호화 사회를 가로막는 모든 정부를 파괴할 시장 및 거래 시스템―그리고 그것들과 함께 갈 사회적 원형―의 구축에 착수했다. 그들은 자신들이 그리는 시스템에 대한 사회적 동의를 창출하기 위해 실험 공동체, 시장 이야기, 그리고 미래의 신화가 필요했다. 바로 다른 평면, 영원한 개척지, 제X열 및 블랙넷이다.

미스터 슬리퍼리

"그는 암호라는 것에 꽤 관심을 보였다." 티머시 메이는 오토데스크가 재너두를 기업 분할한 지 1년이 지났을 때 테드 넬슨을 두고 이렇게 설명했다. "그리고 그 영향에 대해 최근 해커 회의(Hackers Conference)에서 우리 중 일부에게 말했다."[1] 해커 회의는 커뮤니케이션 학자인 프레드 터너(Fred Turner)가 반체제적 컴퓨팅 역사에서 개별 기술 공동체들이 협업하고, 공통의 아이디어를 찾고, 새로운 공유 프로젝트를 발견할 수 있는 모임들에 사용했던 문구인 '네트워크 포럼'이었다.[2] 메이는 그 회의에서 연단에 섰고, 암호 무정부주의에 관한 논문을 배포했다. 워커는 거기서 재너두의 핵심 인물들을 만났고, 그것이 재너두와 AMIX의 자금 투자로 이어졌다. 존 길모어(John Gilmore)는 암호학에 대한 토론을 벌였다. 에릭 휴스는 디지털 화폐에 대해 발언했다. 오토데스크에서 근무했고 주드 밀혼과 함께 〈몬도 2000〉지에 서명 기사를 썼던 수학자이자 작가 루디 러커(Rudy Rucker)는 인공생명에 대해 발표했다. 프로그래머와 전기공학자들은 '법조계 해커들'—흔히 전자프런티어재단(Electronic Frontier Foundation)과 연결되어 있는 변호사들—과 공상과학 소설을 쓰는 '산문 해커들'을 만났다.[3] 이 산문 해커 중 한 명이 샌디에이고에서 온 버너 빈지라는 수학 교수였다.

빈지는 문턱에 대해 썼다. 그의 주제는 시공간의 돌이킬 수 없는 선으로, 그 선들의 반대편은 다른 세상이다. 그는 시간이 정지되는 정체상태의 영역인 '보블(bobble)'에 대해서도 썼다. 그중 하나에 발을 들여놓고 나면 주관적으로는 잠깐이 지났는데 나가 보면 무기한의 돌이킬 수 없는 먼 미래다. 그는 1993년 미항공우주국 워크숍에서 '특이점'의 현대적이고 대중적인 버전, 즉 이전의 모든 모델과 시스템을 대체하는, 특히 인공지능 분야의 일련의 가속화된 자기강화적 기술 혁신을 소개했다. "인간보다 뛰어난 지능을 가진 존재들의 기술에 의해 임박한 창조"가 갑작스럽게 결과적으로 더 큰 발전을 연속으로 초래할 것이라고 그는 설명했다. "통제의 가망성이라고는 하나도 없는 기하급수적인 탈주 …… 그것이 우리의 모델을 폐기해야 하는 지점, 새로운 현실이 지배하는 지점이다."4 그것은 기술 발전의 역사에서 장벽이었고, 그 너머의 세상은 인간의 이해력을 빠르게 앞지를 것이었다. 그 경계선 너머에는 상상할 수 없는 것들이 놓여 있었다.

1981년 중편소설 《진짜 이름》에서 통신 네트워크에 관해 쓰면서 빈지는 컴퓨터가 또 다른 세계, '다른 평면(Other Plane)'이라 불리는 가상 환경으로 가는 문턱 역할을 한다고 상상했다. 거기서 활동하는 해커들의 목표는 정부, 폭력배 및 서로서로가 제기하는 위험으로부터 자신들을 보호하기 위해 그들의 진짜 정체, '진짜 이름'을 감추는 것이었다. 빈지의 주인공은 메일맨(Mailman)이라는 어쩌면 인간이 아닐지도 모르는 수수께끼 같은 존재와 얽히면서 '미스터 슬리퍼리(Mr. Slippery: 'slippery'는 약삭빠르고 믿을 수 없다는 뜻을 갖고 있다―옮긴이)'라는 닉네임으로 통하게 된다. 빈지의 대화 속에서 '다른 평면'에 대한 어색한 말투는 온라인과 오프라인의 경계를 감시하려는 수십 년간의 시도를 예고한다. "그는, 음, 그러니까, 진짜 세계에서는 나쁜 평판이 있었던 적이 아직까지 없습니다."5

전설과 신화에는 신비로운 문턱, 경계 공간, 다른 규칙을 가진 다른 영역들이 가득하다. 태양의 동쪽과 달의 서쪽에 있는 동화 나라로 건너가 하룻밤을 보냈는데 몇 세기 후에 돌아오는 식이다. 빈지는 그런 내러티브

양식을 이용했고, 그의 컴퓨터 해커들은 마법적 은유들 중에서 채택한 언어를 사용했다(실제로 몇몇 해커가 정말 그랬듯이). 빈지의 해커 마법사들은 다른 사람의 실명에 접근하면—동화와 악마학(惡魔學)에서처럼—그들을 지배하는 힘을 갖게 된다고 생각했다. 이것은 고전적인 민속학 요소〔아르네-톰프슨-우터(Aarne-Thompson-Uther)의 민담 500번 유형, '조력자의 이름'〕이지만, 오늘날의 신원 공격과 '신상 털기', 협박, 어나니머스(Anonymous) 같은 조직들에 의해서 그리고 그들에 대항하여 취해지는 신원 확인 및 폭로 전략의 실제 경험이기도 하다. 이런 세상에서 이름은 곧 힘이다.

1992년에 테레민 목소리의 차도르를 걸친 미지의 존재가 그 시끄럽고 뿌연 클럽에서 세인트주드에게 말했듯이 "당신의 진짜 신분을 밝히는 건 사실은 궁극적인 담보—죽일 수 있고 **고문할 수 있는** 당신의 몸—가 될 수 있다". 다작을 했던 창의적인 암호학자이자 소프트웨어 개발자 웨이 다이(Wei Dai)는 1998년에 **비머니**(b-money)라는 디지털 화폐 프로젝트를 소개할 때 이런 말로 제안서를 시작했다. "나는 팀 메이의 암호 무정부주의에 매료되었다. ……폭력이 불가능하기 때문에 폭력의 위협이 무력하고, 참가자들이 자신들의 실명이나 물리적 위치와 연결되지 않기 때문에 폭력이 불가능한 공동체다."[6]

《진짜 이름》에 나오는 빈지의 미래는 디지털 암호의 가능성으로 활기가 넘친다. 하지만 한 가지 중요한 게 빠졌다. 빈지의 해커 조직인 코벤(Coven)은 신원 확인과 그 결과로 발생할 수 있는 '진짜 죽음(오프라인으로 버려지는 상징적인 죽음과 상반된 죽음)'에 대한 두려움 없이 온라인상에서 자유롭게 활동하며, 국가, 기업, 마피아—그리고 특히 취약한 금융 서비스—를 가지고 장난치고 놀릴 수 있다. 줄거리가 끝나갈 무렵, 미스터 슬리퍼리는 자신의 신경계를 글로벌 통신망과 통합시키면서 그의 전지전능한 감시의 일환으로 화폐의 이동 자체를 느낀다. "그가 은행 통신망에서 알아차리지 못하면 어떤 수표도 현금으로 바꿀 수 없었나."[7] 빈지의 미래에는 육신을 떠난 정신이 가상현실에서 톨킨(Tolkien: 영화 〈반지의 제왕〉의 원작자인 영국 소설가 J. R. R. 톨킨—옮긴이)의 풍경을 배회하고 위성 센서를 통해 자외선으로 보지만, 돈은 여전히 돈이고, 수표는 여전히 입금되고, 자금은 계좌 잉여금을 통해 세탁되고, 은행은 여전히 은행이다. 디지털 화폐는 없다.

사이버스페이스 이전 시대의 유물

1993년 어느 날 밤, 나노기술에 관한 토론 전에 메이는 직접 짧은 사변 소설 한 편—《진짜 이름》을 한 단계 넘어선 소설—을 썼다. 에드거 앨런 포(Edgar Allan Poe)가 쥘 베른(Jules Verne)식 SF 기구 모험담을 실제 신문 기사로 소개—1844년 〈뉴욕선(New York Sun)〉지에 사흘 만에 대서양을 횡단한 용감한 멍크 메이슨(Monck Mason)을 '충격적 소식!(ASTOUNDING NEWS!)'이란 헤드라인으로 게재했다—한 문체로 메이는 웃음기 하나 없이 블랙넷(BlackNet)이라는 비밀 조직의 초대 문구를 썼다. 소설은 이렇게 시작했다. "당신의 이름이 우리의 시선을 잡아끌었습니다."

그는 1987년에 AMIX에 관한 필립 샐린과의 대화 이후 이 아이디어와 이것이 환기하는 이름을 곰곰이 생각해온 터였다. "저는 악마의 변호인 역할을 했고, 제가 왜 미국 경제계—그의 주요 목표 고객층—가 이런 시스템을 기피할 거라고 생각하는지를 설명했죠."[8] 정보 시장은 정보 암거래 시장을 의미하며, 1990년대 초까지 그것을 실현시킬 기술 조각들은 하나를 제외하면 모두 제 위치에 있었다.

이런 조직에 대한 메이의 판타지가 초대장의 세부사항을 채웠다. 블랙넷 운용자들은 사용자들을 절대 알지 못하고, 사용자들도 그들을 절대 알지 못한다. 블랙넷은 그들에게 가는 메시지를 그들만이 읽을 수 있게 암호화하는 공개키를 사용할 수 있게 만들 것이다. 하지만 그런 메시지를 직접 보낼 곳은 없었다. 대신, 예비 고객은 글을 올린 사람으로서 신원이 파악되는 것을 피하기 위해 익명의 리메일러(remailer) 서비스를 사용해 암호화된 메시지를 온라인 뉴스그룹이나 메일링 리스트에 게시한다〔뉴스그룹은 유즈넷(Usenet)이라는 인터넷 이전의 시스템에 특화된 공개 게시판이었다〕. 블랙넷 팀은 이런 소수의 뉴스그룹을 모니터링한다.[9] 초대장은 판매 자료 설명, 잠재적 가치, 회신을 위한 특별 공개키, 그리고 '당신의 지불 조건'을 요청했다.

블랙넷 집단은 자신들을 위해 암호화된 메시지를 발견하면 그것을 해독해 읽을 것이다. 메시지는 공개적으로 공유되었으므로 잠재 고객을 블랙넷의 시장 관리자와 직접 연결시킬 방법은 없다. 블랙넷 집단은 만일 그들이 관심이 있다면 익명의 리메일러 서비스를 통해 공개 뉴스그룹이나 메일링 리스트에 암호화된 메시지를 게시하는 동일한 방식—마이런 쿠퍼맨(Miron Cuperman)이 '메시지 풀(message pool)'이라 부른 접근법—으로 회신할 것이다〔당시 쿠퍼맨은 AMIX 계정을 갖고 있고 공개키 'immortalcybercomputinglaissezfaire'에 관심을 가졌던 사이먼 프레이저(Simon Fraser) 대학의 컴퓨터공학부 학생이었다. 그는 비트코인 기술을 제도권 금융에 응용하는 쪽으로 넘어가게 된다〕. 만일 암호화와 익명의 리메일러 서비스가 유지된다면, 이 시스템은 블랙넷의 사업에서 추적이 불가능한 양방향 채널을 가능하게 해줄 것이다.

그것은 빅토리아 시대와 에드워드 시대 신문의 비밀 개인광고들이 수수께끼처럼 주고받았던 내용의 디지털 버전과 같을 것이다. 당시 런던의 〈타임〉지의 한 호에는 알파벳 암호("Zanoni Yboko z jo wn m?")로 된 메시지와 숫자 코드("30 282 5284 8 53")로 된 또 다른 메시지가 있었는데, 둘 다 제3자가 작성자와 그가 대상으로 하는 독자를 연결할 수 없도록 게재됐다.[10] 이 신문들의 코드는 일반적으로 사전에 마련된 간단한 치환이었지만〔독자들은 〈데일리 텔레그래프(Daily Telegraph)〉에 거의 나오자마자 "ozye wpe ud dpp jzf wzzv le logpcefdxpye"를 풀었다〕 블랙넷은 제대로 구현될 경우 해독할 수 없는 것으로 입증된 공개키 암호 시스템을 사용하고 있었다.[11]

블랙넷을 실현하기 위한 모든 기술, 모든 툴—딱 하나만 빼고 전부—이 실제로 존재했다. "블랙넷은 여러분이 선택한 지역 은행법이 허용하는 은행 계좌에 익명으로 입금을 하거나, 현금을 직접 송금하거나(도난이나 압수의 위험을 감수한다), 블랙넷의 내부 통화인 '크립토크레딧(CryptoCredit)'으로 신용거래를 할 수 있다"고 메이는 약속했다.[12] 이것은 AMIX에서 영감을 받은 아이디어였다. 크립토크레딧은 다른 블랙넷 사용자들의 다른 비밀 정보에 저장 및 사용될 수도 있었다. 크립토크레딧은 한스 팔(Hans Pfaall)이 제법 사실적인 기구를 타고 달까지 가는 에드거 앨런 포의 또 다른 풍선 장난 이야기의 일부처럼 완전한 판타지로의 도약이었다.

빈지처럼, 포의 장난처럼, 사변적인 유토피아 문학의 더 깊은 서고처럼, 존재하지 않는 조직에 대한 메이의 초대는 또 다른 종류의 **공간**으로 넘어갈 수 있는 문턱에 관한 이야기였다. 그 다른 공간은 의도적으로 어디에도 없었다. 토머스 리드(Thomas Rid)가 말했듯이, "텅 빈 사이버스페이스로부터 나온 익명의 목소리"[13]에 의해 선언되었다. 이것은 토머스 모어(Thomas More)의 《유토피아》에 나오는 우연한 어떤 곳, 갑(岬)을 돌아 난류가 흐르는 세상의 구체적인 어딘가에 위치한 곳이 아니었다[모어의 여행자 라파엘 히슬로데이(Raphael Hythloday)는 유토피아를 **정확히** 어디서 찾을 수 있는지 우리에게 들려주지만, 누군가 기침을 해서 모어는 그 말을 다 듣지 못했다[14]]. 존재를 위장하기 위해 공상과학 기기로 로키산맥에 숨겨둔 자유지상주의자의 판타지, 에인 랜드의 《움츠린 아틀라스》에 나오는 '골트의 협곡(Galt's Gulch)'은 콜로라도주의 유레이(Ouray)라는 실제 소도시를 바탕으로 했다. 반면 블랙넷은 특별한 목적으로 만들어진 비장소(nonplace)다. 유일한 고정점이라고는 공개키와 연결된 주소 'nowhere@cyberspace.nil'뿐이다.

미술감독 켄 애덤(Ken Adam)은 상어 수족관, 거대한 지도 디스플레이와 제어판, 지지대와 미사일로 〈닥터 스트레인지러브(Dr. Strangelove)〉의 작전실과 제임스 본드(James Bond) 영화들을 위한 일련의 비밀기지를 창조했다. 2008년 애덤과의 대화에서 평론가 크리스토퍼 프레일링(Christopher Frayling)은 현대판 본드-악당 세트 디자인은 어떤 모습일지 질문을 던졌다. 애덤은 전혀 본부처럼 보이지 않을 것이며, 스마트폰, 어쩌면 서류가방—고정된 요새가 아니라, 보편화된 보이지 않는 네트워크와의 접근점—일 것이라고 했다. 애덤의 디자인은 점프 수트를 입은 직원들이 가득한 근대적 벙커로 표현된 20세기 중반 권력의 기술적 판타지다. 메이의 블랙넷 초대는 1990년대의 바로 그런 디자인이었다. 과대망상보다는 편집증을 야기하는 그것은 명령-통제의 위계가 아니라 컴퓨터 네트워크, 암호화된 데이터, 익명의 디지털 화폐로 유지되는 지속적인 이중 은폐 관계를 통해 일하는 잠재적 스파이 집단을 약속했다. 특별한 곳에서 일하지 않고, 기존 네트워크를 이용하고, 기지도 영토도 없었던 블랙넷은 빗물이 썩어 가는 주택의 벽 안을 흘러내리듯 기존 기관들의 인프라를 통해 흐를 수 있을 것이다. 메이는 블랙넷이 "국민국가, 수출법, 특허법, 국가 보안 고려사항 등을 사이버스페이스 이전 시대의 유물로 간주한다"[15]고 썼다. 블랙넷은 오직 미래에서만 작동했다. 새로운 종류의 '어디에도 없는 곳'에서만.

사회적 원형

메이가 전달할 작정이었던 나노기술 팀원들을 위한 내부적 농담과 함께 다소 장난조로 작성된 것이기는 했지만, 그의 블랙넷 초대는 집요하게 이어졌다. 다른 집단들에게 전송되고 게시되면서 잠깐의 악명과 지속적인 공명을 얻었고, 거의 20년 후에 위키리크스의 '케이블게이트(Cablegate: 2010년 위키리크스가 미국의 군사 및 외교 관련 기밀문서 25만여 건을 공개한 사건—옮긴이)' 폭로에 뒤따른 파동 중에 재현됐다.[16] 그것은 줄리언 어산지의 논문 〈지배구조로서의 음모〉에서 그의 위키리크스 계획의 모델이 되었던 일부분을 예시했다. 바로 모든 직원을 잠재적 유출자로 만들어 조직의 기능을 저하시키는 한편, 대중에게 정보를 공개하는 익명의 유출을 위한 암호화 틀 구축이었다.[17]

사이퍼펑크들은 개발자인 동시에 사용자로서 자신들이 예측하는 미래의 버전들을 시험하면서—스스로 앞날을 기획하면서—그 미래 속에서 살아가고 있었다. 그들의 메일링 리스트 자체가 원형이었다. 메일링 리스트만이 아니라 디지털 화폐를 포함한 사이퍼펑크식 관행들의 원형. 리스트의 단골들은 자신들 플랫폼의 허술함이 디지털 화폐를 실현하려면 해결해야 할 문제라고 파악했다. 견고한 하드웨어에 관한 먼 옛날의 경고 신호였다. 미팅, 토론, 그들이 하는 게임, 그들이 제시하는 시나리오, 그들이 쓰는 소설도 마찬가지였다. 사이퍼펑크 모임은 미래 시간의 탐사대를 위한 발사 계류장이었다. 함께했을 때 그들은 미래에 일어나고 기술 자체에 작용할 "흥미로운 창발적 행동들"을 끌어내고, 기록하고, 탐구할 수 있을 것이었다. "그것들을 실험하려면 어떤 종류의 창발적 행동이 나타날지, 어떤 종류의 결함과 장애물이 발생할지, 어떻게 그것들이 중단될지 등을 알아야 한다."[18]

이것이 오픈소스 커뮤니티에서는 과학기술학자 크리스 켈티(Chris Kelty)가 말하는 '재귀적 대중(recursive public)'의 형태를 취해왔다. 재귀적 대중은 그들을 대중으로 만드는 바로 그 기술들을 끊임없이 참조하고 수정하며 작업하고, 그들이 집단적으로 해킹할 때 쓰는 것과 똑같은 툴들을 해킹한다. 라나 스워츠는 재귀적 대중의 다음 단계인 암호 화폐 개발자들을 연구하면서 연관 개념을 하나 찾았다. 바로 '인프라 상리공생(infrastructural mutualism)', 즉 기업 중개인들의 호기심 어린 시선과 추론으로부터 자유로운, 거래의 발판이 될 협업 플랫폼을 상호 구축하고 지원하는 능력을 중시하는 집단이다.[19]

'사회적 원형'은 프레드 터너의 용어다. 그는 스타트업 사무 공간에서부터 버닝맨(Burning Man: 매년 9일간 네바다 사막에서 열리는 행사. 마지막 날 거대한 사람 모양 구조물을 불태우는 데서 붙여진 이름으로, 실리콘밸리의 웬만한 엘리트들은 영감을 얻기 위해 한 번씩 참가하는 것으로 유명하다—옮긴이)에 이르기까지 실리콘밸리의 디자인 관행에 관해 이렇게 썼다. "이런 모임 양식은 그 중심에 첨단 기술이 있지만, 그 자체로 원형―이상화된 형태의 사회―이기도 하다."[20] 터너는 소프트웨어 공학의 원형이 되는 관행을 연구했고, 그것들이 기술적 가능성을 과시하기만 하는 게 아니라 새로운 집단의 사람들을 한자리에 모이게도 했다고 주장했다. 그들은 단지 물건만 생산한 게 아니라 그 물건을 사용할 부류의 커뮤니티도 만들어냈다는 것이다. "이 이해 당사자들은 기술을 시장에 내놓는 데 일조할 수 있지만, 그들 자체가 새로운 사회적 가능성을 나타내기도 한다."[21] 사실 21세기 초 실리콘밸리의 비즈니스 일부분은 새로운 종류의 사회들을 발견하고, 양성하고, 포장하는 데 있었다. 거기에 공유사무실(coworking)과 공유주거(coliving), 단기간 사진 메신저, 홀라크라시(holacracy: 관리자 직급을 없애 상하 위계질서 없이 구성원 모두 동등한 위치에서 업무를 수행하는 제도―옮긴이), 게임화된 건강 지표 측정 경쟁, 위치정보 태그가 붙은 포케몬 동물들을 찾아서 저녁에 돌아다니는 것 같은 제품이나 플랫폼이나 서비스가 어쩌다 보니 통합된 것이다. 이 원형은 과거, 곧 사용 가능한 것을 기반으로 구축되지만, 잠재적 미래의 모델링 및 수행을 위한 지대의 역할도 한다. 일종의 자아성찰적 코스모그램이다. 사람들이 컴퓨터로 작업하고 있는 공간은 무형인 사물의 유형적 흔적, 측정할 수 없는 미래의 측정치를 찾는 중성미자(neutrino: 약력과 중력에만 반응하는 아주 작은 질량을 가진 기본 입자―옮긴이) 검출용 거품 상자의 보급판이었다.

영원한 개척지

"사이버스페이스는 당신이 전화로 얘기할 때 있는 곳"—당신은 '여기'에 있지만 장치를 통해 중재된 어딘가 다른 곳에 흡수되어 있을 때 있는 곳—이라고 존 페리 발로(John Perry Barlow)는 말했다. 윌리엄 깁슨은 미래의 기술적 조건으로 '사이버스페이스'라는 용어를 만들었다(1985년 한 인터뷰에서 그것에 대해 묻자 그는 "사이버스페이스는 은행이 여러분의 돈을 보관하는 곳입니다"[22]라고 말했다). 발로는 이 용어를 1990년 여름의 현재로, 미국 서부의 초창기 소셜 네트워크인 웰(WELL)—사람들이 **스페이스워!** 게임을 하는 모습을 지켜보던 앞서 나왔던 스튜어트 브랜드가 만들었다—로 들어왔다. 발로는 시민의 디지털적 자유를 위한 법률 단체인 전자프런티어재단의 출범을 공표하고 있었다. 그는 "이 침묵의 세상에서는 모든 대화가 타이핑된다. 그 안에 들어가려면 몸과 장소를 모두 버리고 말로만 된 존재가 된다. ……그것은 SF 작가 윌리엄 깁슨이 사이버스페이스라 명명한 전자 상태, 마이크로파, 자기장, 광 펄스 및 생각의 광대한 영역에 걸쳐 확장된다"[23]고 썼다. '그 광대한 영역'이 전자프런티어재단의 개척지였다.

깁슨의 사이버스페이스는 거대기업, 공익사업, 그리고 (격자 위 높은 곳에 있는) 군사 시스템의 머나먼 은하가 지배하는 시민-인프라의 드림타임(dreamtime: 오스트레일리아 원주민의 구전설화에 나오는 인류 창조의 시대—옮긴이)이었다. 발로는 그것을 현존하며 이 세계로부터 접근할 수 있는 광활한 **외부 세계**—텅 빈 지도의 뒷면, 자립적인 정착민들에게 열린 나라—의 가능성으로 다시 상상했다. 모뎀을 연결하거나 패킷 라디오 신호를 수신할 수 있는 곳이라면 어디서나 허클베리 핀처럼 "남들보다 먼저 그 구역으로 들어갈" 수 있을 것이다(인용문은 《허클베리 핀의 모험》에 나오는 문장을 발췌한 것. 이 구역은 인디언 보호구역으로, 주인공 소년에게는 사회적 인습과 위선으로부터 벗어난 자유 공간을 의미한다―옮긴이). 그것은 프레드 터너가 말하는 "인터넷의 창립 오해 중 하나"에서 중요한 순간이었다. "인터넷"은 상호 운용되는 글로벌 인프라 집합이 아니라 "왠지 하나의 **장소**"―그리고 구체적으로는 미국의 어떤 장소―일 거라는 오해 말이다.[24]

이 비장소 판타지의 일부, 네트워크의 광활한 외부 세계는 암호화된 익명성과 그것이 생성할 가치에 놓여 있었다. 팀 메이는 그것이 "압력 완화 밸브" 역할을 할 것이라고 썼다. "사람들은 도망치거나 개척지로 향할 수 있고, 과거가 발목을 잡지 않는다는 것을 안다." 그것은 "개척 정신과 자신의 일을 다른 사람에게 말하지 않는 칼뱅주의 정신"을 유지하는 (일종의) 공동체들을 일굴 것이다.[25] 이 프로그램은 시골을 전력화하는 대신, 전자 사회를 평판과 닉네임, 강도질, DIY식 기술 자립 및 자기방어, 기존의 은행이 보이지 않는 추적 불가능한 돈 자루가 있는 무법천지의 광활한 공간으로 **시골화**할 것이다.

메이는 1992년 버클리에서 주드 밀혼이 들었던 선언문을 읽을 때 큰 목장주들이 자기들의 소유를 주장할 지적 고지대가 거기에 있다고 했다. "철조망처럼 사소해 보이는 발명품이 광활한 목장과 농장에 울타리를 칠 수 있게 함으로써 서부 개척지의 토지 및 재산권 개념을 영구히 바꿔놓았듯이, 난해한 수학 분야의 사소해 보이는 발견 역시 지식재산권 주변의 철조망을 해체하는 철사 절단기가 될 것이다." 블랙넷 제안에서 그는 암호화 기술의 확산을 더디게 하는 데 사용된 두 종류의 지식재산권을 인용하며 이 사명을 훨씬 극단적인 용어로 표현했다. "수출 및 특허법은 흔히 국력과 제국주의·식민주의 국가 파시즘을 노골적으로〔원문 그대로〕 계획하는 데 이용된다."[26]

1996년 발로는 '사이버스페이스 독립 선언'을 발표했다. 스위스 다보스에서 열린 강대국 모임에서 작성한 이 선언문은 메이의 열린 나라의 바람 휘몰아치는 고원에서 말을 타고 연설하는 데 적합할 법한 문체였다. "산업 세계의 정부들이여, 육체와 강철로 된 지친 당신네 거인들이여, 나는 정신의 새로운 고향, 사이버스페이스에서 왔노라. 미래를 대신해 나는 우리를 그냥 내버려두라고 과거의 당신들에게 요구하는 바다. 우리들 사이에서 당신들은 환영받지 못한다. 우리가 모인 곳에서 당신들은 아무 통치권도 없다……. 당신들은 사이버스페이스의 경계에 감시초소를 세워 자유의 바이러스를 막으려 하고 있다."[27]

이 일련의 은유와 비유와 참조사항들은 깁슨의 사이버스페이스가 실제 서버나 통신 상품이나 웹브라우저와 관련이 없는 것만큼이나 미국 서부의 실제 역사와는 아무 관련이 없었다. 그것들은 블랙넷과 같은 근미래 플랫폼의 공상과학 소설을 보완하는 역사적 허구였다. 정착민 개척지들은 미국 서부를 향한 팽창의 개척지처럼 국가권력으로부터의 탈출이 아니라 법적 틀과 군사 배치, 해군 및 무역 선박, 지도와 정치적 약속, 투자 계획과 보조금으로 만들어진 국가권력의 산물이었다.[28] 그것들은 통치권의 재분배가 아닌 확장을 위한 것이었다. 하지만 단지 정확도가 관건은 아니었다. 사이퍼펑크들이 들려준 이야기는 실화가 아니었지만, 틀린 것도 아니었다. 그들의 임무는 역사적 논쟁이 아니라 느낌을 전달하는 것이었기 때문이다.

이 비교는 아주 다른 두 개의 판타지, 미국 서부와 사이버스페이스를 나란히 놓는데, 그것들은 **실재**하는 게 아니라 미래의 잠재적 생활방식을 표현했다는 사실로 인해 더욱 강화됐다. 가상의 역사적 '개척지'는 1990년대에 라이플 사격 연습장을 방문하기에 앞서 암호화 기법을 논의하려고 버클리 태국 불교 사원의 일요 브런치 모임에 가는 박사학위 보유 공학자들이 제기했기 때문에 한층 더 설득력이 있었다〔발로는 그의 왕고모부가 세운 와이오밍(Wyoming)의 바크로스 목장(Bar Cross Ranch)의 실제 목장주였고, 따라서 평원의 무법자 방식을 물려받았다〕. 메이는 "외부의 강압적 정부가 건드릴 수 없는 새로운 개척지"라고 썼다. "빈지의 '진짜 이름'이 실현됐다."[29]

디지털 개척지가 환상이었다는 사실은 그들이 예측한 비물질화된 경험, 일상생활에 침투한 무형 네트워크의 공유된 외부 세계와의 연결을 더욱 용이하게 만들었다. "우리의 세상은 어디에나 있는 동시에 어디에도 없지만, 육신이 사는 곳은 아니다"라고 발로는 그노시스파(Gnosticism: 기독교와 유대교와 점성학과 동방의 종교가 합쳐진 헬레니즘 시대에 유행한 종파─옮긴이) 예언자처럼 들리는 소리를 썼다. "우리의 정체는 육신을 갖고 있지 않으므로, 우리는 당신과 달리 신체적 강압으로는 질서를 얻을 수 없다."[30]

디지털 화폐로 자신들의 경제를 구축하기 위해 어디에나 있으면서 어디에도 없는 개척지를 향하는 실체 없는 정착민들의 마차 대열에는 과연 누가 합류할까? "이것은 얼리어답터(early adopter)들, 즉 위험─보상의 균형으로 신기술 채택의 동기를 부여받는 사람들이 흔히 개척하는 영역이다."[31] 사람을 끌어들이려면 현재의 보상이 필요했고, 실험적 공동체들이 이 미래 공간에서 번성할 집단의 생성을 엄호해줄 수 있는 장소가 필요했다. 그들은 은밀한 자금과 가치 교환의 믿을 수 없고 때로는 재앙적이며 때로는 위험한 네트워크를 증축해야 할 이유가 있는 사람들이었다.

정보 해방

메이는 암호 무정부주의의 특공대, 디지털 화폐의 통화 보유자들을 '제X열'이라 불렀다. 이것은 적국을 위해 어떤 나라를 내부에서부터 약화시키는 전복적 공동체를 가리키는 '제5열'이란 용어의 수학적 유희였다. 그에게 파괴자와 스파이는 알 수 없는 요소를 대신해 작용하는 변수로 표현되었다. 그는 제X열에 사람들을 모집하려면 외부의 압력이 필요하다고 썼다. 중개인, 고객 및 관리자의 셀(cell), 연락용 정보 전달 장소, 품질과 평판 검사를 위한 비밀 장치 등이 필요할 테고, 불법 마약 같은 제한된 물품의 수요도 추진 동인의 하나일 것이다〔몇십 년 후, 로스 울브리히트(Ross Ulbricht)는 이 아이디어가 그의 다크넷(darknet: 저작권이 있는 디지털 파일의 불법 공유를 가능하도록 하는 네트워크나 기기들의 집합—옮긴이) 시장인 실크로드(Silk Road)에 영감을 주었다고 직접적인 공을 돌리게 된다〕. 그러나 메이의 구미를 진정으로 당긴 것은 숨겨진 **정보**, 즉 가치 있는 디지털 데이터였다.

사이퍼펑크 커뮤니티—전체 암호 무정부주의 프로젝트에 참여하건 안 하건—는 그들의 공통된 관심 및 연구 영역이 고도로 분류되고 감시되었기 때문에 이미 전부 '정보 해방' 사업에 종사하고 있었다. 메일링 리스트를 개시했던 길모어는 암호학자이자 암호 분석가인 엘리제베스·윌리엄 프리드먼(Elizebeth and William Friedman) 부부와 랠프 머클—이 책에서는 1970년대에 암호학에 대해 연구했던 버클리대 학부생으로 마지막으로 등장했고, 그의 해싱(hashing) 시스템 연구는 훗날 비트코인을 뒷받침하게 된다―의 저술을 기밀문서에서 해제하고, 디지털화하고, 공유하기 위해 도서관 연구와 정보공개청구법 요청에 전념했다. 전문 학술지에 발표한 관련 논문들을 네트워크에 공유하려면 빌려서 사진을 찍거나, 스캔을 하거나, 최악의 경우 손으로 타자를 쳐야 했다.

"사이퍼펑크들은 코드를 작성한다"고 에릭 휴스가 말했고, 그들은 비밀리에 취약한 암호 제품들이 공개적 검토 없이 출시되고 있는 역사에 대해 알고 있는 사람의 마음가짐으로 그 일을 했다. 그들은 또한 여러 세대에 걸쳐 독점 운용체제 안내서의 복사본을 유포해왔던 유닉스 해커이자, 벨 전화사의 기술 전문지에 게재된 제어 톤들의 명단을 작성한 전화 해커라는 공통된 배경을 갖고 있기도 했다. 많은 사이퍼펑크들은 소프트웨어는 반드시 **개방**되고―검토, 연구, 공유, 오류 제거, 개선이 가능하고―자유로워야 한다는 것을 근본 목표로 삼은 자유/오픈소스 소프트웨어 운동(free/open source software movement)과 밀접한 관계가 있었다. 리처드 스톨먼(Richard Stallman)의 발언에 나타났듯이, 이것은 "'언론의 자유(free speech)'처럼 가격(무료란 뜻의 'free'―옮긴이)이 아닌 자유의 문제"[32]였다〔메이가 디지털 개인정보 보호 회의에서 추적 불가능한 거래의 중요성에 대해 연설하고 있던 1997년에 스톨먼은 모든 책이 디지털이기 때문에 다른 사람의 책을 읽는 행동이 쉽게 탐지되는 절도인 디스토피아적 사회에서 벌어지는 공상과학 이야기 '티코로 가는 길(The Road to Tycho)'을 발표했다〕.

주요 도서관이나 출판물에 접근할 수 없는 해외 연구자나 내부자 거래에 관여하기를 바라는 브로커, 부정행위를 하는 학생〔"기출 시험 문제와 학기말 리포트 라이브러리는 이미 존재하지만, AMIX 같은 전단(frontend)과 함께 상상한다면?"이라고 메이는 썼다)처럼 은밀한 정보를 얻으려는 고객들도 있었다. 이들 외에도 불법 신용 보고서를 찾는 대부업체와 건강 기록을 찾는 보험사와 범죄 이력을 찾는 고용주들, 슬쩍 훔친 데이터와 기밀유지협약 위반으로 고액의 퇴직금을 챙기려는 퇴사 또는 해고 직원들, 컴퓨터의 클록 주파수를 높이거나 잡초를 수경재배하거나 필로폰을 생산하거나 공짜 장거리 전화를 걸거나 품질 보증서를 변경해 냉장고를 수리하는 방법에 관심 있는 사람들, 영화광, 게이머, 팬들이 자막을 단 애니메이션의 열혈 시청자, 오래된 만화책 수집가나 절판된 도서의 독자, 낡은 레코드판 수집가, 재즈광, 그레이트풀데드(Grateful Dead: 미국의 1960년대 록밴드—옮긴이)의 해적판을 교환하는 큐레이터, 오페라 광신도(많은 옛날 라이브 공연의 유일한 기록들은 그들의 불법 축음기 녹음 덕분이다)가 잠재적인 신입회원—포르노 업자들과 그들의 고객은 말할 것도 없었다—이었다.

정치 운동가, 반체제 인사, 정보 유출자 및 내부 고발자는 숨겨진 정보에 대한 접근과 비밀리에 소통할 수단 둘 다를 필요로 하는 자연스러운 적임자들이다. 초기의 익명 온라인 리메일러 서비스는 더 높은 수준의 테탄(thetan: 사이언톨로지교에서 말하는 영혼—옮긴이) 정신에서 나온 문서들을 교환하는 전 사이언톨로지교 신도들과 반사이언톨로지교 운동가들의 사용 빈도가 가장 높았다. 핀란드의 익명 유즈넷 시스템인 'anon.penet.fi'에 대한 역사적 습격은 특정 정보 유출자의 신원을 찾고 있던 교회의 명에 따라 인터폴(Interpol: 국제형사경찰기구—옮긴이)에 의해 수행됐다. 리메일러 서비스를 운영했던 핀란드의 인터넷 기술 전문가 요한 헬싱기우스(Johan Helsingius)는 프로젝트에 착수하며 이렇게 경고했다. "음, 그러니까, 만일 경찰이나 현지 첩보기관이 데이터베이스를 넘기라는 법원 명령을 가지고 내 집 문을 두드린다면 나는 아마 응할 것이다."[33] 그렇다면 대안은 무엇이었나?

"모두 PGP 같은 공개키 암호시스템을 실행하게 하는 것 외에는 악의적인 관리자로부터 사용자를 보호할 길이 없다"[34]고 그는 경고했다. PGP는 '프리티굿 프라이버시(pretty good privacy)'를 나타내며, 메시지를 암호화하고 서명하는 소프트웨어였다. 그것은 핵무기 동결 캠페인(Nuclear Weapons Freeze Campaign)의 상황에서 만들어졌는데, 그 구성원들은 종종 국내의 감시를 받고 있었다. 헬싱기우스의 조언은 '모든 사람'이 이런 시스템을 채택하는 것에 찬성하는 주장처럼 들렸다. 그는 정치적 항의를 통해 암호 무정부주의를 위한 초석을 놓았다. 디지털 화폐와 금융 암호학을 연구하게 될 사이퍼펑크 기술 사업가 사미르 파레크(Sameer Parekh)는 1991년 일리노이주의 고등학생 시절, 헨리 데이비드 소로(Henry David Thoreau)의 《시민 불복종의 책무에 관하여(On the Duty of Civil Disobedience)》를 애플 IIGS로 옮기기 시작하면서 미국 반체제 역사의 기념비적 저작을 디지털화하여 온라인으로 공유했다(오늘날까지도 만일 여러분이 소로의 수필을 온라인상에서 우연히 발견한다면 맨 끝에는 '사미르 파레크 타이핑'이라는 메모를 보게 될 것이다). 그는 이 책의 뒷부분에서 북해(North Sea)에 있는 이론상 주권국인 포상(砲床) 위의 해상 데이터 피난처를 창시하는 대목에 나온다.

이 집단들이 전부 디지털 화폐 거래 시스템 같은 것을 필요로 하는 데는 상식적인 이유도 있었다. 마약 밀수업자, 포르노 업자, 해적 파일 공유자, 비밀 지식 또는 불법 지식 소매상과 그들의 고객 및 지지자는 모두 은밀한 상거래용 툴이 필요했다. 운동가와 반체제 인사는 그들의 일을 가능하게 해주는 도구를 뒷받침하고 상황이 그들에게 불리해질 때 서로를 돌볼 방법이 필요했다. 이런 우려는 이론만은 아니었던 것이, 신용카드 회사들이 위키리크스에 대한 기부금을 차단한 것부터 페이팔(PayPal)과 패트리온(Patreon) 같은 지불 프로세서와 기부 플랫폼이 '성인 콘텐츠'와 성노동자들의 자산을 동결하고 거래를 차단한 것에 이르기까지 이후 수년간 일어난 사건들로 입증됐다.

비밀 정보와 디지털 화폐에 대한 수요가 두드러져 보이지는 않지만 더 중요해질 공동체가 또 하나 있었으니 바로 영생주의자(immortalist)들이다. 메이는 그들을 자세히 거론했다. 개인적으로 포스트휴머니티(post humanity: 유전공학과 로봇 등 첨단 기술을 인체에 주입하여 진화된 상상 속 인종을 '포스트휴먼'이라 했을 때 그들이 사는 미래를 말한다-옮긴이)를 추구하면서 생명 연장과 노화 방지 기술을 비축하고, 공유하고, 실천에 옮기는 데 전념하는 해적판 의학 연구생들이었다. 이런 집단은 금지된 과학적 결과 및 연구를 발표할 익명의 평판 시스템과 비밀 진료소를 평가할 툴을 찾을 것이다. 그들은 실험약리학 시장, 해외 의료 관광, 불법 또는 미입증 관행들에 대한 지원 커뮤니티가 필요할 것이다.

이 커뮤니티한테는 특화된 금융 툴도 필요하다. 기이한 보험제도, 구성원들이 실험적으로 죽거나 수 세기 동안 살기를 기대하는 집단을 위한 톤티식 연금제도(tontin: 출자자 중 사망자가 있을 때마다 배당을 늘려 맨 나중까지 생존한 자가 전액을 받는 제도-옮긴이) 투자, 그리고 일시적인 '대사성(代謝性) 혼수상태'―즉, 미래의 부활을 위해 냉동보존술로 몸을 얼리는 것―를 대비코자 하는 이들을 위한 유언장, 투자 및 자산 저장 수단 같은 것들이다. 그들은 자신들의 실험과 신체 보존에 자금을 대고, 저축, 거래 및 초장기에 걸친 지불을 가능하게 해줄 형태의 화폐가 필요할 것이다.

그들에 대한 메이의 설명은 어느 정도 허구였지만, 이 현대적 집단은 실제로 존재했다. 그들이 계획하고 설계한 실험화폐는 영생으로 가는 한 걸음이 될 것이었다. 그러나 여전히 디지털 화폐는 아직 극복하지 못한 일단의 근본적인 문제에 직면했다.

07

나노초 여행 가방

사이퍼펑크가 실제로 승리한다면 어떻게 될까? 어떻게 해야 익명의 디지털 인프라가 스팸, 사기, 위조된 디지털 화폐에 압도당하지 않을까? 그들의 암호 유토피아가 직면한 문제 중 일부는 **작업증명**이라는 계산 툴로 해결할 수 있을 것이다. 이 기술이 어떻게 작동하는지 살펴봄으로써 실험적인 디지털 토큰 및 통화—해시캐시, RPOW, 비트골드, 비머니 및 기타 비트코인의 전조들—의 다양한 컬렉션을 밝히고, 비밀 은행 구축이라는 도전과제를 소개한다.

만일 우리가 이긴다면?

애덤 백(Adam Back)은 혁명을 위한 티셔츠를 제작했다. 검정색 면에 흰색 텍스트 블록이 특징이었는데, 거기에는 경고, 관련 법규 및 문서의 문구, 암호 네 줄 및 기계 판독이 가능한 바코드의 커다란 사각형이 들어 있었다. 미국에서 이 티셔츠는 법적으로 군수품으로 분류되었다. 외국인이 티셔츠를 **보게** 해서는 안 되며, 하물며 사진을 찍거나 수출해서는 더더욱 안 되었다. 백의 티셔츠를 입고 국제선 여객기를 타는 것은 복잡한 종류의 범죄였다. 프랑스라면 티셔츠를 입었다가는 막대한 벌금을 물거나 징역형을 받을 수도 있었다. 티셔츠에 있는 암호는 지극히 간결한 프로그래밍 언어 펄(Perl)로 렌더링된 RSA 암호화 알고리즘―공개키 암호화의 실제 구현―이었다.

티셔츠는 존재 자체로 규제 구조를 조롱했다. 펄로 제작한 RSA 문신을 한 사람들도 마찬가지였다. 1980년대 액션영화의 무술인처럼 그들의 몸 자체가 흉기로 분류되었다고도 할 수 있다. 티셔츠를 입고 잡지 사진을 찍거나 설상가상으로 텔레비전에 출현하는 것은 사이퍼펑크 툴키트(toolkit)를 억누르고 그것의 광범위한 사용을 막는 게 불가능하다는 점을 시사하는 것이었다. 옷은 승리를 의미했다.

그리고 나서 애덤 백은 메이의 제X열 계획에 내포된 질문에 직면했다. 만일 실제로 사이퍼펑크가 승리한다면 어떻게 될까?

수백만 명을 위한 암호! 공개키 암호화 소프트웨어는 아주 널리 퍼지고, 신뢰할 만하고, 편리해져서 불안하게 의사소통할 이유가 없게 된다. 여러분의 가장 일상적인 온라인 교환은 공개키 서명으로 인증되고, 익명의 리메일러를 통해 거래되며, 외부인들로부터 완벽하게 암호화된다. 정부는 사실상 사이버스페이스를 포기하고, 사이퍼펑크의 꿈이 실현된다.

그것이 **스팸**으로 인해 바로 쓸모없어진다. 새로운 암호 무정부주의의 질서는 음경을 확대해준다는 약속, 모조 시계와 주택 재융자 및 땡처리 가전 광고, 포르노 사이트 강매, 피싱 사기, "그리스도 안에서 함께하는 친애하는 친구여. 저는 850만 미국 달러의 재산이 있습니다……"에 압도되어 발사대에서 엔진이 꺼진다.

전자메일 스팸 전송량을 관리 가능한 수준으로 유지하는 데 가장 효과적인 도구는 ID와 주소[화이트리스팅(whitelisting): 관리자가 사전에 승인한 목록의 안전한 프로그램에만 접근 권한을 주는 방법 ─ 옮긴이] 또는 메시지 내용 자체[필터링(filtering), 키워드를 기반으로 했든 지속적인 머신러닝을 기반으로 했든]를 이용했다. 개인이 광범위하게 암호화를 채택하자 메시지는 지정된 수신자를 제외한 모든 이들한테 불투명해졌고, 가장 정밀한 필터 ─ 메시지를 폐기하기 위해 '포르노'나 '오직 $'만 찾는 필터 ─ 도 무용지물이 됐다. 익명의 리메일러 서비스 같은 툴을 추가해 원래 송신자를 노출시키지 않고 메시지를 전달하자 의심스러운 주소나 오류 발생 주소에서 온 메일을 차단하는 것은 쓸모가 없어졌다. 사이퍼펑크의 꿈에 비할 때 얼마나 수치스러운 운명인가. 마치 미항공우주국(NASA)이 플로리다의 시분할 사기에 관제센터를 잃은 것처럼, 미국가안보국(NSA)의 검은 유리 모놀리스(monolith)와 그곳의 최상위 수학 박사 군단에 맞서 성공을 거두더니 고작 스팸 세계의 삼류 행상꾼, 알약 암표상, 사기꾼에게 두드려 맞았으니 말이다. 과연 '다른 평면'은 바가지, 피싱 메시지, 유명 기업의 명의 도용 메일, 스팸, 가짜 괴담의 끝없는 공세 ─ 무가치한 신문이 넘쳐나는 메시지의 경제 ─ 가 될 것인가?

1997년 3월 28일, 백은 이 당혹스러운 시나리오를 처리할 통신비 시스템 초안을 발표했다. 암호화된 메시지를 생성하고 전송하는 데 사용된 바로 그 계산 작업—수십 년간 꾸준히 효율성이 증가해왔던 작업—이 암호화된 네트워크의 남용을 막는 쪽으로 바뀐다면 어떨까? 백이 구축한 것, 그리고 디지털 화폐에 그것이 미치는 영향을 이해하려면 먼저 '계산 작업'이 무엇을 의미하는지 이해해야 한다.

나노초 여행 가방

그레이스 호퍼는 나노초(nanosecond)로 가득 찬 여행 가방을 가지고 여행하고는 했다.

학생들과 장군들을 만나거나, 의회에서 말하거나, 공학자들과 얘기하거나, 아니면 텔레비전에 출연할 때, 그녀는 청중이 집에 가지고 돌아갈 계산 시간 장치로 꽉 찬 가방을 가져갔다.[1] 컴퓨터 과학자이며 최초의 프로그래머들 중 한 명인 호퍼는 신체적 유추를 좋아했다. 최초의 컴파일러(compiler), 프로그래밍 언어로 작성된 지시를 컴퓨터가 실행할 수 있는 기계 언어로 바꾸는 프로그램을 개발할 때는 자신이 농구를 했던 때로부터 패스 규칙—프로그램의 걸음들 사이에서 '점핑'하는 방법—을 떠올렸다.[2] 그녀는 계산 및 통신의 **시간**, 특히 낭비되는 시간을 이해하는 게 얼마나 힘든지 알고 있었다. 인간이 1초의 10분의 1이나 100분의 1, 그보다 한참 적은 100만 분의 1(마이크로)과 10억 분의 1(나노)의 관점에서 사고하기는 어려웠다. 군용 놋쇠로 번쩍번쩍한 사람들은 물었다. 위성 전송이 왜 그렇게 오래 걸리나? 어떻게 해야 더 빠른 컴퓨터를 만들 수 있나? 그러면 호퍼는 자신의 가방에 손을 집어넣고는 했다.

그녀의 나노초는 거의 30센티미터인 11.8인치 길이─그 시간 안에 진공상태에서 빛이 이동하는 거리, 우주 안에 있는 정보의 모든 움직임에 대한 상한선─의 전선이었다.[3] 항해 중인 배와 궤도상의 위성 사이에는 많은 나노초가 있다고 그녀는 제독들에게 말하고는 했다. 이 때문에 늦어지는 것이라고 말이다. 부품들 사이에 몇 센티미터의 전선이 있는 컴퓨터는 각각의 명령과 결과─앞뒤로 흐르는 전기 펄스(pulse)─마다 나노초를 쌓아 올리고 있는 것이었다〔그녀가 작업한 최초의 컴퓨터인 하버드 마크 I(Harvard Mark I)에는 850킬로미터 길이의 배선이 있었다[4]〕. 설계나 프로그램이 잘못된 컴퓨터는 호퍼가 300미터 길이의 거대한 전선 코일을 들면서 설명하고는 했듯이, 비교해서 말하면 빙하 같은 마이크로초(100만 분의 1초)를 낭비하고 있었다. "가끔 저는 모든 프로그래머의 책상 위나 그들의 목에 하나씩을 걸어줘야 한다는 생각이 듭니다. 그들이 마이크로초들을 날리고 있을 때 무엇을 버리고 있는 건지 알 수 있도록요."[5]

이런 시각에 현기증이 날지도 모른다. 현대의 고급 컴퓨터 프로세서가 한 번 째깍(3기가헤르츠) 움직이는 데는 1나노초의 3분의 1 정도가 걸리고, 이 시간 동안 약간의 작업을 실행할 수 있다. 만일 우리가 그 째깍을 완전히 채운 1초─**1미시시피**(one-Mississippi: 일상생활에서 1초, 2초를 셀 때 흔히 이렇게 말한다─옮긴이)─라고 가정하면, 광섬유 케이블을 통해 뉴욕에서 샌프란시스코까지 한 방향으로 데이터 패킷(packet)을 전송하는 데 걸리는 시간은 21마이크로초이며 약 2년에 해당한다. 아이오와에서 겨울을 기다리던 마차 행렬이나 케이프 혼(Cape Horn: 남미 최남단의 곶─옮긴이) 주변과 칠레 연안을 항해하던 클리퍼선(clipper: 19세기의 쾌속범선─옮긴이)은 이 일정을 맞출 수 있을 테다. 그리고 20마이크로초는 인간의 감지 능력에 한참

못 미치는 시간이다. 그것이 바로 컴퓨터 작업의 시간적 규모, 호퍼가 작업했고 백의 제안이 설정했던 규모다.

여러분이 내게 전자메일을 보낼 때 여러분의 전자메일 프로그램은 메시지의 '해시(hash)'ㅡ전체 전자메일 데이터에 해당하는 작은 데이터ㅡ를 생성합니다,라고 백은 제안했다. 해시가 생성된 데이터에는 그 메시지의 전송 날짜와 시간 및 수신자의 주소 같은 요소가 들어 있으므로, 각각의 해시는 단 하나의 메시지에만 적합하다. 여러분 쪽에서 이 해시를 만드는 데는 아주 소량의 계산 작업이 필요하다. **부분적 해시 충돌 알고리즘**(partial hash collision algorithm)이라 부르는 특정 툴 집합의 속성 때문에 우리는 여러분의 컴퓨터가 이 유효한 해시를 생산하는 데 얼마나 많은 작업이 필요한지에 관한 다이얼을 돌릴 수 있다.

그리고 나면 수신자 입장에서 그 해시가 맞는지를 내 전자메일 프로그램이 확인한다. 그 해시가 정말로 전송된 메시지에 해당한다면, 나는 메시지를 수락한다. 만일 그렇지 않다면, 메시지를 삭제한다. 여러분과 내가 주거니 받거니 글을 쓰는 동안ㅡ심지어 메일링 리스트에 쓰는 동안 등등ㅡ이런 일이 일어나고 있다는 것을 전혀 눈치채지 못한다는 사실에서 이 개념의 깊은 독창성이 발동한다. 계산 작업은 문제가 되기에는 너무 빨리 일어난다.

하지만 여러분이 10만 명에게 대량으로 전자메일을 보내기 시작한다면, 작업은 부담스러워진다. 모든 메시지 하나하나에 올바른 해시를 생성하는 것은 합쳤을 때만 문제가 되며, 과열된 칩을 식히기 위해 팬이 윙윙거리면서 여러분의 컴퓨터는 느려진다. 대부분의 스팸 발송자들은 수만에서 수억 개의 메시지 규모에서만 이윤을 내므로, 이것이 그들의 사업

수행 역량에 내장 브레이크를 창출하고 그들을 도매상에서 소매상으로 전락시킨다. 장기적으로 새 컴퓨터의 성능이 나아짐에 따라, 해시 생성 문제의 난이도를 높이는 능력은 이 시스템이 보조를 맞출 수 있도록 해줄 것이다.

따라서 메시지에 수반되는 해시는 일종의 요금별납 우편―작은 노력의 징표, 개인의 서신 왕래는 사실상 그대로 두면서도 대량 우편 발송은 억제하는 비용―기능을 한다. 말하자면, 작은 '작업증명'이다. 백의 선언이 있기 전에도 디지털 화폐 시스템을 사용하는 일종의 소액결제 스탬프, 작은 금융적 표현 또는 소량의 컴퓨터 작업을 지지하는 제안들이 있었다.[6] 이 징표가 우리가 화폐라 생각할 법한 것과는 거의 관련이 없어 보이는데도 백이 자신의 개념을 **해시캐시**(hashcash)라 부른 이유도 이 때문이다.

다음 몇 년간 그는 이 개념을 계속해서 다듬었다. 작은 노력의 징표로, 소량으로 하기는 쉽고 대량으로 하기는 어려운 작업 증서로 작동하는 이 해시를 가지고 무엇을 더 해볼 수 있을까? 백은 해시캐시에 관한 2002년 논문에서 "웨이 다이의 비머니 전자 화폐 제안, 곧 뱅킹 인터페이스가 없는 전자 화폐 체계를 위한 조폐 메커니즘으로서의 해시캐시"로 결론을 내림으로써 이 개념의 잠재적인 응용 프로그램 목록을 나열한다. 사실 해시 생성 툴은 한 가지 이상의 방법으로 화폐를 주조하고 은행을 만드는 데 유용할 것이다.

구조의 모든 자취를 파괴하라

"그러므로 해시 개념은 단지 컴퓨팅 주소에 국한되지 않는 훨씬 넓은 응용 사례를 발견한다." 1975년 해시 생성의 기능을 조사하던 G. D. 노트(G. D. Knott)는 이렇게 썼다. "그것은 여러 상황에서 유용할 수 있는 기본 개념이다."[7] 정말 그럴 수 있다. 재료를 잘게 썰거나(영어 단어 'hash'의 일차적인 뜻이다—옮긴이) 자르거나 다지면 임의로 뒤섞이는 것처럼, **해시**는 심오한 의미를 가진 간단해 보이는 한 질문의 해결책으로 시작됐다. 컴퓨터가 뭔가를 찾는 가장 **빠른** 방법은 무엇일까?

프로그램에 필요한 데이터는 사용 가능한 메모리 공간—하드디스크의 회전 원판이나 감겼다 풀렸다 하는 테이프 릴에 놓인 그 마그네틱 띠들—전역에 흩어져 있을 수 있다. 간단한 프로그램조차도 작동하는 메모리의 변동사항에 여러 가지 작은 변화를 일으킬 것이다. 그것은 어떻게 그 장소를 찾고, 한 부분을 다른 위치로 복사할 때 방향을 재지정하고, 그것이 변경했던 부분으로 돌아갈까? 기계가 빠르게 움직일 수 있는 만큼 판독/기록 헤드(head)가 디스크에서 그 위치를 찾는 이동 시간이 아직 남게 되고, 그레이스 호퍼가 상기시켜주었듯이 그 시간은 길어진다. 여러분은 메모리 안의 모든 항목의 위치를 나열하는 전체 테이블이 바뀔 때마다 매번 그것을 업데이트하든지, 아니면 체계적이지는 않지만 그 테이블에 추가했다가 뭔가 필요할 때마다 전체를 다시 살펴본다.

이 문제의 해결책은 '분산 스토리지(scatter storage)', 즉 조회할 것들의 표를 통해 키를 고르게 배분하는 변환으로 스토리지—디스크나 테이프 릴에서 데이터가 있는 곳—에서 주어진 엔트리(entry)에 해당하는 키를 만드는 방식이었다.[8] 만일 그 배분이 정말 균등하다면, 여러분은 어디로 들어가건 필요한 것을 찾을 가능성이 있다. IBM 포킵시(Poughkeepsie) 연구소의 한스 피터 룬(Hans Peter Luhn)이 개척한 이 접근법은 사람한테는 형편없지만 컴퓨터에서는 훌륭하게 작동한다. 매슈 커션바움(Matthew Kirschenbaum)이 컴퓨터 메모리와 디지털 포렌식(forensic)에 있어서 해시의 응용에 관한 논문에서 요약했듯이, "구조, 그리고 그것과 더불어 드라이브의 기계적 판독 헤드에 대한 예측 가능한 접근 과정은 색인(index)과 키 사이의 어떤 의미적 상관관계에서 나타났다기보다는 숫자 색인들 사이의 통계적 분포의 정상적 패턴에서 나타났다".[9] 혹은 IMB의 초기 컴퓨터 역사의 아름다운 구절에 나타났듯이, "〔룬의〕 근본적인 통찰은 의도적으로 키를 남용함으로써 구조의 모든 자취를 파괴하려는 시도에서 장점을 발견한 것이었다".[10]

이렇게 하려면 다소 마법적인 뭔가가 필요하다. 입력이 달라지면 같은 키가 대응하지 않도록 같은 데이터에 대해서는 항상 같은 결과를 제공하고 데이터가 달라지면 다른 결과를 제공하는 데이터 변환 방법이 필요하다〔이 우발적 대응—다른 데이터에 똑같은 해시 키를 제공하는 것—을 가리키는 용어가 **충돌**(collision)이다〕. 이 마법적 변환, 즉 어떤 크기의 데이터든 가져가면 원래의 데이터에 해당하는 훨씬 짧은 고정된 크기의 데이터를 되돌려놓는 함수인 **해시**는 컴퓨터 과학에서 아주 흔한 사안이 되었다. 원래의 해시를 조금이라도 변경하면 다른 해시가 생성된다. 여러분이 특정 해시 알고리즘을 선택하여, 그것을 다른 매개변수로 조정하면, 그 데이터가 **무엇**인지에 직접적으로 대응하는 의미 없는 간단한 유닛을 생성할 수 있다.

해시 생성의 체계 및 알고리즘은 그 자체의 사용만큼이나 늘어났다. 해시는 두 개의 디지털 객체―텍스트, 코드 파일, 미디어―가 정확히 똑같고, 손상이나 상대방의 의도적 행위로 변경되지 않았음을 확인하는 데 사용될 수 있다. 더욱이 객체를 전부 비교하거나 심지어 그 객체가 정확히 무엇인지를 반드시 밝히지 않고도 신원을 확인할 수 있다. 대신 그것들의 해시만 비교하면 되니까 말이다. 어떤 것이 다르다는 것을 알기 위해 원본 텍스트를 알 필요는 없다. 마지막으로, 데이터의 해시로부터 원본 데이터를 알아낼 수 없다. 그것은 실제로 항상 그런 건 아니지만 적어도 이론상으로는 **되돌릴** 수 없다. 어떤 객체의 해시는 해시가 그것에 해당한다는 것, 그것에만 해당한다는 것 말고는 그것에 대해 아무것도 말해주지 않는다. 여러분이 비밀번호가 필요한 온라인 서비스를 운영한다면, 사용자들이 로그인할 때 시스템은 비밀번호 자체가 아니라 비밀번호의 해시를 여러분에게 보내줄 수 있다. 여러분은 여러분이 직접 그 비밀을 갖지 않고도 해시가 입증했으므로 그들이 갖고 있다는 것을 확인할 수 있다. 알려지지 않았지만 알아볼 수 있다.

이것이 어떻게 디지털 화폐의 중심으로 들어가게 됐는지 설명하기 위해, 해시 생성 툴의 두 가지 비정통적인 응용을 가지고 이 기술을 좀더 얘기해보겠다. 첫째, 해시는 타임스탬프가 찍힌 연계된 사건들―서로 연결된 연계 사건들의 블록(말하자면, 블록체인)―의 반박할 수 없는 체인을 창출하는 데 사용할 수 있다. 두 번째로, 그리고 백과 해시캐시로 다시 돌아가서, 해시는 컴퓨터로부터 정확한 양의 작업을 요구하고 확인하는 데 사용할 수 있다.

엔트로피 기록보관소

난해하지만 지극히 중요한 문제를 하나 생각해보자. 바로 검증이 가능하고 신뢰할 수 있는 난수(random number: 누구도 예측할 수 없게 만든 무작위 숫자—옮긴이)의 분배 문제다. 우리는 신형 자동차와 의약품에 대한 품질보증 조회, 투표의 진실성을 보장하는 투표용지 재검표, 건강검진 수행, 심지어 암호화에 필요한 개인키 생성이나 예측할 수 없는 재정적 또는 군사적 의사 결정을 위해서 신뢰할 만한 무작위성을 필요로 하고 사용한다. 만일 무작위성이 가짜라면, 여러분은 시장을 조작하고, 복권을 고치고, 여러분이 푸는 방법을 아는 비밀코드로 보안의 환상을 만들어내고, 온갖 종류의 부정행위를 은닉할 수 있을 것이다. 이 문제를 해결하기 위해 내부적으로 무작위성을 생성하는 조직들도 있다. 네트워크 보안업체 클라우드플레어(Cloudflare)는 자신들의 샌프란시스코 사무실에 100개의 라바 램프(lava lamp: 유색 액체가 들어 있는 장식용 전기 램프—옮긴이)로 된 벽을 관리한다. 램프의 유체 이동은 1만 6384비트의 가치로 추정되는 고대비(high-contrast) 엔트로피의 출처로, 난수를 생성하는 씨앗이 될 수 있는 이미지는 (주위 밝기의 변화에 따라) 디지털 카메라로 포착하기에 완벽하다(클라우드플레어는 복진자의 회전, 우라늄 덩어리의 부식, 그리고 그 외에 재미는 덜하지만 산업 표준의 무작위성 출처도 사용한다). 그러나 그것은 사적이고, 조작에 휘둘릴 가능성이 있다.

공공의 공유할 수 있고 신뢰할 만한 무작위성 출처는 어떤가? 여러분은 어떻게 그 정보를 믿을 수 있을 거라 확신하는가? 상대방이 자신들에게 유리하게 일련의 난수를 조작하고 싶어 한다고 가정하자. 우리의 적은 부정선거를 은폐하기 위해 사전에 선택된 구역에서 투표용지 검토가 수행되도록 우리가 일할 장소를 결정하는 '무작위' 요인을 심을 작정이다. 이 과제와 그 해결책은 디지털 화폐에서 더 크게 다가올 것이다.

미국의 국립표준기술연구소(National Institute for Standards and Technology, NIST)는 무작위성 비컨(beacon: 블루투스를 활용한 근거리 통신 기술—옮긴이), '공공 무작위성 서비스'를 관리한다. 1분마다 생성되어 인터넷에서 방송되는 512비트 엔트로피의 새로운 무작위 문자열이다. 그들은 2013년 9월 5일 정오보다 약간 이전부터 이렇게 해왔다. 최초의 메시지는 "17070B49D……"로 시작했다. 만일 여러분이 죽고 사는 문제와 과정에 무작위성을 포함시킨다면, 가장 최근 NIST의 무작위 문자열이 그들의 웹사이트를 해킹한 적에 의해 그들의 시스템에 삽입된 것이 아니라고 여러분은 어떻게 확신할 수 있는가? 각각의 새로운 엔트로피 단위는 데이비드 차움의 시스템을 사용하는 은행에서 인출한 디지털 화폐처럼 NIST의 개인키—그러나 어쩌면 여러분의 적 또한 그 키를 훔친 상태일지도 모른다—로 서명된다.

NIST의 초기 난수 번호는 각각 어떤 관련 정보(타임스탬프, 상태 코드 등등)—방송된 **이전의** 무작위 값을 포함해—와 결합되어 있다. 다음으로 이 데이터 모음이 한꺼번에 해시된다. NIST는 그 해시를 개인키로 서명하고, 전체를 다시 해시하여 그 결과로 나온 문자열 "63C4B71D51……"을 방송한다. 이 해시 생성 과정의 결과는 그것이 입력 데이터에 부합하는지는 확인하기 쉽지만 미리 예측하기는 불가능하다. 이전의 방송을 포함하는 것의 중요성이 개입되는 게 바로 이 지점이다. 여러분의 적은 NIST의 키를 훔칠 수 있고, 여러분이 어떻게 그 무작위성을 사용할지 알아낼 수 있으므로, 그들이 원하는 성과를 낼 요인들을 날조할 수 있다. 그러나

NIST에서 방송된 무작위성은 누구라도 점검할 수 있는 이전 방송분을 포함해야 하며, 이로 인해 적들은 해시 생성 결과를 제어할 수 없게 된다. 이전 방송의 해시는 그 이전 방송분을 포함하고, 이것은 순차적으로 그 이전 방송분을 포함하며, 연결에 연결을 거듭하면서 한 번에 60초씩 4년 전의 체인으로 간다. 이전의 해시를 사용하는 해시는 가장 최근의 방송분을 공개 기록보관소와 연결함으로써 그것을 신뢰할 수 있게 만들고, 각 사건은 이전 사건을 암호화하여 포함시키므로 과거를 바꾸려는 시도, 곧 체인의 침입은 곧바로 드러난다.

값비싼 비트

여러분이 해시로 할 수 있는 마지막 한 가지를 생각해보자. 같은 데이터로 생성된 다른 해시를 **충돌**이라고 한다는 것을 떠올려보자. 뭔가를 찾아보거나 비밀번호를 확인하려고 해시를 사용하는 중이라면 충돌을 피할 수 있다. 같은 입력에 여러 가지 다른 해시를 제공하는 해시 생성 알고리즘이라면 완전한 실패일 것이다.

하지만 그런 시스템이 있다면, 어떤 주어진 데이터로부터 알고리즘이 생성할 수 있는 최대한의 해시들 중에서 특정 해시를 요구할 수 있다. 만일 알고리즘이 입력으로 가능한 한 많은 해시를 생성할 수 있다면, 여러분은 특정 속성―가령 초기 비트의 일부 숫자를 합치면 0이 되는 속성―을 가진 해시를 요청할 수 있다. 올바른 해시 출력, 즉 출력 그 자체가 무엇인지 사전에 알지 못하면서 여러분의 요구사항을 충족하고 데이터와 일치하는 해시를 찾는 일이 얼마나 어려운지 정확히 알고 있기에 여러분은 이 요청을 할 수 있을 것이다. 애덤 백, 할 피니 및 비트코인의 초안에 사용된 SHA-1 같은 특정 해시 생성 알고리즘으로는 올바른 해시를 생산하는 지름길이 없다. 피니는 "SHA-1의 속성 때문에 충돌 크기가 큰 문자열을 찾는 유일한 방법은 철저한 검색뿐이다. 운이 따를 때까지 변형을 하나하나 시도해보는 것"[11]이라고 썼다. 다음은 피니의 전자메일 중 하나에 대한 해시캐시 토큰 사례다.

1:28:040727:halmail1@finney.org::1c6a5020f5ef5c75:63cca52

이 문자열의 SHA-1 해시는 이렇게 보인다. "0000000a86d41df172f177f4e7ec3907d4634b58", 0이 7개다. 누군가의 컴퓨터는 초반에 0이 7개인 문자열을 발견하기 전까지는 피니가 쓴 전자메일에서 많은 해시를 만들었다 버려야 할 것이다. 20비트 충돌에 약 100만 번, 30비트 충돌에 10억 번을 시도해야 한다(피니의 예는 28비트 충돌이다). 다른 종류의 해시로 각각의 것들을 만들려면 약간의 작업이 필요하지만, 일단 여러분이 그것을 손에 넣고 나면 맞는지 확인하는 건 별일이 아니다.[12] 여러분은 데이터의 해시로부터 여러분이 필요로 하는 속성을 변경함으로써 뭔가에 대한 정확한 해시를 계산하는 것을 **마음대로 어렵게** 만들 수 있다.

이런 터무니없는 기계로부터 우리가 무슨 이익을 얻을 수 있을까? 스핑크스처럼 수수께끼를 내는 기계를 만들 수 있을 것이다. 그 수수께끼의 정답은 단 한 개다. 이 메커니즘의 창조자로서 여러분은 해답은 모르지만, 성공적으로 알아맞히는 게 얼마나 어렵고 시간을 잡아먹는지는 **정**

확히 안다. 만일 사람들이 너무 빨리 알아맞힌다면, 더 많은 '작업증명'을 요구하면서 더 어려워지도록 톱니바퀴를 앞쪽으로 조금 회전시키면 된다. 이런 장치가 있다면, 애덤 백의 관심을 끌었던 작업량, 즉 특정 전자메일의 해시를 생성하는 데 걸리는 계산 시간도 정할 수 있을 것이다. 일상적인 전자메일 송신자에게는 충돌이 보이지 않겠지만, 수백만 명에게 대량메일을 보내려는 사람에게는 넘을 수 없는 문턱이 요구될 수 있다. 이 입증 가능한 작업량, 만들기 어려웠고 만들기 어려웠음을 쉽게 확인할 수 있는 디지털 객체를 '우편요금(postage)'이라고 하자.

역사가 앤슨 라빈바크(Anson Rabinbach)는 《인간의 운동(Human Motor)》에서 인간의 체력 소모에 대한 계량 가능한 지표의 탐구와 인간의 육체노동 및 근육 에너지를 측정하고 표시하는 역할을 하는 근육 피로 측정 도구들을 기록했다. 이 도구들(특수 장갑과 덤벨 장비)은 피로의 성격을 이해하고 체력의 고갈 및 감소를 극복할 수 있는 '신경 채찍(nerve whip)' 찾기 같은 더 큰 프로젝트를 위한 것이었지만, 지금 라빈바크의 역사서를 읽다 보면, 인간의 노력 단위에 기초한 화폐 주조 메커니즘의 원형으로서 이 시스템들을 상상하기 쉽다. 그가 말한 프로젝트는 노력과 피로 측정의 교란변수 문제로 계속해서 약화되었다. 그것은 근육 때문이었나, 아니면 신경 때문이었나, 혹은 일정한 자세나 지루함이나 식단이나 온도가 지속되어서였나?

부분적 해시 충돌 알고리즘으로 이 판타지는 실현됐다. 그러나 사람이 아닌 기계에 대해서였다. 알고리즘은 중앙처리장치의 사이클, 소비 전력의 와트 표시 등 계산의 작업량을 요구하고 증명하는 절묘하게 정확한 방법이다. 더욱이 이 작업은 특정 데이터의 해시로서 특정 디지털 객체와

연결되어 있다. 부분적 해시 충돌 시스템이 있기 때문에 여러분이 지정한
데이터를 바탕으로 누구나 수행된 것으로 확인할 수 있는 정확한 양의 컴
퓨터 작업—수많은 추측—을 요구하는 장치인 해시캐시가 있는 것이다.

비트골드

우표는 휴대전화의 분(minute)처럼 통화(currency)가 되기 쉬웠다. 가령 남
북전쟁 무렵 미국에서는 잔돈 부족 사태로 인해 우표가 화폐로 유통되는
사태를 막으려고 "때 묻거나 훼손된" 것들은 더 이상 받아주지 말라는 공
식 명령이 우편배달부들에게 떨어졌다.[13] 1862년 〈뉴욕타임스〉는 우표에
대해 "공동체가 그것을 화폐로 여기기로 하는 한, 그만큼 많은 가치를 지
닐 테고 정확히 같은 목적에 합치할 것"이라고 했다. 130년이 지난 뒤 마
치 해시캐시 문자열에 대해 할 법한 얘기다. 그러나 작업증명 뭉치인 이
'P.O.W. 토큰'을 재사용할 수 있고—우편 발송을 위한 일회성 해시캐시
우표가 아니라—계량된 우표보다는 돈에 더 가까운 기능을 할 수 있도록
유통시키려면 플랫폼이 필요할 터였다.

할 피니는 백의 이 개념을 확장하는 데 뛰어들었다. 그는 **재사용 가능한
작업증명**(RPOW)을 반환하는 특별한 서버로 해시캐시 토큰을 보낼 수 있
는 시스템을 설계했다. 여러분은 이것을 쓰거나, 상환하거나, 아니면 그
것을 그런 또 다른 토큰을 위해 차례대로 서버에 보낼 사람과 거래할 수
있다. 피니는 "이런 식으로 단일한 POW 토큰은 RPOW 토큰 체인의 기
초가 된다. 마치 POW 토큰이 사람에서 사람으로 전달되면서도 단계마

다 가치를 유지할 수 있는 것과 같은 효과"라고 썼다. 현금처럼 말이다. 그것은 적어도 이론상으로 그것의 가치를 유지할 것이며, 일회성 거래는 그것을 반복적으로 쓰려고 똑같은 뭉치의 어려운 해시캐시를 복사해 붙여넣기 할 수 없다는 뜻이었다. 그것은 그가 개발 중이던 '투명한 서버' 시스템, 작업증명 갱신 시스템이 서버 자체를 취약하게 만들지 않으면서도 복제되지도 삭제되지도 않고 제대로 작동하는지 모든 사람이 확인할 수 있는 방법에 의존할 것이었다.

피니는 이 이상한 작업과 가치의 도구를 위한 응용 프로그램의 개요를 설명했다. RPOW 토큰이 칩 역할을 하는 일종의 포커 게임을 묘사하고, 개인 간 거래(peer-to-peer, 이하 P2P) 파일 공유 프로토콜인 비트토렌트(BitTorrent)의 한 형태를 구상했다. 비트토렌트는 다운로드한 파일을 다른 이들이 사용할 수 있게 만들어준 사람들에게 RPOW 토큰으로 보상을 했고, 그 토큰은 다음에 다운로드 대기 줄에서 더 빠른 지점을 얻도록 지불하는 데 다시 쓸 수 있었다. 팀 메이가 블랙넷의 내부 통화로 제안했던 '크립토크레딧'과 약간 비슷하다. 바꿔 말해 이런 장치가 있으면 여러분은 계량된 우편요금, 신용카드 보상 포인트, 카지노의 칩 상환 체계와 유사한 시스템을 구축할 수 있는 것이다.

닉 사보(Nick Szabo)는 작업증명이 어떻게 하면 희소 재화인 금과 더 비슷한 역할을 할 수 있을지를 논의했다. 사보는 에인트호번에서 데이비드 차움과 함께 디지털 화폐 시스템 작업을 한 적이 있고, 사이퍼펑크 메일링 리스트로 연락을 주고받았다〔그는 다음 장의 엑스트로피언들 가운데 등장하며, 비트코인 창시자인 사토시 나카모토(中本哲史)라는 가명의 배후에 있는 정체로 제기되는 몇몇 인물 중 한 명이다〕. 1990년대 말에 그는 피니 등의 사람들과 대화를 나누다가 해시캐시 스타일의 기술을 이용해 **비트골드**(bit gold)라는 가치 저장소를 만드는 아이디어를 재미 삼아 잠깐 생각해봤다. 2002년 논문에서 사보는 피니의 RPOW를 가리켜 "비트골드의 한 형태"의 구현이라고 했다(그리고 재너두의 프로그래머 마크 밀러에게 논평과 격려를 해준 데 대해 감사를 표했다).[14] 그는 "위조할 수 없을 만큼 값비싼 비트를 제3의 신뢰기관에 대한 의존을 최소화하면서 온라인으로 생성한 다음, 비슷하게 최소의 신뢰로 안전하게 저장·전송·평가할 수 있다"[15]고 주장했다. 값비싼 비트는 가장 최근에 검증된 비트골드 작업증명에서 파생되어 그것들을 서로 연결하는 설정 입력—'도전 문자열(challenge string)'—에 대한 작업증명 계산의 결과일 것이다.

새로운 비트골드 작업증명은 타임스탬프가 찍히고 사보의 또 다른 시스템인 '분산 속성 제목 레지스트리(registry)'—비트골드에 대한 통제권을 소유자에게 부여하는 "위조할 수 없는 …… 일련의 전자 서명"—로 서명된다. 판매되고 교환될 때는—그 소유권은 서명되고 다시 맡겨진다—고유하고 다양한 값을 가진 이 작업증명들이 "오늘날 많은 상품 중개인이 하는 일과" 비슷하게 유용한 덩어리로 함께 분류될 것이다. 그것은 비트코인의 블록체인, 즉 코인이 작업증명과 디지털 서명 체인을 통해 할당된 소유권만으로 구성되는 분산 장부의 측면을 미리 보여주는 메커니즘이다.

카지노 같기도 하고, 우편 시스템 같기도 하고, 상품 중개업체의 금 거래처 같기도 하다. 여러분이 만일 이 기술을 한 단계 더 발전시킨다면 어떻게 될까? 은행 같은 것을 단지 네트워크의 하드웨어상에 있는 게 아니라 그 **안에** 있는 돈으로 만든다면? 해시캐시를 기반으로 한 은행은 어떻게 생겼을까?

불가능한 폭력

비밀 사이퍼펑크 은행의 정신적인 표준 모델—물리적 은행으로부터 물려받은 모델—은 이런 식이었다. 중앙 서버, 즉 계좌 목록과 각 계좌에 할당된 일종의 '디지털 코인' 금액을 저장하는 컴퓨터가 있다. 나한테는 코인이 5개, 여러분한테는 10개가 있다. 제공된 서비스에 대한 대가로 여러분은 은행에 로그인하고 여러분의 코인 3개를 내 계좌로 보낸다. 문자와 숫자의 배열인 '코인'들은 은행 서버를 절대 떠나지 않는다. 여기저기 계좌에 다시 할당된다. 이 '코인'들은 안전 금고—소유권 이전이 시설을 절대 떠나지 않고 구획들 사이 또는 같은 구획의 선반들 사이에 표시된 막대를 옮기는 것인 뉴욕 연방준비은행의 레모네이드 가판대 버전—에 저장된 금 실물의 입자를 기준으로 발행할 수 있다. 은행은 우리의 거래와 계좌가 익명이라는 의미에서 '암호화'되어 있으며, 이 모든 활동이 일어나는 컴퓨터도 마찬가지로 암호화된다.

이것은 두 가지 문제를 제기한다.

첫째, 일시적이든 영구적이든 만약 서버가 사라진다면 무슨 일이 벌어질까? 은행이 살고 있는 서버는 물리적으로 어딘가 위치해야 한다. 대마초 합법화 운동 때문에 이미 경찰 명단에 올라 있는 개즈던 깃발〔Gadsden flag: 영국을 상대로 한 독립 전쟁에서 활약했던 크리스토퍼 개즈던(Christopher Gadsden)이 만든 깃발로 저항, 독립, 자유의 상징이다—옮긴이〕을 펄럭이는 자유지상주의자의 옷장이든, 아니면 방금 임차권을 잃은 복합 상업지구든, 아니면 허리케인에 취약한 카리브해 관할구역이든 말이다. 그것을 방어할 수 있을까?

둘째, 그리고 설상가상으로, 은행이기도 한 서버의 책임자를 어떻게 확신하는가? 여러분의 비밀 은행 계좌에 있는 디지털 '코인'이 정말로 어떤 것으로 뒷받침되고 있는지를 어떻게 확신하는가? 관리자는 원하는 만큼 얼마든지 만들고 팔 수 있는가? 사진 속 일간 신문 옆에 있는 디지털 저울 위의 저 금괴는 진짜인가 아닌가? 그것들의 보안은 절대적인 기밀인가, 아니면 해커들이 계정을 몽땅 털거나 똑같은 '코인'을 복제해서 원하는 만큼 자주 쓸 수 있는가?

가상의 은행을 어떻게 보호할까? 메이는 무형의 만질 수 없는 사이버 스페이스라는 환상이 지속되려면 암호화에 의해 제공되는 "벽, 문, 영구적 구조물"의 비유적인 "견고함"—그러나 다른 공간은 끊임없이 새는 투과성 막에 의해 규정되는 실제 상황—이 필요하다고 썼다.[16] 신호는 벽을 통과하고, 사람들은 참고하려고 비밀번호와 주소를 포스트잇에 보관하고, 컴퓨터와 서버와 디지털 미디어는 물리적으로 압수되어 자루에 넣어지고 인터폴이나 FBI의 승합차로 들어간다. 강력한 전자석—혹은 그냥 두꺼비집 접근 권한—이 있는 누군가가 누적된 부채의 삭제부터 대혼란 자체를 위해 대혼란을 일으키는 것까지(인터넷에서 충동은 절대 공급이 달린 적이 없다) 어떤 이유로든 비밀 게시판이나 비밀 은행을 훼손하거나 파괴할 수 있다. 메이는 "물리적 보안이 필요하다"고 했다. 여러분은 네트워크가 내장된 행성에서 완전히 떨어진 곳에서는 그것을 아직은 실제로 실행할 수 없는 것이다.[17]

관련 기계들 중 일부는 '접근성 통제'와 보호가 필요했다. 보다 장기적인 전략 중 하나가 위성에 암호 무정부주의 네트워크를 운영하는 것이었는데, 격추하기가 훨씬 더 어려울 터다. 일부 사이퍼펑크들은 강탈자나 범죄 조직으로부터 잠재적인 보복이나 위협을 예상했다. 네트워크의 보안 작업은 결국 수학만의 문제가 아니었고, 하드웨어, 설비 및 스파이 기술이 필요했다. "거의 동일한 이유로 '디지털 코인'은 존재하지 않는다"고 메이는 결론 내렸다. 거래 기록과 주조를 보호하기 위해서 기계의 보안에 의존할 수는 없다는 것이다. 교환과 축적 시스템은 구축된 환경의 통제 없이는 절대 취약성의 의혹을 벗어날 수 없다. 무형의 사이버스페이스인 '다른 평면'도 물리적 공간, 즉 영역, 주권적 영토 및 예외 공간—어느 날 북해의 버려진 대공포 포대로 이어지는 궤적—이 필요했다.

팀 메이와 라이언 래키(Ryan Lackey)—훗날 익명의 은행 구축을 꿈꾸며 그 북해의 포대에 등장하는 과학기술 전문가—는 일반적으로 정부의 공습에 대항하는 상황에서 드라구노프(Dragunov) 저격총이 가진 시야의 장점과 AR-15 돌격소총의 상대적 효용을 두고 언쟁을 벌였다. 국가의 주권에 대한 그런 물리적 주장에 맞서서 무력 저항을 한다는 게 끔찍한 생각이었음을 그들도 시인하기는 했다. 팀 메이는 공습 방어 때의 "소련식 무기"에 관한 상세 분석에 응답하면서, "내가 만일 다중 목표물과 신속히 교전해야 하는 상황에 처한다면 나는 아마 살아남을 가망이 없을 것"[18]이라고 썼다.

웨이 다이는 1998년 1월 메일링 리스트에 "왜 최근 이곳에 총에 대한 얘기가 이렇게 많은지 이해가 안 간다"고 썼다. "아주 드문 경제적 특성을 가진 무기를 누군가 내놓지 않는 이상, 개인은 가공할 무력의 영역에서 정부와 상대가 못 된다"[19](경제적 무기라고 하면, 테크노크라시의 공상과학 소설에서 과학 자경단이 개발한 광선이 떠오른다. 이 광선은 합리적인 쿠데타를 위해 인간의 지형을 누그러뜨리려고 지폐를 백지로 만들고 금을 주석으로 둔갑시킨다). 그는 이어서 말했다. "생각해보세요. 만일 우리가 총으로 우리 자신을 지킬 수 있다면 왜 암호가 필요하겠습니까?"

1998년 11월 27일, 다이는 사이퍼펑크 메일링 리스트에 '익명의 화폐 교환 및 계약 시행을 위한 새로운 프로토콜'에 대한 제안서를 게시했고, 그는 이것을 '비머니'라고 불렀다.[20] 돌이켜보면 이 개념이 크게 다가오지만, 그는 그냥 지나가며 툭 언급한 것이었다. 링크는 파이프넷(PipeNet)에 관한 메모의 맨 끝에 나왔다. 파이프넷은 네트워크상에서 암호화된 통신을 사용하여 메시지를 섞어서 상대방이 누구에게 말하고 있는지 알아내는 것을 어렵게 만드는 프로젝트였다(약자로 토르(Tor)가 된 어니언 라우팅(The Onion Routing) 시스템과 유사했다). 그의 비머니 텍스트 파일은 이렇게 시작했다. "나는 팀 메이의 암호 무정부주의에 매료되었다. ……그것은 폭력이 불가능하기 때문에 폭력의 위협이 무력하고, 참가자들이 자신들의 실명이나 물리적 위치와 연결되지 않기 때문에 폭력이 불가능한 공동체다."

하지만 다이가 제안하고 있었던 것은 은행처럼 기계에 대한 물리적 보호가 있어야 하는 메이가 구상한 '디지털 코인'과는 뭔가 달랐다. 그것은 거래에도 사용한 바로 그 메커니즘을 기반으로 만들어진 화폐의 한 형태였다. 그것은 거래할 때만 암호화되는 게 아니라 그 자체가 메커니즘 안에서 완전히 **암호화된** 통화였다. 그것은 선천적으로 영원한 개척지에 속한 최초의 돈이었다. 할 피니는 비머니에 대해 "설명하기는 너무 간단하다"고 썼다. "원칙적으로 다른 사람들이 얼마나 많은 돈을 갖고 있는지를 모두가 추적하는 문제일 뿐이다."[21] 그것은 제1부이고, 우리를 사이퍼펑크 은행의 환상이 가진 두 번째 문제로 되돌린다. 여러분은 은행가를 신뢰해도 좋은지 어떻게 알 수 있는가?

돈은 원자와 관련된 게 아니다

다이의 해결책은 은행을 분산된 구성요소, 즉 돈을 보유할 수 있는 계좌, 계좌들 간에 돈을 거래하는 메커니즘, 그리고 애초에 그 돈을 발행하는 수단으로 분해하는 것이었다. 그러면 은행이 모든 고객이 문의하는 어떤 중심적 위치(문자 그대로, 그리고 비유적으로)가 되는 게 아니라, 모든 고객이 협력하여 은행을 집합적으로 구성하게 된다. 다이는 '은행'을 바깥쪽으로 폭발시켜 모든 참여자로 구성되는 분산형 네트워크로 바꿔놓았다.

다이의 네트워크에서 모든 계좌는 지금은 친숙한 공개키-개인키 장치로 가명이며, 각각의 가명이 은행 전체의 장부 복제본을 가지고 있다. 다시 말해, "다른 사람이 얼마나 많은 돈을 갖고 있는지를 모두가 추적한다". 피니는 설명을 이어갔다. "송금이 있을 때마다 이 사실이 방송되고 모두가 자신들의 데이터베이스를 갱신한다."[22] 돈을 지출하면 그 행위가 전체 네트워크(개인키로 서명되어 있다)에 알려진다. 모두가 자신들의 장부를 점검하고, 만일 여러분이 쓸 돈이 있다면 그들은 거기에 따라서 갱신한다. 여러분이 3만큼 인출하면, 나는 3만큼 입금한다.

마지막으로, 그리고 가장 독창적으로, 네트워크의 모든 사람들은 집단적으로 합의된 일단의 규칙에 따라 새로운 돈을 만들 수 있다. 다이의 첫 버전의 경우, "이전에 풀리지 않았던 계산 문제의 해답"을 방송하면 시스템에 새 돈이 추가될 수 있다. 그 해답이 맞는지 판단하는 것은 쉬워야 하며, 난이도를 '표준 상품 바구니'의 관점에서 보정할 수 있도록 그 문제를 풀기가 얼마나 어려운지를 정확히 측정하는 것도 마찬가지로 쉬워야 한다. 따라서 조폐는 어렵고 적당히 비용도 들지만 불가능하지는 않으며,

석유 몇 배럴(barrel), 곡물 몇 부셸(bushel: 중량의 단위-옮긴이), 목재 몇 미터를 뒤섞은 가격으로 고정될 것이다. 화폐가 귀해지고 가치가 올라감에 따라, 더 많은 화폐를 만드는 데 계산 작업을 쏟아부을 가치가 생길 것이다. 더 많은 화폐가 생산됨에 따라 공급이 팽창하고 가치가 떨어져서 계산하는 에너지-노동과 돈-를 조폐에 쓰는 사람들이 줄어들 테고 화폐는 다시 가치가 올라갈 것이다.[23]

이 프로젝트의 핵심은 계산 장치, 특히 신원 확인과 인증을 위한 공개키와 개인키, 추적할 수 없는 거래 네트워크, 해결해야 할 계산 문제를 설정하는 안정된 방식의 암호화 장치에서 화폐를 다시 만든다는 데 있었다 (다이는 또한 거래를 조정하는 데 사용하는 같은 도구를 어떻게 계약을 설정하고 검증하는 데도 사용할 수 있는지 거론했다). 백이 지적했듯이, 문제 설정에는 부분적 해시 충돌 시스템이 이상적으로 들어맞았다. 그는 며칠 내로 다이의 원래 제안서에 공개적으로 피드백을 했다. 비머니는 기존의 제도와 기성 집단의 사람들로부터 추출하기는 했지만, 네트워크를 기반으로 한 게 아니라 아예 네트워크에 **속했고**, 암호화된 도구들에 의해 단순히 감춰지는 게 아니라 그것들로 구축되었으며, '다른 평면' 태생이었다.

10년 뒤 익명의 비트코인(Bitcoin) 창시자인 사토시 나카모토는 다이에게 이렇게 썼다. "당신의 비머니 내용을 읽었는데 아주 재미있더군요. 당신의 아이디어를 완벽한 운용 시스템으로 확장하는 백서를 발표하려고 준비 중입니다." 이 '완벽한 운용 시스템'이 비트코인이 된다.[24] "애덤 백 (hashcash.org)이 유사성을 알아보고 제게 당신의 사이트를 알려줬죠." 이듬해 1월, 나카모토는 이후의 소식을 전했다. "몇 달 전 당신에게 보낸 백서 '비트코인 제1권'의 전체 구현 내용을 방금 공개했습니다. ……당신이 비머니 논문에서 해결하고자 했던 거의 모든 목표를 이것이 달성한 것 같습니다."[25]

2002년에 피니는 이 사안을 더 큰 맥락에서 다룸으로써 자신의 비머니 요약을 마무리했다. "이 화폐 개념의 핵심은 그것이 근본적으로 정보의 한 형태라는 것이다. 비머니가 그것을 가장 명확하게 보여준다. 돈은 원자가 아닌 비트와 관련된다. 엑스트로피언들은 물질적 재화를 기초로 한 화폐에 대한 구식 견해에서 탈피해야 한다."[26]

냉동인간 하이에크

이상의 모든 기술과 다수의 동일 인물을 따라 우리는 엑스트로피(Extropy) 운동의 핵심적 유토피아 이념세계로 들어간다. 엑스트로피언들은 오스트리아 경제 이론에 신기술과 샌프란시스코만 지역의 기술 낙관주의를 융합하여 암호로 인증되는 가상화폐―아이디어 쿠폰부터 익명의 디지털 화폐까지―를 통한 변화 모델을 만들었고, 화폐의 가치는 그들이 가져오겠다고 약속한 바로 그 미래로 뒷받침되었다. 그들은 인류 문명의 속도를 높이는 금융 프로젝트로 자신들의 유토피아의 도래를 앞당기려 했다.

미래의 선봉대

"미래주의자라고 자처하는 사람들 대부분이 자생적 질서 원리와는 상충하는 사회적·경제적 시각을 갖고 있다." 1995년 여름, 〈엑스트로피 (Extropy)〉 신문/잡지의 맥스 모어(Max More, 본명은 O'Connor)는 이렇게 썼 다. "우리는 계속해서 다른 종류의 미래를 탐구한다."[1]

엑스트로피언은 자신들이 사는 시대의 역사적·시간적 조건에 대해 **화 폐로 표현된** 명확한 사고방식을 창출했는데, 이것은 하나의 제안이자 원 형이면서 그들의 미래를 실현할 메커니즘이 될 것이었다. "세계 정부, 기 술관료 지배, 통화 초국가주의라는 대부분의 미래주의자들이 가진 이상 대신, 우리는 다중심주의적 민영법과 경쟁적인 디지털 민간화폐의 대안 을 검토할 수 있다." 후자에는 '전자 화폐', '자유 은행 또는 경쟁적 통화', '익명의 디지털 화폐'가 들어간다.[2] 그는 이어서 썼다. "미래의 선봉대로 남고자 한다면, 이러한 중요한 발전을 앞당기기 위해 우리가 무엇을 할 수 있는지 알아보자."

그들은 일단의 오스트리아 경제학자들의 이론—특히 프리드리히 하이 에크의 이론—을 바탕으로 자신들의 비전을 세웠다. 모어는 "하이에크의 사망이 심히 유감스럽다"고 썼다. "하이에크는 바이오스타시스에 들어가 지 않았으니 그의 생각이 가져올지도 모르는 전자 화폐와 경쟁적인 민간 화폐의 시대를 보기 위해 절대 돌아오지 못할 것이다."[3] '바이오스타시스 (biostasis)': 포스트휴먼의 풍요와 눈부신 야망의 미래에 몸이나 뇌로 소생 하기를 기다리며 애리조나의 보관실에 냉동보존술로 꽁꽁 얼려 있는 상 태. 비트코인의 첫 번째 버전은 어떤 면에서는 엑스트로피언들이 만들 새 로운 코스모그램—그들의 미래, 있을 수 있는 세상의 모델—의 추억의 유물일 것이다.

어떤 유토피아는 호수가 증발하면서 매년 호숫가의 소금 결정체에 염분이 높아지듯 약해질 때 더욱 순수하고, 단단하고, 거칠어진다. 파리 술집의 구석 테이블에 둘러앉아 예술가연하는 평의회 공산주의의 미래에 들어맞을 때까지 인민들을 상황주의 인터내셔널(Situationist International) 운동에서 매장시키고 축출했던 이론가이자 혁명가 기 드보르(Guy Debord) 를 떠올려보라. 그런가 하면 어떤 유토피아는 그것의 조건을 제공했던 주변 사회 안으로 스며든다. 바우하우스(Bauhaus)의 채광 좋고 여유롭고 깨끗한 유리와 강철의 공간은 이제 비싼 아파트와 은행 로비의 기본 설정이 되었고, 그것의 신비주의적·몽환적 내용은 동종요법의 치료제로 전락했다. 어떤 유토피아는 창시자를 따라 갑자기 사망하거나 사업을 통해 제2막으로 자리 잡기도 한다. 오나이다 기독교 완벽주의파(Oneida Perfectionists)의 은식기, 스키너(B. F. Skinner)식 행동주의 공동체 트윈옥스(Twin Oaks: '스키너의 상자'로 유명한 행동주의 심리학자 스키너의 소설에 감동받은 이들이 만든 공동체−옮긴이)의 해먹, 또는 한때 지구 곳곳에 벌집 모양 건물을 올렸던 개미집 생태건축학의 발원지 아르코산티(Arcosanti: 이탈리아 건축가 파울로 솔레리가 애리조나 사막에 짓고 있는 친환경 미래 도시−옮긴이)의 풍경(風磬)이 그 예다.

이 모든 종료 방식들 가운데 소수의 유토피아 프로젝트−아마도 가장 성공한 프로젝트−는 실제로는 증발하지만, 어떤 집단이나 하위문화에서 지속적인 미래의 아이콘을 생산하고, 공동의 비전을 마련하며, 다른 사람들이 자신들도 모르게 그들의 나침반을 설정하는 자기장을 만든다. 엑스트로피(Extropy)가 그중 하나였다.

엑스트로피언−전자메일 리스트, 일련의 학술회의 및 행사, 잡지와 재단, 소수정예의 조직자−은 특히 그들이 가진 천문학적 규모의 야망에

비하면 시시해 보인다. 아무리 후하게 잡는다 해도, 엑스트로피언, 동료 여행자 및 관심 있는 구경꾼은 고작 몇천 명밖에 되지 않았고, 그들은 존재한 지 10년 반도 안 되어 포스트휴먼, 트랜스휴먼(transhuman), 특이점 프로젝트라는 1000년간의 아지랑이 속으로 흩어졌다. 하지만 그 숫자 안에는 놀라운 조합의 사람들이 모였고, 비트코인의 궁극적 탄생에서 핵심 인물은 거의 다 들어 있었다. 사보는 〈엑스트로피〉 지면에서 디지털 화폐의 채택을 예측했다. 피니, 머클, 마크 새뮤얼 밀러〔재너두의 개발자이자 시장 기반 '아고릭(agoric)' 컴퓨팅 시스템의 예언자〕는 잡지에 기사를 썼고, 엑스트로피언 메일링 리스트에서 웨이 다이, 팀 메이 및 다른 사이퍼펑크들과 아이디어를 주고받았다. 이 메일링 리스트는 페리 메츠거(Perry Metzger)가 마련하고 주관했는데, 그는 이어서 나카모토가 2008년 할로윈에 비트코인 논문을, 이듬해 1월에 최초의 비트코인 코드를 게시할 암호화 메일링 리스트를 운영하게 된다(메이의 블랙넷 사고실험에서 암호화된 메시지를 모니터링하라고 제안했던 뉴스그룹 중 하나가 'alt.extropian'이었다).

다시 〈엑스트로피〉지로 돌아가서 제1호에 설정된 의제를 읽어보면, 데자뷔를 경험한다. 온라인 문화에서 오늘날까지 일관되는 특정 부분의 관심주제를 장황하게 거의 총망라하고 있기 때문이다. 톰 벨(Tom Bell)과 맥스 오코너(Max O'Connor)가 자신들을 T. O. 모로(T. O. Morrow: 미래를 뜻하는 'tomorrow'를 연상케 하는 닉네임―옮긴이)와 맥스 모어(Max More: 최대한이란 말을 연상하게 하는 조합의 닉네임―옮긴이)로 재발명하기 이전에 작성한 명단은 "인공지능, 인지과학과 신경과학, 지능 향상 기술"로 시작해 이렇게 이어진다. "수명 연장, 냉동보존술과 바이오스타시스, 나노기술, 자생적 질서, 우주 식민화, 경제학과 정치(특히 자유지상주의적 정치), 공상과학 소설", 밈

〔meme: 리처드 도킨스(Richard Dawkins)가 《이기적 유전자》에서 제시한, 모방을 통해 전해지는 문화의 요소—옮긴이〕의 연구 및 생산, "도덕과 비도덕", 사이키델릭(psychedelic: 환각제 복용 후에 생기는 일시적이고 강렬한 도취 상태나 감각체험—옮긴이), "심리적 조작"〔그들이 말하는 것은 장난스러운 기행과 지적인 트롤링(trolling: 다른 사람들을 부추겨 공격적이고 반사회적인 반응을 유발하는 행위—옮긴이)이었다〕. 이 명단은 1988년 것이다.[4] 용어와 참고자료를 약간 업데이트하면, 대부분의 내용이 해커뉴스(Hacker News: 컴퓨터 과학 관련 소셜 뉴스 웹사이트—옮긴이), 레스롱(Less Wrong: 커뮤니티 블로그—옮긴이), 레딧(Reddit: 소셜 뉴스 웹사이트—옮긴이)의 하위메뉴, 그리고 그 외 현대 영미권의 합리주의적·유토피아적 괴짜 판의 보루들, 소일렌트(Soylent: 실리콘밸리의 한 소프트웨어 엔지니어가 끼니 챙기기에 염증을 느껴 만든 식사대용 파우더로 미래의 식품으로 여겨진다—옮긴이), 화성 식민지화 계획, '누트로픽(nootropic)' 지능 향상 보조제 요법—그리고 비트코인의 드라마—가운데 갖다 놓아도 손색이 없을 것이다.

물론 엑스트로피언들은 스스로 칭했던 것처럼 '미래의 선봉대'는 아니었다(단수형에 주목하라—하나의 미래, 하나의 선봉대). 그러나 그들은 아주 특별한 시대, 공간 및 하위문화의 의식을 판단할 수 있는 순도 100퍼센트의 기준점으로서, 1990년대 미국 서부 디지털 낙관주의의 모범적 표출이었다. 그것은 컴퓨터 시대에 나타난 초기 항공업의 '비행기 열풍' 같은 것으로, 신기술의 등장을 통해 총체적 사회 변화의 전망을 보였다.[5] 그들의 학술지, 기타 출판물 및 단명 자료의 아카이브를 열면 눈부신 금박의 햇살이 발광한다. 맥스 모어는 일찍이 자신들의 신념의 골자를 이렇게 설명했다. "(1) 무한 확장, (2) 역동적 낙관주의, (3) 자기혁신, (4) 지능형 기술". 그리고 나중에 다섯 번째로 "자생적 질서"를 추가했다.[6] 그들의 프로젝트는 열역학 및 정보 엔트로피가 누적된 시간의 화살을 반대 방향으로, 즉 지능, 장수, 에너지, 정보, 생명 및 성장을 증가시키는 '엑스트로피' 쪽으로 움직이는 것이었다. 모어의 새로운 작명도 이런 이유 때문이었다. 개명은 엑스트로피 핵심층의 관행으로, 이들은 엠피 인피티니(MP-Infinity), 사이먼! D. 레비(Simon! D. Levy), T. O. 모로, 스카이 도리어스(Skye D'Aureous), 맥스 모어의 파트너인 나타샤 비타-모어(Natasha Vita-More), 그리고 이들의 선조로 영감을 준 FM-2030(본명은 페레이던 M. 에스펀디어리(Fereidoun M. Esfandiary))과 같은 신원을 채택했다.

그들은 미국 자유지상주의, 오스트리아 경제학, 최근의 기술적 진보(그리고 곧 일어날 환상의 세계), 공상과학 소설의 감성, 그리고 한창 유행하던 창발(emergence) 이론들을 교배시켰다. 여기에 실험적 식사, 자조(self-help) 심리학, 운동, 최첨단 장비 및 환한 미소의 긍정성이라는 캘리포니아 연안의 문화가 추가됐다. 그들은 맞춤형 역사 모델 안에서 작동했고, 그것이 활짝 꽃필 날을 모어의 말처럼 '앞당기기' 위해 다양한 기술을 추구했다. 그들은 가상의 도구와 촉진제로서 신종 화폐, 특히 디지털 화폐에 공을 들였다. 이것은 엑스트로피언들이 독특한 자기성찰적 입장을 갖고 있는 주제였다.

15하이에크 지폐

〈엑스트로피〉 표지에 실린 장난스러운 미래 화폐의 모조품은 "엑스트로피아(Extropia)의 분산 네트워크"상의 "엑스트로폴리스(Extropolis) 가상 은행"에서 2030년도에 발행한 '하이에크(hayek)'라고 명명되어 있었다. 무심하게 올빼미처럼 보이는 타원형 초상화 안에 하이에크 본인이 있었다. 뒷면—미국의 5달러에는 여기에 링컨 기념관이 있다—에는 커튼콜을 하는 록스타의 자세로 선글라스를 끼고 손을 흔드는 맥스 모어와 T. O. 모로가 나온다. 그들의 미래가 지나치게 밝아서 눈가리개를 써야 할 지경이다. 엑스트로피아의 15하이에크 지폐의 앞뒷면에 있는 대상들을 한데 묶어주는 것은 무엇일까? 엑스트로피 프로젝트는 빈 경제학의 '오스트리아학파'와 실리콘밸리의 미래주의의 반직관적 결합으로부터 개념적인 힘을 끌어냈다. 말하자면 〈에이리언〉의 탈출 포드(pod) 속 리플리처럼 프리드리히 하이에크를 훗날 되살리기 위해 냉동보존 튜브에 봉인한 셈이었다.

오스트리아 얘기는 지금부터 거슬러 올라가 1870년대까지 확장된다. 오스트리아 경제학자 커뮤니티의 핵심은 쿠르트 괴델(Kurt Gödel), 루트비히 비트겐슈타인(Ludwig Wittgenstein), 루돌프 카르나프(Rudolf Carnap), 에른스트 마흐(Ernst Mach), 루트비히 볼츠만(Ludwig Boltzmann), 오토 노이라트(Otto Neurath), 지그문트 프로이트(Sigmund Freud), 로베르트 무질(Robert Musil), 카를 크라우스(Karl Kraus) 같은 사람들과 동일한 환경, 그리고 어떤 경우는 동일한 패거리와 사교모임에 있었다. 그들은 어떻게, 어떤 방법으로 뭔가를 알 수 있고 전달할 수 있을까라는 질문이 가장 중요했던 오랜 세대에 속했고, 특히 하이에크와 카를 포퍼가 가까이 지냈던 **빈서클**(Wiener Kreis)은 그 대표적 예였다.[7] 오스트리아 경제학자들과 그들의 대화 상대들은 지위가 각양각색이었다. 가령 루트비히 폰 미제스(Ludwig von Mises)는 **인간행동학**(praxeology)이라는 기이하고 대단히 난해한 이론적 틀을 만들었는데, 이 학문은 모든 주관적인 인간의 행동 및 욕망을 '경험과 사실을 구실로 한 검증이나 위조를 따르지 않는' 논리적이고 공리적인 최초의 원칙들로부터 추론했다.[8] 카를 포퍼는 과학 철학자이자 《열린 사회와 그 적들(The Open Society and Its Enemies)》의 세계적인 저자로 가장 잘 알려져 있었다. 미제스의 제자인 머리 로스바드(Murray Rothbard)는 급진적 무정부 자본주의자(Anarcho-Capitalist)이며, 단조로운 이념가이며, 인종차별주의적 '고전 자유지상주의자(paleolibertarian)'였고, 비트코인으로 마약을 거래하는 로스 울브리히트의 실크로드 시장에 영감을 줬다. 하이에크는 박학다식한 자칭 고전적 자유주의자로 1974년 노벨경제학상을 공동 수상했고, 칠레의 아우구스토 피노체트(Augusto Pinochet: 칠레의 군인 출신 독재자―옮긴이)의 독재를 지지하고 찬성했다. 우리의 목적에 비추어, 이 이질적인 인물들을 한데 묶는 중심 질문은 인식론적 문제―미래 자체의 문제와 밀접하게 관련된 지식의 문제―였다. 도대체 물건의 가격이 얼마여야 하는지 우리는 어떻게 아는가?[9]

가격은 정보의 한 형태다. 그것은 구매자들이 기꺼이 지불하려는 것의 형태로 주관적인 필요, 욕망, 상황 및 미래에 대한 기대를 나타낸다. 그런데 가격으로 표시된 이 정보가 정확한지 우리는 어떻게 알까? 만일 물건의 가격 책정 방식이 올바르지 않거나, 자원 할당이 잘못됐거나, 부당하거나, 아니면 조정이 필요할 경우 어떻게 해야 할까? 우리가 어떻게 알 수라도 있겠는가? 나는 인슐린 주사가 한 대 필요하고, 여러분은 트럭용 침대 라이너를 원하고, 반도체 회사는 최종적으로 10억 달러의 마이크로칩 제조 라인을 업데이트해야 한다. 오스트리아학파의 주장은 이 다양한 융단에 자원을 적절히 할당하고 가격을 매기는 것은 모든 형태의 계획 역량을 넘어선다는 것이다. 가격은 주관적인 필요와 욕망에 대한 정보 전송 시스템이며, 시장은 상호 관련된 모든 것의 가치에 대한 지속적이고 판단 불가한 계산이다. 가치―가격―는 가치기 할당되는 어떤 커다란 들에서 생기는 게 아니라, 특정한 사람들이 기꺼이 지불하려는 것, 즉 가격 신호에서 발생하며, 가격 신호가 다시 다른 형태의 행동을 유발한다. 이 시스템을 통제하려는 모든 시도는 아무리 경미하더라도 작동 중인 시장의 효율성과 주관적 효용을 떨어뜨릴 것이다.

테크노크라시 주식회사가 약속한 혁명은 하워드 스콧의 말을 빌리면 "가격 시스템을 박살 냄"으로써 시작될 것이었다. 이 책의 포문을 열었던 테크노크라트들은 사전에 에너지 예산에 배정된 자리가 없는 인간의 모든 활동을 포함한 변수를 자신들의 계획경제에서 제외시킴으로써 주관적 가치의 혼란을 해결할 작정이었다―스프레드시트 전체주의다. 하이에크의 동료이자 친구이자 서신 교환자였던 포퍼에게 이런 움직임은 역사에 대한 특별한 이해에서 출현한 '유토피아 공학'의 경향을 예시했다.[10] 오스트리아식 대안(포퍼의 주장에서)은 개개인의 주관적 추측, 가정 및 충동으로 유발되는 시행착오와 무한한 불확실성이었다. 이런 접근법은 개인의 주관성과 욕망을 존중하면서도 더 유동적이고 역동적인 경제―하이에크의 강력하고 문제의 소지가 있는 문구로는, '자생적 질서'―를 만들어낼 것이다〔하이에크와 미제스는 '경제학'보다 '교환학(catallactics)'이라는 모호한 용어를 선호했다. 이것이 시장 구성원들의 집단적 목표를 암시하는 경제학의 '가구'가 아니라 어원상 교환―"시장의 여러 개별 경제 주체들의 상호 조정으로 초래되는 질서"―에 초점을 맞췄기 때문이다[11]〕.

통제도, 계획도 없고, 중앙집권적 선견지명도 없을 것이다. 그들은 시장의 유동성을 결정화하려는 어떤 구조도 용해시킬 보편적 용매를 찾았다. 가격은 계속 달라지고, 그에 따라 새로운 가치체계와 파괴적 돌파구를 창출하며, 과거의 노동 및 발명품의 지하묘지를 추모하는 게 아니라 그것들의 가격을 싸게 책정하고 미래로, 다음을 향해 속도를 높이면서 그 여파로 사회를 끌고 간다.[12]

오스트리아학파의 이론은 뭔가 어지럽고 무질서한 것을 제시했다. 대부분의 엑스트로피언들처럼 그들의 문서를 창의적으로 읽고 오독했던 경제학 문외한들에게는 특히 그랬다. 이 오스트리아인들이 얘기한 것은 공상과학의 주제가 아닌 **감성**이었다. 즉, 경제는 알 수 없는 목표를 지향하며 인간의 조종이나 추측 능력을 넘어서는 다스릴 수 없고 계산으로 환원할 수 없는 기계, 욕망, 충동, 환상, 배고픔 및 이전에 설정된 모든 것을 소모하고 변형시키는 그 밖의 주관적 동인들의 전체 집합으로 만들어진 기계라고 말이다. 가장 극단적인 형태로 그들은 "시장에 대한 일반적이고 절대적이며 명백히 초월적인 믿음"의 사도가 되었고, 좋은 결과를 얻기 위해 거기에 부합하는 일련의 마술적 관행, 예식 및 금기가 따라왔다. 이 것들은 화폐 제조에서 시작됐다.[13]

이런 생각들이 유지되려면, 화폐 자체가 모든 정부나 기관의 간섭으로부터 자유로워야 한다. 그렇지 않으면 어떤 가격, 어떤 신호가 정확한지, 어떤 물건의 가격이 얼마나 나가야 하는지 우리가 어떻게 확신할 수 있겠는가? 화폐는 오스트리아라는 기계가 자리 잡은 인식론적 기반이다. 만일 화폐가 불확실해지면, 시스템은 존재론적 붕괴의 벼랑 끝에서 흔들린다. 경제학자들은 이 문제에 대해 두 가지 주요 해결책을 제시했다.

첫 번째는 미제스가 주창했던 접근법으로, 화폐가 '본질적 가치'를 지너야 한다는 것이다. 그는 경제적 균형은 사실상 불가능하지만, 그것의 약속은 시장이 하는 모든 일을 방해하려는 노력으로 귀결될 것이라고 했다. 따라서 화폐는 정부의 조정할 수 있는 능력에서 **빼야 한다**(오스트리아의 경기 순환 이론―하이에크의 노벨상 수상에 부분적으로 기여했다―은 경기의 침체 및 붕괴가 중앙은행들이 금리를 너무 낮게 책정하고 신용을 너무 쉽게 창출한 결과라고 주장한다. 통화 공급에 대한 간섭은 시장에 오도된 신호를 생산하고 투자 광풍과 버블을 부채질하여 어쩔 수 없이 경제 붕괴를 초래한다는 것이다). 물론 **본질적으로** 가치 있는 화폐를 찾는 과제는 인간의 모든 동기 및 가치화에 대한 논리적인 초상과 함께 인간행동학이라는 정교한 갑옷으로 강화된 귀금속과 물물교환 경제 이야기로 넘어간다.

하이에크의 대안은 경쟁적인 민간화폐의 세계, 사물이 은행이 되고 화폐가 되고 교환할 수 있게 되는 새로운 방식의 확산이었다. 자유로운 가격체계―언어 자체의 발달처럼 새로운 정보 플랫폼인 '집단 지성'에서 나오는 가격체계―의 동일한 흐름 안에서 작동하는 그것의 변화, 주관적 가치의 유동은 다름 아닌 '자생적 질서'를 만들어낼 것이다. 그가 즐겨 썼던 표현대로 이것은 인간의 행동의 산물이지 계획의 산물이 아니었다.

오스트리아 이론 경제를 구성하는 이윤, 잉여 확보, 가격 책정 및 경쟁의 가차 없는 과정은 끝없는 재평가, 끊임없이 속도를 높이는 **더 많은 것**을 향한 팽창이다. 이는 힘으로서의 자본의 본질에 대한 카를 마르크스(Karl Marx)의 설명을 순도 높게 표현한다. "생산력 발달, 수요 확대, 생산의 전면적 발전, 자연적·정신적 힘의 착취 및 교환을 둘러싼 모든 장벽을 허문다."[14]

이렇게 속도를 높이며 팽창하고 있는 시스템 안에서 엑스트로피언들은 자기들만의 디지털 화폐, 자신들에게 영감을 준 인물의 이름을 따서 명명하고 암호화로 인증한 화폐를 발행하기로 계획했고, 양차 대전 사이 빈의 인식론은 정보 처리 붐의 심장부인 캘리포니아의 초낙관주의자들에 의해서 재발명되었다. 지폐는 만물을 꿰뚫어보는 눈과 함께 역시 오스트리아 전통에 속하는 엑스트로피아의 상징으로 장식되었다. 바로 일제히 바깥쪽으로 팽창하는 구부러진 화살표들의 고리, 모든 방향으로 동시에 폭발하는 시스템이다.

아이디어 선물과 측지선 수법

"누가 언어를 발명했을까? 누가 돈을 생각해냈을까? 누가 우리 사회의 관행을 만들었을까?"[15] 모든 게 계획보다 우월한 발전의 원천, 자생적 질서의 산물이라고 엑스트로피언들은 주장했다(하이에크의 정신을 담아서). 그들은 그저 무지몽매에 빠져 있을 게 아니라—"쓸데없이 돈을 낭비하는 것은 엔트로피적이다"—알려진 미래에 이르는 미지의 루트가 모습을 드러낼 메커니즘, 갑작스럽게 다중 노드(node) 전체에 효율적인 경로가 나타나는 메커니즘을 확산시키고 싶었다.[16] 엑스트로피언은 자신들이 통화적·역사적 역설에 빠져 있음을 발견했다. 기하급수적 성장 및 혁신의 하키스틱 곡선(hockey-stick curve: 한쪽 끝 부분이 급격하게 올라가는 모양의 그래프—옮긴이) 어딘가에 놓여 있을 알려진 미래의 풍요와 변화의 순간에 도달하려면, 그들은 현재 **미지**의 것들에 대한 통제권은 가능한 한 포기하고 최대한 '자생적 질서'를 위해 자신들의 업무를 조정해야 했다. 자신들만의 화폐 창출이 그 첫 번째 단계였다.

그들은 호손 거래소(Hawthorne Exchange)나 '헥스(HEx)' 시장과 같은 평판통화를 만들었고, 특정 엑스트로피언들의 평판, 좋아하는 이념, 미래에 대한 투기―거의 순수한 신뢰의 게임―로 주식을 사고팔면서 '손(thorne)'을 거래했다. 주식 종목명의 약칭은 엑스트로피언의 관심사 및 유명인들의 출석 체크였다. HFINN(할 피니의 경우), EXI, CYPHP, HEINLN, LEARY, RAND, 그리고 MORE. 티머시 메이(TMAY)는 발행된 손을 사용해 자신의 주식을 입찰한 다음―시장 역사상 가장 큰 외국환 거래에서―다른 사람으로부터 15달러어치의 손을 사들여 자신의 개인 주가를 계속 올릴 수 있었다.

그들은 새로운 화폐의 스케치, 에세이 및 장난스러운 원형들을 만들었고, 그중 다수는 차움의 디지캐시를 재창조하거나 오픈소스에 상응하는 것을 만들기 위해 그의 특허들을 연구하려 했다. 어떤 이들은 "차움 스타일의 은닉서명"이 특허를 받기는 했지만 그것을 "실험 목적으로만" 사용한다면 틀림없이 아무도 모를 것이라고 장담했다.[17] 피니는 〈엑스트로피〉의 지면에 데이비드 차움의 논문들에 대한 빈틈없는 개요를 썼다. 그는 그것이 여전히 기존의 은행들과 정부로부터 승인받은 그들의 화폐에 의존하고 있으면서도 진정한 '디지털 화폐'라고 자세히 설명했다.[18] 차움은 직접적인 개인정보의 우려 때문에 디지털 화폐를 원했지만("컴퓨터화는 개인에 관한 정보가 사용되는 방식의 감시 및 통제 능력을 당사자로부터 강탈하고 있다"), 엑스트로피언들은 그것을 별로 힘들이지 않고 자신들의 우주적 프로젝트의 타임라인에 접어 넣을 수 있었다.[19]

'매직머니(Magic Money)'는 '프로덕트 사이퍼(Pr0duct Cypher)'라는 기막힌

가명을 쓰는 엑스트로피언이 개발한 이 차움의 변종들 중 하나였다. 사이퍼는 차움의 아이디어 구현과 거래를 실행할 명령 라인 인터페이스를 개괄한 뒤 화폐 자체에 대해 네 문단으로 설명했다. "자, 여러분이 아직 깨어 있다면, 재미있는 부분이 나온다. 디지털 화폐 시스템에 어떻게 실질적인 가치를 도입하는가?" 그녀 또는 그는 매직머니가 어떻게 그럭저럭 작동하는 소프트웨어일 뿐 아니라 **투기적 통화**이자, 특정 하위문화의 성과이자, 그들의 미래성의 모델이었는지, 그리고 어떻게 그것을 적절한 연극적 어조로 다뤄야 하는지를 이해하고 있었다. "서버에 자극적인 이름을 부여하면, 여러분의 화폐를 더욱 흥미롭게 만들 수 있다. 그것을 리메일러 서비스를 통해 운영하면, 거기에 '언더그라운드' 느낌을 줄 수 있을 것이며, 이것이 사람들을 끌어들일 것이다. 여러분의 디지털 화폐는 희소해야 한다."

매트 톰린슨(Matt Thomlinson)은 (자극적인 이름을 붙인) '팬텀 거래소(Phantom Exchange)'에서 '고스트마크(Ghostmark)'로 실험을 했다. 마이크 듀보스(Mike Duvos)는 '태키토큰(Tacky Token)'—"내 서버에 메일을 보내는 선착순 10인에게" 각각 100개씩 무료 제공—을 발행했다. 할 피니는 기존 모델의 토큰을 채택했고, 디지털 화폐 시스템이 어떤지 사전 점검하고 거래를 약간 진행시켜보는 것—여러분은 그것들로 GIF 파일 또는 주정부의 신분증용 요구사항 목록을 구입할 수 있다—으로 사이퍼펑크 리스트에서 관심을 불러일으키려 했다. 블랙유니콘(Black Unicorn)의 '디지프랑(DigiFranc)'은 워싱턴 DC에서는 미지근한 다이어트 콜라 열 상자에 의해 지원·상환될 수 있었고, 고스트마크와 변동 환율로 교환이 가능했다. 마치 〈파이낸셜 타임스〉의 보도자료처럼 비꼬는 듯한 냉정함을 기치로 내

건 협정이었다.

기한을 정해 미래의 사건들에 대해 발행하는 쿠폰 같은 통화, '아이디어 선물(idea futures)'도 있었다. 만일 주어진 연도의 첫날까지 주어진 숫자의 인간들이 화성에 살고 있다면 어음은 만기가 되는 것이었다. 〈엑스트로피〉의 한 호에는 "1990년부터 미국 달러＋5%"의 가격에 "2020년 나노컴퓨터"에 베팅하는 쿠폰이 스테이플러로 찍혀 나왔는데, 이 쿠폰은 지정된 판사가 발행인인 자유지상주의 경제학자 로빈 핸슨(또는 그의 부동산)의 청구를 조사한 후 지불하게 되어 있었다〔핸슨은 이 책의 앞쪽에서 1990년 재너두의 내부 예측 시장을 개발한 사람으로 등장했다. 그는 이어서 특이점 이론가들, 합리주의 선봉대, 온갖 신(新)반동주의자들이 모두 처음으로 논평 경험을 쌓았던 블로그인 **오버커밍바이어스**(Overcoming Bias)를 만들었다[20]〕.

핸슨은 자신의 쿠폰 발행의 목표를 설명했다. 바로 가능성―내기하는 사람의 배당률―있는 그림과 실현의 인센티브로서 장기적인 미래의 결과에 대한 시장 가격을 산출하는 것이었다. 어떤 사안에 대한 쿠폰을 살지는 알려지지 않은 물리상수, 해수면 상승 및 인류의 외계 이주에 관한 추측들에 걸쳐 있었다. 그것은 아직 동이 트지도 않은 날에 빛을 받으려고 태양 전지판을 기울이는 또 다른 방법이었다. "아이디어 선물은 냉동보존술처럼 미래는 틀림없이 힘과 지식으로 풍요로울 것이라는 사실을 현재에 이용하는 또 다른 방법이다"[21](냉동보존술을 통해 영생을 추구하는 이들이 필요로 하는 초장기 금융 계획과 재산 관리에 적합한 통화 프로젝트 및 제안도 있었다).

"돈. 그것은 어디에나 있다." 리처드 포트빈(Richard Potvin)은 2000년으로 넘어가는 시점에 이렇게 썼다. "그러나 우리가 일어났으면 하는 변화들을 가속화할 트랜스휴먼을 지향하는 생물체들의 은행 계좌 금고에는 그것이 충분히 유통되고 있지 않다.” 포트빈은 트랜스휴머니즘주의자이자 (무엇보다도) 샌프란시스코 냉동보존술협회 회원이었고, 새천년의 첫 달초에 ‘엑스트로피언들에게 드리는 가상 주식 구입 간청’이란 글을 올렸다.[22] 포트빈은 엑스트로피언들이 실제 화폐로 하는 가상 주식거래 게임인 스톡제너레이션(StockGeneration, 이하 SG)의 ‘플레이어’가 되어야 한다고 썼다. 시장이 커짐에 따라 주식은 실제 돈으로도 배당금을 지급했고, 일부 주식은 고정 금리로 가치 상승을 보장했다. 이 소득의 출처는 이미 게임에 참가하던 이들이 영입한 새로운 플레이어들의 꾸준한 물결이었다. 전체 운영은 한 유럽 회사가 했지만, 은행 업무는 에스토니아(다른 장소들 중에서도)에서, 서버의 등록과 운영은 카리브해의 도미니카라는 섬에서 이뤄졌다.[23] 이 수법의 완벽한 가상성 ─ 외부 세계로부터 완전히 격리된 “전적으로 안정된 금융 시스템”과 “게임 포맷” 측면에서 “사실상 자율적”이라는 것 ─ 이 판촉의 핵심이었다. 마찰이 영구 운동 기계로부터 에너지를 뺏어올 수 없는 것처럼, 어떤 정치적 격변이나 경기 침체도 SG를 강타할 수 없을 것이었다. 물론 노골적인 다단계 피라미드 수법이었으나, 포트빈은 그것을 감쌌다. “이것은 ‘평범한’ 피라미드가 아니다. 측지선 돔에 가깝다”[24]고 썼다.

정확한 시각에서 보면, 피라미드 수법이라는 속성이 **긍정적** 요소였다. 버블현상을 의도적으로 만들고 그 버블이 완전히 터지기 전에 기존의 희소경제에서 벗어나도록 여러분이 부양할 트랜스휴먼 프로젝트에 충분한 자금을 이동시키는 방식. 어쨌든 포스트휴먼 시대인데 인간의 흔한 호황·불황의 파국이 뭐 그리 **중요한가**? 터무니없는 닷컴(.com) 열풍을 자립형 측지선 수법이 있는 보조 로켓으로 바꿔라. 그리고 일단 중력을 무사히 벗어나면 대기 중에서 전소되도록 그것을 끊어버려라.

인류 문명의 오버클럭

차움은 개인정보 보호 때문에, 메이는 특별한 협의의 자유 때문에("진정한 선택은 전체주의 국가와 암호 무정부주의 사이에 있다") 디지털 화폐를 추구했다. 엑스트로피언들 역시 이런 이유 때문에 그것을 원했지만, 유토피아적 혁신에 박차를 가하기 위해서이기도 했다.[25] 차움은 익명의 토큰을 인출·유통·예치할 수 있게 해주는 디지털 화폐에 공을 들이면서도 통화 공급의 생산 및 관리와 이중지불자들의 신원 공개는 여전히 은행에 의존했던 반면, 엑스트로피언들은 주조량을 대폭 늘리기를—다양하고 경쟁적인 민간 화폐와 지불 시스템이 꽃피기를—원했다.

프랑스 혁명기의 통화 계획을 고찰했던 레베카 스팽의 경구를 빌리면, "신뢰는 반복을 통해 신념으로 응고되는 습관이다".[26] 엑스트로피아 모델의 역설적인 전략은 응용 암호학과 같은 특별한 기술과 컴퓨터 사업에서 반복적으로 겪는 기술적 충격(매일 뭔가 새로운 발전이 있는 것처럼 보였다)에 대한 경험적 신뢰를 논리적으로 필연적인 미래에 대한 신념으로 바꾸는 것이었다. 입증 가능한 것들에 대한 신뢰는 결코 찾을 수 없는 균형 상태를 추구하면서 영구적인 붕괴 상태에 있는 시스템의 자생적 작동에 대한 신념으로 번역될 수 있다. 그러고 나면 이 신념이 **거꾸로** 작동하여 '역동적 낙관주의'의 자기강화 표현이 되는 것이다. 이 모델은 인과관계를 뒤집었고, 알려진 미래는 자신의 도래를 보장하기 위해 현재를 알 수 없게 만들었다.

그것은 이와 같이 작동했다. 우리는 불가피한 돌파구(컴퓨터 작업, 인지, 장수, 생명공학, 자동화), 그러니까 저편으로 넘어가면 인간 조건이 시간, 공간 및 에너지의 풍요로 끝나는 특이점들의 확산 직전에 와 있다. 하지만 우리가 의도적으로 이것을 초래할 수는 없다. 계획, 중앙집중식 통제, 자원 할당 및 인간의 의사결정의 전체 툴키트가 우리를 이 불가피한 트랜스휴먼 사건에 이르지 못하게 할 것이다. 왜냐하면 그 미래는 우리의 평범하고 관료주의적이며 제도적인 지능을 넘어서기 때문이다. 그것은 오직 마찰 없는 시장 운영에서 자생적으로 나타날 수 있을 뿐이다.

이 시장에 방해가 되는 것은 무엇이든 새롭고 자생적이며 예측 불허인 사회적·기술적 질서의 출현을 더디게 하거나 어쩌면 지연시킬 것이다. 미국 식품의약청의 '지능 향상약(smart drug)' 규제, 노동비자와 노동법, 정보 트래픽 감시, 개인의 주체성을 제한하는 모델들, 또는 경제 관리를 위한 통화 제어가 그런 예다. 그러므로 제한 없는 오스트리아식 자본주의는 일종의 타임머신이지만, 그것을 실현하는 게 현재의 경제를 확장하고 신용의 고리를 닫는 미래의 결과에 투자하는 것이라는 고전적 자본주의 개념에서 그러한 것은 아니다. 오히려 그것은 거의 형이상학적인 완전한 혼란의 미래—죽음의 종식, 풍부한 포스트휴먼 지능의 출현, 해부학적·생물학적 변화, '바이오스타시스'에 들어가 있던 죽은 자들의 부활, 행성 간·성간 공간으로의 확장—를 쏟아내는 메커니즘이다. 안드레이 타르콥스키(Andrei Tarkovsky)의 영화 〈스토커(Stalker)〉로 거듭난 SF 소설 《노변의 피크닉(Roadside Picnic)》에서 한 등장인물이 외계인들이 남기고 간 미래의 존(Zone)을 묘사했듯이 그것은 "미래로 가는 구멍"이다. "지식은 이 구멍을 통해 나온다. 그리고 그 지식이 있으면 우리는 모든 이들을 부자로 만들 것이고, 별을 비행할 것이고, 우리가 원하는 곳은 어디든 갈 수 있을 것이다."

엑스트로피언들은 영구적인 토대로서 엑스트로피협회(Extropy Institute, 이하 ExI)의 설립을 시작으로 이 과정의 중간 스케치를 제공했다. ExI는 바이오스피어 2호(Biosphere II: 애리조나 사막에 외부와 격리된 인공생태계를 만들어 장기거주를 시도했던 프로젝트—옮긴이)의 연구를 기반으로 구축할 '시스테딩(seasteading)' 프로젝트—국제해역에 자주독립 거주지를 건설하는 계획—인 프리 오세아나(Free Oceana)의 기금을 모을 것이다(바이오스피어 2호의 의료 책임자이며 항노화 주창자인 로이 월포드(Roy Walford)는 인기 있는 인터뷰 대상자였다. 시스테딩 계획의 확산은 이 책의 후반부에 나온다). 바다에서 프리 오세아나는 새로운 사회적·정치적 시스템의 시험대인 '소시오스피어 2호(Sociosphere II)' 역할을 하게 된다. 이 모델들은 우주 이주, 즉 '엑스트로폴리스(Extropolis)'—하이에크라고 명명된 그 지폐를 발행할 곳이다—로의 이주를 위한 인간 모형 실험실이 될 것이다.[27]

바꿔 말하면, 이것은 가능한 세계와 그것의 궤적에 대한 코스모그램의 미래상이다. 그러나 그것은 통제가 불가능하게 만드는—자생적 질서가 자유롭게 발달할 수 있도록—적절한 환경과 메커니즘을 창출하고 난 뒤 거기서 물러나야만 생길 수 있을 터였다. 엑스트로피언들은 천진난만한 캘리포니아식 쾌락적 낙관주의에도 불구하고 자신들의 상상이 실현되려면 뛰어넘어야 할 현재의 기술적 한계—산업계 전체의 성능 범위—를 익히 알고 있었다. 이런 변혁을 추진하려면 새로운 종류의 화폐, 새로운 교환 제도와 시장과 투자가 필요했다. 엑스트로피아의 뮤즈(muse)인 로마나 마차도(Romana Machado)가 말했듯이, "당신이 지금 지출하는 것들이 미래의 당신 자신을 형성한다".[28]

이런 사고방식이 도달하는 마지막 결론 하나. 만일 우리가 이 미래가 다가오고 있다는 것을 **안다면**, 그리고 그것의 발생에 유리한 상황을 어떻게 마련할지 안다면, 그 과정을 우리가 어떻게든 가속화하여 기회의 손길을 강제할 수는 없는 걸까? 컴퓨터에서 정지 문제의 출력값을 결정하는 것만큼이나 우리가 시장을 능가하는 것은 불가능하지만, 더 빠른 컴퓨터는 만들 수 있다. 왜 우리는 인류 문명을 오버클럭(overclock: 사용자가 임의로 컴퓨터의 작동 속도를 정상적인 것 이상으로 빠르게 끌어올리는 것―옮긴이)하지 못하는가?

화폐라면 이것을 할 수 있을 것이다. "트랜스휴먼을 지향하는 생물체의 은행 계좌 금고를 통해"서뿐 아니라 인센티브, 비밀시장, 혁신을 추구하는 가격책정 체계, 그리고 자생적 질서의 에너지를 활용할 번영 모델의 새로운 흐름 창출을 통해 세차게 흐름으로써 말이다. 닉 사보는 엑스트로피아 행사에서 이 신종 화폐의 도래를 신중하게 예측했다.[29] 사보의 예측 중 다수가 엑스트로피아 커뮤니티의 기준으로 보면 보수적이었지만―그는 '업로드된 정신(uploaded mind, 컴퓨터 하드웨어로 작동하는 인간의 의식)'을 다른 많은 이들보다 훨씬 더 먼 미래의 것으로 생각했다―"극복해야 할 경제적 또는 문화적 장벽"을 놓고 봤을 때는 아주 가까운 장래의 디지털 화폐 및 암호화 기술 채택에 낙관적이었다.

1995년에 그는 1999년까지는 익명 전자 화폐 사용자 100만 명 이상이라는 기준점에 도달할 것이며, 2005년까지는 비과세 익명 디지털 화폐 경제가 연간 10억 달러를 넘어설 것이라고 예측했다. 이것을 강조하는 요점은 조롱하는 게 아니라—예측은 너그러운 예술이 아니다—그들이 느꼈던 절박함, 모어가 썼듯이 "이런 중요한 발전들을 서두를" 필요성을 포착하는 것이다. 왜냐하면 여기 엑스트로피아의 역시 모델 인에 삶의 핵심 문제가 있기 때문이다. 우리가 좀처럼 상상할 수 없는 변화의 문턱에 와 있지만, 만약 그 변화가 우리가 죽은 직후에 마침내 시작된다면 어쩌지?

09

미래의 욕망

엑스트로피언은 자신들의 계획을 갖고 미래에 부활하기 위해 냉동보존술로 얼려지는 방법이 아니고서는 빠져나갈 수 없는 역사의 덫을 놓았다. 그것은 그들의 화폐와 밀접하게 관련된 관행, 그리고 비트코인의 탄생에 영향을 미치는 관행이었다. 우리는 그들의 생각을 따라가며 불멸을 위한 극단적 투자에 요구되는 재정적 준비, 프리드리히 하이에크의 이론과의 추가적 연계, 그리고 볼셰비키 혁명에서 새천년의 전환기에 이르기까지 냉동된 인체에 대한 환상 및 현실의 경제적 의미를 살펴본다.

저온의 역사 기록

미래주의의 이런 역설과 함께 엑스트로피언들은 몹시 고통스럽고, 그들의 지칠 줄 모르는 쾌활함과 역동적인 낙천성에도 불구하고 아주 우울한 역사 모델, 그 속에 사는 사람들에게는 매우 잔인한 코스모그램을 창조한 것이었다. 그들은 영광의 미래가 기다리고 있음을 알았다. 현대의 예상을 너무 많이 뛰어넘은 나머지 간섭광의 한 줄기 빛처럼 '미래의 현재' 구조를 훤히 비출 그런 미래였다. 평판통화, 가상 재정 계획, 그리고 더욱 심각하게는 아이디어 선물 및 디지털 화폐 실험으로 그들은 이 미래를 신용하는 동시에 그것의 생산 비용을 부담하는 데 동의할 수 있었다. 그러나 그들은 미래의 정확한 출현을 예측하지 못했을뿐더러 언제인지는 고사하고 어떻게 그것의 형태가 갖추어지는지도 제어하지 못했다. 이것은 뭐든 할 수 있다는 초합리주의 집단에게 매우 고통스러운 상황이었다. 만일 여러분이 몸소 신생 포스트휴먼 낙원을 만들기 위해 모든 경제적·금융적 기틀을 마련했는데, 그것을 볼 때까지 살지 못한다면 어쩌겠는가?

여러분이 시기가 안 맞아 포스트휴먼들의 존재 이전에 멸망한 마지막 세대 중 한 명이 된다면? 여러분이 몇 년만 더 버틸 수 있다면 '월포드 고저형 수명 연장 식단', 보충제 병과 약상자, 발열을 위한 냉욕법, 보정된 피트니스 요법〔여기에 대해서는 할 피니의 배우자인 프랜 피니(Fran Finney)가 〈엑스트로피〉지에 기고했다[1]〕으로 영원히 살 수 있을 텐데 말이다.

이렇게 해서 바이오스타시스와 냉동보존술―임시방편이고, 아직은 아니지만 조만간 우리 가까이 어딘가에 있는 저 역사적 경계선을 넘어갈, 없는 것보다는 있는 게 나은 비상 전략―이 나온다. 지불금은 생명보험―그리고, 훨씬 더 복잡하고 이상한 금융 수단을 설정한 경우도 있었다―으로 마련했다. 여러분은 의료적 지침이 있는 팔찌를 차든지, 아니면 구급대원들을 위해 다음 내용을 가슴팍에 문신으로 새기기까지 한다.

비상 연락처, 보상금 제의, 그리고 "정맥주사로 헤파린 5만 유닛을 집어넣고, 얼음으로 10도까지 식히며 심폐소생술 실시 …… 방부처리 금지. 부검 금지".[2] 사고사의 경우라도—안타깝게도 여전히 죽어야 한다는 장애물이 있지만—앞으로 다가올 10억 년간의 한바탕 파티를 놓치지 않을 것이다.

냉동보존술은 궁극의 아이디어 선물이었다. 그것은 엑스트로피아 화폐의 정신을 화폐 그 자체보다 더욱 순수하고 더욱 성공적인 형태로 표현했다. 손이나 하이에크나 고스트마크로 거래하거나 아이디어 선물 쿠폰 더미를 현금화하려고 기다리는 사람은 아무도 없지만, 현재 100명 이상의 사람이 냉동되어 있고, 1000명 이상이 자신들의 일을 정리하기로 서명을 마친 상황이다. 1990년대와 밀레니엄까지의 디지털 화폐 개발과 더불어 우리는 이런 가상의 유토피아적 화폐들이 창출하는 데 일조할 미래로 여러분의 의식을 어떻게 이동시킬 것이냐에 관한 논쟁을 찾을 수 있다. 이는 인류학자 티파니 로메인(Tiffany Romain)이 냉동보존술 전문가들에 대한 논문에서 표현했듯이, "생체의학으로 매개된 형태의 자신에 대한 투자"다.[3] 냉동보존술은 거의 상상할 수 없었던 엑스트로피아의 미래를 현재의 **극단적 투자** 형태로 변화시키면서 로메인이 '초장기적'이라 부르는 시간 동안 신종 디지털 화폐의 개발을 가능하게 해줬다.

투자 및 금융 투기의 '초장기적' 시간 틀은 더 이상 여러분의 은퇴와 노년기 계획의 문제가 아니라 여러분의 수명 및 궁극적으로는 화폐를 완전히 초월하는 자산 배치의 문제다. 비영리 수명연장보존 단체 알코르(Alcor, 현재 이곳의 CEO는 맥스 모어다)의 업계지 〈크리오닉스(Cryonics)〉의 편집자인 아슈윈 드 울프(Aschwin de Wolf)는 '환자'를 신진대사 0의 저장 상태에서 알려지지 않은 미래 상태로 재통합시키는 도전과제를 거론한다. "이 문제를 제대로 생각하는 사람이라면, 적어도 그 시대에 통용되는 화폐로 현대의 집과 돈에 접근해야 한다(우리가 아는 '돈'이 그때도 똑같은 의미를 갖고 있다고 가정했을 때)."⁴ 그 사이 여러분은 자산을 상속자들에게 뿌릴 게 아니라 왕조의 신탁을 구축할 수 있고, 이것은 사후에 회수할 때까지 여러분의 자본을 보존하고 이자를 벌어다 줄 것이다.

이런 맥락에서 디지털 화폐는 가치 저장소로서의 돈—특히 '본질적 가치'를 지닌 화폐와 이를 지탱할 사회적·기술적 구조의 보존을 요구하는 오스트리아학파 추종자들에게는 근본적으로 보수적인 입장이다—과 투기 수익이 초월성의 경로에 있는 모든 장애물을 녹여버리는 혼돈의 용매이자 매개체로서의 화폐 사이에서 아슬아슬하게 칼날 위를 걸어야 했다. 그것은 기성 산업들을 모조리 제거하고, 시장을 창출하고 파괴하며, 법률을 무관하게 만들고, 기존의 사회적 관습 및 약속을 무의미하게 만들고, 궁극적으로 인류 자체를 완전히 다른 것으로 증발시킬 것이다. 그때까지 그것은 국고채만큼 안정적이고 부동산만큼 견고할 것이다.

이것은 디지털 화폐 작업을 역설적인 곤경에 빠뜨렸다. 그것은 강력해야 하고, 깊은 미래의 초장기 금융구조에서 액수를 매기고 보유하는 데 적합해야 했는데, 이는 암호화의 키 시스템과 해시 생성 체계 같은 자연상수와 수학적 상수의 신뢰성에 중점을 뒀다. 그러나 만일 목표가 극단적 풍요, 우주적 확장 및 불멸의 사회에 도달하는 것이라면, 그것은 궁극적으로 '측지선 수법'만큼이나 곧 휘청거려서 사용 후 폐기 처분될 수도 있다. 많은 상상의 특이점 기계들처럼, 디지털 화폐는 폐물이 될 만큼 충분히 잘 운영된 다음 그 판에서 사라지기만 하면 그뿐이었다.

냉동보존술은 거의 상상할 수 없었던 미래를 상상할 수 있게 해줬고, 극단적 투자 수단으로 지금 그런 미래의 사례들을 만들어낼 수 있게 해줬다. 특화된 '드와(dewer)'—액화질소와 냉동보존 환자들의 몸이니 미리가 들어 있는 거대한 스테인리스 플라스크—는 미래의 공학자들이 자신들의 화물을 활성화하는 데 성공하여 승객들을 과거로부터 빼내줄 수 있을 거라는 기대 속에서 부품을 대충 조합한, 사실상 망가진 타임머신이었다. 알코르 시설에 진열된 그것들은 제2차 세계대전 이후 멜라네시아의 천년 왕국 종교들—외부인들은 '화물 숭배'라고 불렀다—의 활주로 및 대나무 라디오의 생체의학 버전으로서, 훨씬 즉각적인 다른 사회적 목표들 가운데 비행기가 올 수 있도록 가설 활주로를 치우고 울퉁불퉁한 땅을 고르는 것처럼 필요한 기술의 **소환**을 의미했고, 대의명분에 미치는 효과를 이용하려 했다.

공상과학 소설 작가이자 기술 전문 저술가이자 냉동보존 기술자(인체의 급속 냉각을 위한 '액체환기' 시스템을 비롯해 기타 의료적 응용 특허들을 보유하고 있다)인 찰스 플랫(Charles Platt)은 냉동보존술의 목표에 다가가는 데 필요한 태도를 이렇게 설명했다. "과학과 의학에서는 **우선** 어떤 기술이 효과가 있는지를 입증한 **다음에** 그것을 적용한다. 만일 이 순서를 뒤집는다면, 여러분은 더 이상 정통 과학에 종사하지 않는 것이다. 미래에 관해 도박을 하면서 투기적인 일을 하고 있는 것이다."[5] 그런데 어떤 도박 정신은 필요하고 심지어 필수적이기도 하지만, "효과 있는 제품"을 내놓을 수 있어야 한다. 그 효과 있는 제품에 내재된 도전은 그것이 성공적으로 기능적 질서를 되찾은 몸과 그것을 하나로 묶는 (병원 침대나 호스피스 병원 현관의 마지막 순간을 기억하는) 정신뿐 아니라 그것들을 완전히 되돌리는 데 필요했던 그에 상응하는 미래, 곧 찬란하고 건강한 영광의 포스트휴먼 시대이기도 하다는 사실이다. 부활을 위해 몸을 맡긴다는 것은 기대할 미래가 있다는 뜻이다. 그리고 그것이 디지털 화폐, 중단 기계 및 혁신의 모터가 제공할 수 있어야 할 미래다.

1996년 〈엑스트로피〉지의 같은 호에는 마주 보는 페이지에 두 개의 공지가 나왔다. 첫 번째는 세인트루이스에 본부가 있는 한 은행을 통해 달러화로 환산하는 차움의 이캐시 출시였다. "특히 엑스트로피언들의 관심을 끈 것은 아마 대기 중인 레세페르북스(Laissez Faire Books: 자유지상주의자들의 거점이 되었던 뉴욕의 서점―옮긴이)의 이캐시 수락일 것이다." 두 번째는 다른 사람들에게 장려하기 위한 본보기로, 1년에 1000달러씩 10년간 프로메테우스(Prometheus) 프로젝트라는 계획에 기부하겠다는 공개 서약이었다. 이 계획은 성공적으로 "완벽하게 되돌릴 수 있는 뇌의 극저온 보존"을 "설득력 있게 입증하여 발표"하는 연구 사업에 착수할 것이었다.[6]

이런 테크놀로지 교차점에 산다는 것은 로메인의 말을 빌리면 현재의 상황보다는 "대체로 가능성의 틀에서 살고 있다"는 뜻이었다. 엑스트로피언들의 삶은 실증적·합리주의적·생체의학적·컴퓨터적 연구를 공상 과학 소설, 상상적 추정 및 혁신 판타지의 '꿈 작업(dream work)'과 결합함으로써 수행됐다〔드림워크(Dream work): 1990년 항공우주공학자 랜드 심버그(Rand Simberg)는 발사 및 저온 저장장치 가격을 단숨에 낮춰 우주에 유골을 안치함으로써 냉동 보존술과 우주 관광의 가성비를 높이자고 제안했다. 이해당사자들 중 한 명이 필립 샐런의 아메리칸 로켓 컴퍼니의 당시 회장이었다[7]〕. 아이디어 쿠폰과 디지털 화폐, 그리고 애리조나 사막의 드와(이 책에서 거론한 몇몇 사람들의 머리를 보유하고 있다)는 이 특별한 가능성의 틀과 그것이 의존하는 역사 모델이 나타난 탁월한 유물들이다. 경제학과 냉동 수면의 두 가지 대체적인 설명은 엑스트로피아 프로젝트를 올바른 시각으로 보게 해줬다.

나의 20세기 마지막 저녁

"미래에 어떤 일이 생길지 알 필요는 없다." 물리학자 레오 실라드(Leo Szilard)는 이렇게 썼다. "미래에 어떤 일이 생길지는 다른 사람들 대부분이 알기 하루 전에만 알면 된다." 그는 제국의회 화재 직후, 출국하는 사람들을 멈춰 세우고 심문하라는 명령이 발효되기 전에 베를린을 떠났다. 그는 나치가 정권을 잡자 늘 여행 가방 두 개를 싸서 문가에 뒀고, 신발 속에 평생 저축한 돈을 숨겨 떠났다. 상상할 수 없는 일련의 미래 속에서 평소에 그는 상대 속도의 여행자처럼〔그와 알베르트 아인슈타인(Albert Einstein)은 친구였다〕 항상 하루나 몇 년을 앞서서 살아온 듯했다.

시카고의 스태그필드(Stagg Field)에서 최초의 핵연쇄반응 실험 — 수년 전 런던을 돌아다니며 그가 개발했던 이론의 검증 — 이 있기 전날, 그는 실험이 너무 잘돼서 시카고 대학 캠퍼스 일부와 자신을 포함해 그곳의 최고 물리학자들 다수가 전멸할 "만일의 경우에 대비해" 두 번째 저녁 식사를 했다.[8] 그들이 새로운 수준의 중성자 강도를 수용하기 위해 기록 장비의 눈금을 거듭 변경하면서 연쇄 반응을 임계치까지 밀어붙일 때, 실라드는 과거와 미래가 분리되는 느낌을 받았다〔그날 오후, 새 시대의 해안에서, 이 물리학자들은 종이컵에 키안티(Chianti: 이탈리아 투스카나 지방의 적포도주─옮긴이)를 담아 조용히 축배를 들었다〕. 그는 과학기술적 진보의 효과 아래 붕괴되는 사회, 핵으로 인한 지구상의 인류 소멸, 기계들의 사회, 위험을 방지하기 위한 세계 정부를 상상했다. 그는 여생의 대부분을 여행 가방 두 개로 호텔에서 살면서—"눈 깜짝할 사이에 움직일 수 있는 것이 나한테 중요해졌다"—잠재적 미래와 거기에 어떻게 도달할지를 고민하고, 특허나 청원을 작성하거나 공상과학 소설을 쓰며 보냈다.[9]

1948년 7월, 그는 토끼가 부활하는 장면으로 이야기를 하나 시작했다. 그것은 "눈에 띄는 신진대사 활동" 없이 섭씨 1도에서 며칠간 있다가 다시 살아났다. '도미놀(dorminol)'과 '메타볼린(metaboline)' 주사로 토끼를 빙점 바로 위까지 안전하게 냉각할 수 있었다. "우리는 토끼를 '수면 상태'로 하루는 물론이고 1주일, 1년, 아니 100년 동안 유지시킬 수 있을 것이다. ……만일 이게 토끼에게 효과가 있다면, 개한테도 효과가 있을 것이다. ……만일 개한테 효과가 있다면, 사람한테도 효과가 있을 것이다." 1920년대에 실라드와 아인슈타인은 움직이는 부품이 없는 실험용 냉장고를 공동 설계한 적이 있는데(불황기에 실라드는 풍족하지는 않아도 냉장 특허에서 나오는 수입 덕택에 살아갈 수 있었다), 그는 그 냉장고를 자신의 화자를 위해 타임머신으로 둔갑시켰다.

실라드의 이야기에 나오는 긴 잠이라는 이 내러티브 장치는 같은 해 R. C. W. 에팅거(R. C. W. Ettinger)의 냉각보존에 관한 판타지 '두 번째로 좋은 으뜸패(The Penultimate Trump)'에도 있었다. 물리학 선생인 에팅거는 자신의 여생과 경력을 실용적 냉동보존술이라는 개념의 대중화에 바쳤고, 《불멸의 가능성(The Prospect of Immortality)》과 《인간에서 슈퍼맨으로(Man into Superman)》 같은 가상 논픽션 책들로 엑스트로피언들에게 직접적인 영감을 줬다[10](역설적이게도 엑스트로피언에게 영향을 줬던 에팅거의 이야기는 탐욕스러운 에인 랜드식 최고 자본가 주인공에 대한 반전으로 마무리된다. 그가 저지른 과거의 범죄를 평가하여 그를 화성의 죄수 유형지에 버리는 미래 사회에 되살아난 것이다). 에팅거는 현재의 화폐 차익 거래가 장차 무기한이 될 것이며, 일생의 투자에 대해 1000배 수익이 날 거라고 주장했다. 그는 "제약 없는 미래"라고 썼다.[11]

실라드의 화자는 자신의 계획을 설명했다. "나는 우리가 그 방법을 완성하는 즉시 '삶에서 물러나' (우리가 이 과정을 이렇게 부르자고 제안했듯이) 2260년에 되살아날 준비를 할 작정이었다." 냉동 수면 중에 화자는 수 세기를 건너뛰어 자신을 매료시키는 미래로 갈 수 있다(그러나, 너무 낯설고 자신을 말 그대로 "시대에 너무 뒤떨어지게" 하는 세상이 두려워서 "감히 300년을 훨씬 뛰어넘을 엄두는 내지 못했을 것이다"). 화자는 자신의 상태에 관한 법적 다툼이 해결되고 나자, 자신의 동면을 위한 방에서 시간상 단절된 파티를 벌이며 "나의 20세기 마지막 저녁"을 축하한다. 화자와 그의 손님들 사이의 역사 기록학적 혼란은 심각하다. "그들 대부분이 내 장례식에 참석하고 있는 듯한 기분을 느꼈던 것 같다. 그들은 내가 살아 있는 것을 다시 보지 못할 테니까. 반면 나는 그들의 장례식에 참여하고 있는 사람이 바로 나인 것 같았다. 그들 중 누구도 내가 깨어날 때 살아 있지 않을 테니까."[12]

원래 계획했던 300년이 아닌 겨우 90년 후 냉장 상태에서 빠져나온 그는 자신이 동면의 가능성에 사로잡힌 사회에 있음을 알게 된다. 수천만 명이 '삶에서 물러나' 있었던 것이다. 제2차 대공황이 강타하자, 수백만 명이 경기가 다시 반등할 때까지 연방정부로부터 보조금을 받아 동면에 들어갔고, 노동 시장이 그에 맞춰 되살아나면 소생시키겠다는 승인을 받았다(한 정치가는 "냉동인간 2500만 명을 위해 공공 기숙사의 냉장 발전소를 운영하는 것이 저희 공공사업계획의 일부"라고 지나가는 말로 언급한다). 실라드는 풍자적 경제 전략들, 이를테면 수십 년 또는 수백 년 후의 미래로 시간 이동을 하는 인구가 너무 많아 발생한 식품 잉여분을 소비하려고 만성적으로 과식을 해야 하는 식당 손님들을 위해 식품을 씹어 걸쭉하게 만든 요리 이야기를 써내려간다.

가속화된 역사에 관한 이 이야기의 핵심은 그것을 감속시키는 프로젝트다. 화자는 장차 다가올 미래의 더욱 극단적인 혼란이 너무나도 두려워 **과학의 속도를 늦추는**—수 세기 동안 실질적인 과학기술 발전이 거의 없도록 관장하는—**비밀결사대**의 일원이 되고, "삶의 지혜에 따라잡을 기회를" 제공한다. 지원을 가장하여 과학기술 발전을 인위적으로 눌러놓은 가운데, 화자는 싸놓은 여행 가방을 챙겨 이제 또 다른 몇 세기 후로 떠나 미래로의 경계선을 넘어가야 할지를 고민한다. 만일 변화가 지연된다면, "지금부터 200년 후 세상은 틀림없이 살 만한 곳이 될 텐데"라고 그는 말한다. 말하자면, 그는 자신에게 어느 정도 시간을 번 것이다.

인간 부활 작업장

19세기 말 불가리아의 소피아(Sofia)에 사는 물리학자이자 생물학자인 포르피리 바크메테프(Porfirii Bakhmet'ev)는 호기심이 생겼다. 도대체 어떻게 겨울 동안 곤충은 얼어 죽지 않는 걸까?[13] 어떻게 봄에 되살아날 수 있는 걸까? 그는 나방과 나비의 동면 상태, 그것들이 언 것처럼—그리고 무한정 그렇게 유지될 수 있을 것처럼—보이지만 그럼에도 실제로는 죽은 게 아니며 되살아날 수 있는 온도 범위를 발견했고, 그것을 공들여 기록했다. 그는 이 상태를 죽지도 살아 있지도 않은 **가사동결**(anabiosis)이라 불렀다. 자연스럽게 그는 인간과 같은 포유류도 가사동결 상태에 들 수 있을지 궁금해졌다. 우리는 미래에 사용하기 위해 정자와 난자를 얼릴 수 있고, 많은 동물이 일종의 저온 신진대사 정지 상태에 들어갔다가 다시 빠져나올 수 있다. 만일 인간이 그럴 수 있다면 얼마나 오랫동안 가능할까? 한 계절? 10년? 1000년?

삶과 죽음 사이의 이런 상태에 대한 바크메테프의 응용은 마치 눈보라 몰아치는 연옥의 절벽에 풍력 발전 터빈을 설치할 작정이라도 한 것처럼 직설적이고 실용적이었다. 먹이, 청소 및 고통을 절감하기 위해 가사동결 상태에서 소떼와 말떼를 기차로 운송하고 목적지에서 그들을 소생시킬 수 있을 것이다. 철갑상어와 캐비어를 '산 채로' 실어 나를 수 있을 것이다. 만일 결핵균이 영하 6도에서 죽고 인간은 영하 8도에서 소생할 수 있다면, 결핵 희생자들을 일주일간 냉동시켰다가 완치하여 되살릴 수 있을 것이다. 어쩌면 다른 시대의 생물들—저온의 역사 기록 유물들—이 시베리아에 가사동결 상태로 여전히 보존되어 있을지도 모른다. 그것들을 찾아서 되살리도록 원정대를 꾸려야 할 것이다(내가 지금 이 글을 쓰는 동안에도, 인류는 우리가 인간 생물량의 기본 배양액 안에서 키울 수 있는 미지의 고대 바이러스와 박테리아를 찾을 수 있을지 알기 위해 단체로 지구의 대기 온도를 몇 도씩 올리고 영구 동토층을 녹임으로써 바크메테프의 이 마지막 응용 개념을 감탄할 만큼 진취적으로 이어오고 있다).

러시아 혁명기에 가사동결의 시간성은 달라졌다. 더 이상 과거에 접근하거나 현재의 경제적·의료적 단기 프로젝트에 지원하는 방법이 아니라, 미래와 간접적으로 상호작용할 수 있는 방법이 된 것이다. 때는 바야흐로 실험의 시대였다. "우리는 여러분이 입고 있는 조끼의 마지막 단추에 이르기까지 삶을 새롭게 개조할 것"이라고 미래학자이자 소비에트 시인인 블라디미르 마야콥스키(Vladimir Mayakovsky)는 약속했다. 세계 경제의 재창조와 마찬가지로 목표는 결코 단순한 건강이 아닌 초인간(superhumanity)과 불멸이었고, 이는 아직 알려지지 않은 풍요, 효율 및 조직의 수문을 여는 것—노동, 공급 및 생산 수요의 '동적 균형' 속에서 원형 컴퓨터와 데이터 전송 도구에 의해 관리되는 완전자동화 공장들이 나오는 알렉산더 보그다노프(Alexander Bogdanov)의 소비에트 화성에 관한 공상과학 소설에서처럼—의 해부학적 버전에 해당했다. 보그다노프는 수혈—자기 규제적 유기체이자 항상성을 가진 기계인 경제 속에서 동지의 생명력을 저장하고 유통하는 것이 거의 텔레파시적 친밀감의 행위가 되는 '생리학적 집단주의'—을 찬양하고 참여했는데, 그에게 수혈은 인간의 생명력 자체가 궁극적인 가치 저장소이자 교환의 매개체인 미래 사회로 가는 서막이었다(보그다노프는 1928년에 한 교환학생과 혈액을 나누다 잘못되어 신장 및 간 부전으로 사망했다).

그런가 하면 현대판 계획경제가 한창 개발되는 와중에 어떤 사람들은 청춘의 샘 내분비 요법, '분비샘'과 염소 호르몬 주사, '슈타이나크(Steinach)' 정관 절개술에 의지해 활력을 회복하려 했다. 미래 선봉대의 목숨을 앗아간 '혁명의 피로'와 '신경 장애'의 교정 조치로 수시로 포스트휴먼의 정기를 불어넣겠다는 것이었다. 에팅거의 자본주의자 대실업가 주인공도 냉동보존술로 안치되기에 앞서 유사한 종류의 기술들—20세기 전반부에 인기를 끌었던 생체의학적 상상력의 일부—을 경험했다. "그들은 그에게 분비샘 추출물을 제공했다. 그들은 그에게 비타민을 줬다. 그들은 그에게 수혈을 했다."

이런 분위기 속에서 만일 여러분이 다중 전선의 내전과 테러, 트라우마, 편집증, 따분하게 계속되는 '위로부터의 혁명', 영양결핍 및 '전시공산주의'의 끔찍한 시기에 가사동결 상태에 들어갔다가 약속된 미래가 마침내 도래한 어느 여름날 깨어날 수 있다면 어떻겠는가? 마르크스주의의 역사적 필연성 위에서 핸들을 돌리는 생각들이 도처에 있었다. 인기 있는 러시아 공상과학 소설들은 몇십 년 뒤 레오 실라드가 손댔던 바로 그 개념에 관한 것들이었다. 사악한 자본가들이 노동 소요를 막고 '완전 고용'을 유지하기 위해 불황기 동안 그들의 노동력을 지연시켜놓았다가 자본주의 경기 순환의 호황기가 다시 나타나기 시작할 때 그들을 풀어놓는다. 구소련 정부에서는 블라디미르 레닌(Vladimir Lenin)이 사망한 직후 그를 냉동시켜야 한다고 주장하는 파벌이 마야콥스키가 "인간 부활 작업장"이라 불렀던 곳에서 그가 언젠가 되살려질 거라고 장담하며 논쟁을 이끌어갔다. 이 시인은 아무에게도 더 이상 돈이 필요 없는 풍요와 평화의 시대에 그를 되살려달라고 간청하며 미래의 과학자들에게 말을 걸고 있었다. 마야콥스키와 그의 뮤즈인 릴리 브릭(Lili Brik)은 "30세기"에 "셀 수 없이 많은 별"이 빛나는 "미래의 밤"에 가장 생명력 충만한 육체로 되살아날 것이었다. 그는 요청한다. "내게 심장을 넣어주시오. 혈액을 수혈해주시오/최대한 정맥 끝까지."

하지만 또 다른 소설들은 냉동보존술로 저장된 이들이 겪는 격렬한 시간적 혼란에 관한 것들이었다. "가사동결 상태의 동지들"은 해동되어 자신들이 자칭 "지구에 좌초된 화성인"인 보그다노프가 느꼈던 그런 외계인이 되어버린 미래에 놓인다. 그들은 역사에서 오도 가도 못하는 신세였고, 그들 주변의 세상은 "시간 단절"병이 들어 이해할 수 없는 것이 되었다. 부활한 가사동결 상태의 동지들은 너무 이르거나 너무 늦은 **부적절한 시기**의 경험을 표명했다. 그들은 역사 밖으로 나갔다가 자신들이 돌아올 수 없는 새로운 종류의 시대로 들어갔고, "모든 것과 모든 사람에게서 소외"되었다.

하지만 엑스트로피언들은 이런 충격―사실 그것을 간절히 고대했다―을 기다릴 수 없었다. 그들은 특히 스스로가 다가올 질서의 예시와 원형의 역할을 한다고 보았기 때문이다. 그들은 자신들이 사회적 원형이었던 기술, 태도 및 최적의 결과의 특별한 역학에 대한 신념을 갖고 있었다. 만일 자신들이 올바른 사회적·통화적·기술적 틀을 구축할 수 있다면, 그들은 놀라고 변할 각오를 하고―하지만 놀랄 건 없다―되살아날 것이다. 그들은 이런 일이 일어날 것임을 알았고, 자신들은 거기에 어떻게 도달하는지는 **알 수 없고** 다만 세상의 변형을 가져올 초기 조건을 어떻게 창출하는지 알고 있다는 사실도 알았다. 그들은 뒤처지지 않을 것이었다.

미래의 요구와 욕망

엑스트로피언들은 예측 가능한 것과 예측 불가능한 것들을 결합시킴으로써 유토피아 운동의 힘을 끌어냈다. 그들은 앞으로 다가올 엄청난 일들, 즉 기대의 지평선에 이미 보이는 새벽, 그래프의 y축에 대해 수직으로 가는 성장과 발전의 기하급수적 곡선에 대한 역동적 낙관주의의 천진난만한 확신과 인간의 계획 능력 및 그 목표에 도달하기 위한 기존 사회 구조에 대한 경멸적 회의주의를 융합시켰다. 분명 우리는 거기에 도달하겠지만, 우리 모두가 그런 것은 아니라는 것이다. 오직 담대한 이들, 용감한 이들, 벤처 투자자들, 얼리어답터들만이 가능하다. 이를 완벽하게 포착한 것이 바이오스타시스에 들어간 하이에크의 상징적 이미지다. 그는 파라오처럼 석관에 누워 자신이 끊임없이 집착했고 그들이 집착했던 미지의 알 수 없는 미래로 발사된다.

하이에크가 말하는 '자유'의 개념은 아주 구체적인, 그리고 그의 많은 시종들이 그의 현수막을 치켜든 것을 감안할 때 놀라운 의미를 갖고 있었다. 우리와는 아무 관계가 없고, 아직 알려지지 않은 미래의 사람과 관련이 있었다. "중요한 것은 내가 개인적으로 행사하고 싶은 자유가 무엇이냐가 아니라 **사회에 유익한 일을 하기 위해** 어떤 사람이 필요로 하는 자유가 무엇이냐다. 이 자유는 모두에게 줘야지만 우리가 미지의 사람에게 보장할 수 있다."[14] 이것이 엑스트로피언의 코스모그램과 그들 방식의 디지털 화폐에서 작동하는 역사적 모델이다. 즉, 그 "미지의 사람"이 세상을 변화시키게 되는 데 유리한 사회 배열이다. 1979년에 자신의 철학적 모델과 개념을 요약한 책 《법, 입법, 그리고 자유(Law, Legislation, and Liberty)》 제3권에서 하이에크의 결론은 원문에서는 완전히 이탤릭체로 쓰인 문장은 이렇다. "인간은 자기 운명의 주인이 아니며, 결코 그리되지 않을 것이다. 바로 인간의 이성이 그가 항상 새로운 것을 배우는 미지의 예기치 못한 곳으로 그를 이끌면서 언제나 앞서나간다."[15]

이 문장으로 경험론, 과학적 사회주의, 그의 청년 시절 빈의 환경을 특징지었던 심리학적 통찰에 대한 그의 기소는 마무리된다. 개별적으로 우리는 우리 자신에게 수수께끼다. 집단적으로 우리는 우리의 이해력을 벗어나는 복잡한 힘들과 상황에 좌우된다. 하이에크는 오스트리아 경제학자들 중 가장 광범위하게 영향을 미친 인물이었다. 또한 고전적 의미에서 가장 비극적인 인물이기도 했다. 이것이 그의 선택이나 주장—특히 피노체트의 경우처럼 공공기관을 민영화하고 '자유' 시장을 유지하는 독재정권에 대한 그의 존경심—을 변명해주지는 않지만, 그의 틀을 이루는 감수성은 설명해준다. 완전히 잘못 알고 있지 않다면, 우리는 인간이 대개는 무지한 우주에서 가동된다. 신들은 변덕스럽다. 죽음은 우리 모두를 기다린다. 우리가 얻을 수 있는 최고의 것들은 선견지명 있는 계획보다는 상충되는 필요, 충동 및 욕망에서 비롯된 자생적 창발에서 생겨난다.

《법, 입법, 그리고 자유》에서 그의 핵심 논지는 (그의 관점에서) **탁시스**(taxis)와 **코스모스**(kosmos), 조직에 의해 구축된 "만들어진" 질서와 상황에서 나타나는 자생적으로 "성장하는" 질서를 구분하는 것이다. 그는 **코스모스**에 대해 이렇게 썼다. "그것의 복잡성 정도는 인간의 정신이 정복할 수 있는 것에 국한되지 않는다."[16] 그는 그것을 결정격자와 유기 화합물에 비유했다. **코스모스**는 원소들의 행동을 설명하는 일단의 법칙의 작동에서 저절로 생긴다. 그렇다면 문제는 어떻게 하면 우리가 바라는 세계의 자생적 생성을 위한 법칙을 제대로 구성할 것인가가 된다. 아나나 다를까 하이에크는 자신의 이상적 모델로 돌아왔다. "특히 시장의 질서는 예상되는 관계들이 우세한 특정 확률만을 으레 보장하겠으나, 그렇더라도 그것은 분산된 지식에 의존하는 그토록 많은 활동들이 단일한 질서에 효과적으로 통합될 수 있는 유일한 방법이다."[17] 이것이 하이에크의 코스모그램과 이상하게 이식된 엑스트로피언들의 코스모그램의 중심에 있는 **코스모스** 메커니즘이다.

코리 로빈(Corey Robin)이 자세히 말했듯이, 이것은 하나같이 지극히 니체적이다. 그가 일반적으로 경멸했던 시장, 경제학 및 돈에 대한 강박을 제외하면 말이다. 그만큼 니체적인 것이 신비스러운 후계자들, '미래의 철학자', 하이에크의 '미지의 사람'을 기대하는 하이에크의 충동이다. 미지의 사람은 알고 보면 다음에 와서 예전에 있었던 일들을 정당화해줄─그것으로부터 우리가 할 수 없는 것을 만들어낼─**초인**(Übermensch)이다.[18] 하이에크의 엘리트주의도 마찬가지다. 그것은 〔로버트 드리넌(Robert Drinan)이 말했듯이〕"모든 현대 민주주의 사회의 정치구조에 대한 단호한 거부"일 뿐 아니라 때가 오면 "그다음 범위의 욕망과 가능성"을 개발하고 창조할 수 있는 취향, 세련됨 및 부를 가진 우월한 귀족주의에 대한 열망이다.[19]

소수가 독재하는 산업 왕조와 자본을 보유한 영원한 엘리트들을 제외한 하이에크 버전의 미래에서 세상은 그저 기존의 요구를 충족시키고, 더 적은 것에 만족하며, 자동차를 개발하기보다는 더 나은 말을 달라고 요구하는─헨리 포드(Henry Ford)의 유명한 문구를 빌린다면─사람들과 더불어 계속 나아가려 애쓸 것이다. 이따금 실시되는 재분배 계획을 제외하면 자본수익이 임금을 넘어서는 토마 피케티(Thomas Piketty)의 소득 불평등 격차가 하이에크한테는 버그(bug)가 아닌 특징이다. 갑부들은 식욕을 채울 수 있고, 신기술을 촉진하고, 가격을 낮추며, 아방가르드 문화를 유지할 사치품을 살 수 있다. 이 마지막 세부사항이 어쩌면 가장 빈스러울지도 모른다. 하이에크는 비트겐슈타인 가문처럼 시인, 화가, 작곡가 및 건축가를 지원했던 자신의 젊은 시절의 위대한 링스트라세(Ringstrasse) 가문을 회고하는 방식으로 재계의 거물들과 상속자들에 대해 서술한다.

그 모든 돈을 보유하고 있다 보니 대부호들은 앞으로 다가올 미래의 가격 신호, 자신들의 행동에 영향을 미치는 충동과 욕망에 민감해진다고 그는 주장했다. "소수만이 향유하고 대중은 꿈조차 꾸지 못한다는 이유로 오늘날 사치품 혹은 낭비로까지 보일 수 있는 것들은 결국에는 다수가 이용하게 되는 생활양식의 실험에 대한 지불이다."[20] 그렇다고 하이에크의 귀족들이 이 시스템에 **투자**하고 있는 건 아니고, 단지 탐닉하고 있을 뿐이다. 이것이 사치재로서 선봉이 되는 기술의 낙수효과 이론인데, 하이에크는 저렴한 냉장고와 라디오에서부터 비행기 여행까지 모든 것들을 그런 부류로 취급한다. 이 중 역사적으로 특별하게 또는 일반적으로 기술에 해당하는 것은 없다. 그것은 대부호들의 우월한 쇼핑 습관에 관한 동화다. 그러나 그것 때문에 이런 신화적 인물들이 오스트리아인들의 전철을 밟은 엑스트로피언 같은 사람들한테서 갖는 더 큰 의미로부터 주의를 딴데로 돌려서는 안 된다. 돈은 하이에크가 '스카우트'라고 불렀던 이들이 "새로운 목표"를 찾을 수 있는 실험지대로서의 미래에 접근하게 해준다.[21]

심지어 하이에크는 경제학 역사상 가장 특이한 추천 중 하나를 통해 어떻게 사회주의 국가가 이 개념을 활용해야 하는지를 짧게 설명한다. "계획경제에서는 …… 나머지 사람들이 이용할 수 있게 되기 한참 전에 최신 기술들을 시험해보는 임무를 가진 개인들을 임명할 필요가 있다. …… 새로운 갖가지 가능성 중 어떤 것을 각 단계에서 개발해야 할지, 특정한 개선을 어떻게 그리고 언제 전체적인 발전에 맞춰야 할지를 알기 위해, 계획경제 사회는 나머지 사람들보다 언제나 몇 단계 앞서가는 …… 온전한 하나의 계급을 준비해야 한다." 이것이 바로 엑스트로피언들이 스스로 장악하려 했던 역할, 맥스 모어의 표현으로 다시 돌아간다면 "미래의 선봉대" 역할이었다. 이것은 그들의 디지털 화폐와 그것이 구축된 자유시장으로 엮인 프로젝트였다. 가상통화는 억제되지 않은 자생적 질서의 연료이고, 그것의 제조자들은 새로운 욕망과 새로운 가능성의 나라에서 "나머지 사람들보다 몇 단계 앞서가는", 이미 미래에 살게 된 실험용 패키지일 것이다. 이것은 통화인 동시에 유토피아, 오스트리아인 동시에 캘리포니아, 1920년대인 동시에 1990년대였다. 즉, 바이오스타시스에 들어간 하이에크였다.

　1920년대 말과 1990년대를 통합하는 것이 또 하나 있었다. 이 시기들은 글로벌 금융 재앙 이전의 호황기였다. 엑스트로피아 공동체의 프로젝트, 개념, 기술 및 사람들은 새로운 경제 붕괴 상황—처음은 2000년대 초였고, 다음은 비트코인과 함께 2008년 글로벌 금융 위기 때—에 적응했다. 새로운 화폐는 아이디어 쿠폰과 측지선 수법 대신 귀금속과 주화, 자유지상주의적인 재난 정치와 긴밀히 연관된 통화 형태, 모든 것이 무너지는 가까운 미래에 대한 이론들과 동일시될 것이었다. 디지털 화폐는 또다시 용도 변경되고 있었다. 야생의 암호 유토피아를 위해 정부의 종말을 초래하기 위한 것도, 보편적 감시의 미래에 맞서 개인정보를 보호하기 위한 것도, 풍요와 불멸의 신생 유토피아를 향한 가차 없는 혁신에 동력을 공급하는 것도 아닌, 임박한 몰락에 투기하기 위해 구축한 디스토피아 화폐—비상사태에 거는 판돈—로 말이다.

　디지털 화폐 기술은 다음 장들에서 설명할 집단, 학파 및 하위문화에 속하는 디스토피아적인 투기적 통화 전통에 쉽사리 접합되었다. 아고리스트들, 금본위제와 은본위제 지지자들, 에인 랜드〔그녀는 자신의 이름을 타자기에서 따왔지만, 우연히도 남아프리카공화국 금화의 복합 이름(Krugerrand)과 공통분모를 가졌다〕의 객관주의자 추종자들, 시스테딩 거주자들과 자유지상주의자들의 고립 공동체 및 초소형 국민체의 건립자들, '주권적 개인들', 디지털 금화 소유주들, 그리고 자기만의 동전을 만든 공인 화폐 주조인들이 있다. 그들의 돈은 모든 돈이 그렇듯 미래의 약속을 기반으로 만들어졌다. 그들이 기대하는 미래는 기존 시스템의 붕괴―만일 상황이 너무 느리게 가고 있다면, 그것을 가속화할 수 있을 붕괴―로 폭정, 타락, 무정부주의가 결합된 상태가 되면서 '객관적 가치'의 근원과 자신들의 철학 검증으로 회귀할 수밖에 없는 미래였다.

엑스트로피아 사상이 몰라볼 정도로 변형된 경위를 이야기하려면, '역동적 낙관주의'보다는 하이에크의 우울한 메모로 이 장을 마무리하는 것이 적절할 듯하다. 자신의 마지막 중요한 저서이자 사상의 총체인《법, 입법, 그리고 자유》마지막 권의 에필로그 중 아까 그 마지막 문장 뒤에 하이에크는 한 줄을 띄우고 짧은 문단 하나를 덧붙였다. "이 에필로그를 마치면서 나는 그것이 끝이 아니라 오히려 새로운 시작이어야 한다는 것을 점점 더 깨닫고 있다. 그러나 나로서는 그렇게 될 수 있다고 감히 바라지 않는다." 그의 저서는 그의 동시대인들을 위한 것과는 별로 관계가 없었다. 희망, 그리고 그의 역사 모델은 그가 아무것도 예측할 수 없었던 이들을 위해 새로운 환경을 제공할 뭔가를 창조하는 것이었다. 그는 그것이 새로운 시작이겠지만, 자신을 위한 시작은 아니라고 생각했다.

10

긴급화폐

우리는 글로벌 금융 위기의 늪에서 비트코인 선언을 만난다. 디지털 화폐의 역사에서 예전에 일어났던 일들이 어떻게 비트코인 제안서와 그것의 개념 및 코드에 통합되었는지를 이번 장에서 설명하면서, 앞서 이 책에서 만났던 많은 인물과 기술이 재등장한다. 그 조각들이 합쳐지는 것을 따라가다 보면, 비트코인 자체의 초기 형태가 정확히 어떻게 작동했는지와 실행 중인 시스템이 만들어내는 모순과 문제점들—세상에서 가장 귀중한 쓰레기부터 열의 부산물로서의 신뢰에 이르기까지—을 일부 설명하는 데 도움이 된다.

할로윈 밤

2008년 10월 초, 글로벌 신용 위기는 한계점에 도달했다. 미국 정부는 위기의 전염이 전 세계로 급속히 확산함에 따라, 10월 3일에 대규모 구제금융인 긴급경제안정화법을 시행했다. 테드스프레드〔TED spread: 미국 재무부 채권의 'T'와 유로 달러(Eurodollar)의 머리글자를 결합한 합성어로, 이 둘의 가격 차를 이용해 무위험 수익을 얻고자 하는 거래—옮긴이〕—대출기관들이 리스크를 얼마나 인식하는가의 금융권식 표현—가 2008년 10월 10일에 4.5퍼센트를 넘어섰다. 중요한 금융 주체들이 파국의 시장으로부터 안전한 어딘가에 돈을 숨겨두는 전례 없는 그림이었다.[1] 재무부 단기 채권과 안전해 보이는 달러 및 스위스 프랑 같은 통화를 보유하려 몰려드는 통에 소규모의 개발도상국 통화들은 엄청난 타격을 입었다. 무역이 계속 돌아가게 하려는 필사적인 조치가 진행되고 있었다. 이것이 2008년 할로윈 밤에 비트코인 선언이 나온 배경이다. 가명을 쓰는 사토시 나카모토는 "나는 제3의 신뢰기관 없이 완전히 사용자 간에 일대일로 운영되는 새로운 전자 화폐 시스템을 연구해왔다"로 시작하는 '비트코인 P2P 전자 화폐 백서'를 암호화 메일링 리스트에 올렸다.[2]

금융 혼란은 이 선언의 배경이 되었을 뿐 아니라 일단 소프트웨어 초기 버전이 작동되고 나자 통화 장부 자체에 통합되었다. 나카모토는 비트코인 블록체인을 시작한 '제네시스 블록(genesis block)'에 이런 텍스트를 덧붙였다.

타임스 2009/01/03 은행들의 제2차 구제금융을 목전에 둔 재무장관

이것은 일종의 타임스탬프—현찰 더미나 인질 옆에 찍힌 〈타임스(The Times)〉지 제1면에 맞먹는 것(실제로 그것은 제1면의 헤드라인이었다)—이자 위태로운 시기에 대한 해설 기능을 했다. 은유를 확장하되 너무 멀리 가시 않는다면, 그것은 앞으로 블록체인 장부가 거래 하나하나, 메모 하나하나, 즉 엄청난 부채에 짓눌린 세상의 해제를 연대기로 기록할 것이며 새 화폐에 내재된 비참한 정책 실패를 문서화할 것이라고 약속하는 역사의 첫 줄이었다. 1월 9일, 비트코인 블록체인의 세 번째 블록에는 당시 연준 의장이던 벤 버냉키(Ben Bernanke)의 아스키(ASCII) 코드 초상화가 포함됐다. 다음 날 할 피니는 트위터(@halfin)에 "비트코인 실행"이라고 게시하게 된다.

피니는 당시 나카모토와 메일을 주고받았고, 비트코인 거래의 두 번째 수령인으로, 이 프로젝트의 초기 공개를 조심스러운 관심과 상당한 방관자적 회의론으로 받아들이고 있던 메일링 리스트에서 그것에 대해 설명하고, 토론하고, 개선하는 데 적극적으로 참여했다. 리스트의 일부는 디지털 화폐와 익명의 P2P 네트워크 프로젝트들이 나타났다 사라지는 것을 수십 년간 봐온 이들이었다. 많은 프로젝트가 비트코인과 마찬가지로 똑같은 난항에 부딪쳤다. 바로 규모, 보안 및 가치의 문제였다.[3] 피니 역시 그것을 전부 지켜봤다. 사실 그 프로젝트 중 몇 개는 그가 만들었다. 그는 비트코인 백서에서 뭔가 새로운 면을 봤고, 그가 받은 첫인상은 더 희망적이었지만—"비트코인은 굉장히 유망한 개념인 것 같다"—물론 그는 오랫동안 이런 것을 찾고 있던 터였다.[4]

초기 비트코인 개발에서 독자들이 알아볼 만한 이름은 피니 말고 더 있었다. 나카모토는 웨이 다이의 비머니 프로젝트를 살펴보라고 제안했던 애덤 백과 메일을 주고받았고, 첫 비트코인 백서에서 백, 다이, 머클을 인용했다. 피니는 추가 비교 및 논의의 대상으로 닉 사보의 비트골드 프로젝트를 언급했다. 그것을 발표할 공간을 제공한 메일링 리스트는 최초의 엑스트로피아 전자메일 포럼을 꾸리고 주관했던 사이퍼펑크인 페리 메츠거가 운영했다. 심지어 재너두의 테드 넬슨도 나카모토라는 가명 뒤에 숨은 진짜 정체에 관한 제의와 더불어 나중에 등장하게 된다.[5]

비트코인에 사용된 모든 기술적 요소와 개념은 2008년 무렵 이미 존재했다. 작업증명 시스템, 공개키 암호화, 비머니의 방송 및 경쟁 프로토콜에 관한 다이의 개념적 요약을 포함해 그중 다수가 앞의 장들에서 소개한 것들이다. 이 프로젝트 초창기의 초안들—나카모토와 다이 사이의 교신에서 논의된—에서는 여전히 그것을 '전자 화폐'로 불렀다. 과거 수십 년을 거슬러 올라가는 토론, 제안서, 프로그램 및 기본요소가 비트코인의 최초 버전이 만들어진 환경이었으며, 엑스트로피언, 사이퍼펑크 및 AMIX와 재너두 같은 실험 인프라 프로젝트들부터 디지털 화폐가 어떤 모습일지에 관한 최초의 스케치들까지를 관통하는 개념적 맥락이었다.

2008년 할로윈을 전후로 몇 달 동안 함께 찾아온 것—나카모토의 제안서와 처음에는 다소 조잡하고 이상했던 코드 실행을 둘러싼 대화와 의견과 개선 속에서—은 하나의 놀라운 이론적 돌파구와 더불어 **점진적** 기술 발전이었다. 차후에 미사여구의 안개로 비트코인을 둘러쌀 온갖 과장된 찬사와 과대광고와 얼렁뚱땅 세상을 바꿀 거라고 넘기는 말들을 감안할 때, 정작 나카모토 본인의 서신, 문서 및 자료는 가식이 없고 이전의 작업에 대한 세심한 관심이 보여 신선하다. 나카모토가 다이와 나눈 대화의 일부는 그의 비머니 제의를 정확히 어떻게 인용할까에 관한 것이었다(처음 공개 이후, 나카모토는 비트코인 프로젝트에 관해 다이에게 이렇게 썼다. "당신이 비머니 논문에서 해결하고자 했던 거의 모든 목표를 이것이 달성한 것 같습니다"[6]). 이것은 미확인 비행물체의 화물칸에서 떨어진 기술이 아니었다. P2P 네트워킹 기술에서부터 디지털 타임스탬프와 디지털 화폐 계획의 개념적 요약에 이르기까지—처음 백서에 담긴 가장 오래된 인용은 1957년의 "도박꾼의 파산(Gambler's Ruin)"이라는 확률론 문제다—수십 년간 발표된 암호화 및 컴퓨터 계산 연구를 통합한 것이었다.

비트코인은 혼합형의 기술적 움직임이었고, 이전에 개발된 기술들을 새롭게 배열한 패치워크였으며, 누락된 부분, 급조된 부분, 추가적 개선이 요구되는 영역이 많았다. 비트코인 백서가 처음 돌려지고 일주일이 지난 뒤 꼼꼼히 읽은 피니는 실제 시스템에서 얼마나 많은 부분이 기능할지 파악하려는 일련의 정확한 기술적 질문과 격려를 담은 장문의 답장을 썼다. 나카모토가 소프트웨어 작업을 하고 있음을 안 그는 조심스럽게 추천했다. "보다 공식적인 텍스트 설명이 …… 유용한 다음 단계가 될 것 같습니다."[7]

컴퓨터 작업에 의한 통화

비트코인의 첫 버전이 어떻게 작동하는지를 들여다보면, 이전 장들에서 설명했던 여러 선행 기술과 도구가 찰칵 하고 끼워 맞춰지는 것을 알 수 있다. 그것들이 직접적인 선례나 영감을 주었다는 말이 아니라—이를테면, 백과 서신을 교환하고 나서야 나카모토는 다이에 관해 안 게 분명하

다―공통적인 일단의 문제점 및 그것들을 해결하는 접근법을 드러낸다
는 뜻이다. 가장 두드러진 문제점은 2002년 엑스트로피아 커뮤니티의 비
머니에 관한 피니의 메모에 암시되어 있다. "화폐는 원자가 아닌 비트와
관련된다. 엑스트로피언들은 물질적 재화를 기초로 한 화폐에 대한 구식
견해에서 탈피해야 한다." 비머니, 비트골드, RPOW 시스템, 그리고 이
제 비트코인은 그들의 면전에서 이 요구를 충족시킨 것처럼, 지원하거나
입증하거나 보증하는 어떤 물질적 기질(substrate)도 없는 완전한 **계산통화**
(computational currency), 즉 정보로서의 돈, 돈으로서의 정보를 만든 것처
럼 보였다.

이 말에서 피니는 1970년대에 "보증된 알파벳-숫자 데이터"의 형태
로 전자적 가치의 교환을 꿈꿨던 비자사의 CEO 디 호크가 의미했던 것
만 뜻한 것은 아니었다. 호크의 관심사는 어떻게 화폐가 디지털-전자 정
보―배열된 에너지―로 저장될 수 있을까와 어떻게 화폐의 전송, 수령
및 확인이 전화 케이블, 전파, 그리고 아직까지 알려지지 않은 통신매체
상에서 수행될 것인가였다. 피니는 그 이상의 단계를 추구했다. 즉, 포맷
변경이 아닌, 처음부터 끝까지 전산으로 만들어진 돈이었다(차움의 디지캐
시조차 뛰어나기는 해도 기존 화폐의 임시 디지털 버전을 만드는 하나의 방편이었다). 피
니는 수표책으로 수행했어도 될 거래의 중간에 스마트폰을 넣는 대신―
기존의 거래 관계를 디지털화하고 전자화하는 대신―그 자체가 일련의
전산 과정의 산물인 화폐를 추구했다.

그렇기 때문에 암호 화폐(cryptocurrency)에 **암호**(crypto-)가 붙는다. 이 접
두사는 '비밀'이란 뜻의 '암호화되었다'는 의미로 여겨져 "참가자들이 익
명일 수 있다"는 초기 비트코인의 약속과 합치된다. 그러나 이런 식의 이

해는 틀리진 않았어도 오해의 소지가 있다. 처음 발표됐을 때, 그리고 비트골드, 비머니, RPOW 토큰의 요소들과 비슷한 비트코인 시스템의 핵심은 작업증명 시스템에 사용된 부분적 해시 충돌 문제와 같은 일련의 암호화(또는 암호에 근접한) 과정이었다. 이것을 컴퓨터 계산 자체에서 분리할 수는 없다. 그 과정은 암호수학, 컴퓨터 과학, 그리고 디피와 헬먼이 "값싼 …… 범용 디지털 하드웨어"라 불렀던 것의 교차점에서 나타났고, 사실상 그 안에서만 작동한다.[8]

피니가 나카모토의 '비트코인 VO. 1' 소프트웨어의 초안을 다운로드했을 때 얻은 것은 무엇일까? 나카모토가 백서에서 약속했던 "주요 속성들"은 다음과 같았다.

> 이중지불은 P2P 네트워크로 방지된다.
>
> 조폐국이나 다른 신뢰기관이 없다.
>
> 참가자들이 익명일 수 있다.
>
> 새 코인은 해시캐시 스타일의 작업증명으로 만들어진다.
>
> 새 코인의 생성을 위한 작업증명은 또한 이중지불을 방지하는 네트워크를 작동시킨다.[9]

'이중지불(double-spending)' 문제는 이 책 전체에 걸쳐 다양한 형태로 등장한다. 디지털 정보는 설계상 완벽하게 복제가 가능하다. 디지털 화폐 토큰이 같은 사람에 의해 두 번이나 그 이상 또 지불되는 것을 어떻게 막을 것인가? 화폐의 잘라 붙이기를 막을 방법은 무엇인가? 같은 문제를 다른 측면에서 본다면, 새로운 MCM(Magic Computer Money) 제조업체가 그들이 존재한다고 주장하는 양보다 훨씬 많은 MCM 토큰을 만들지 못하도록 막는 방법은 무엇인가?

중앙 서버나 장부를 통해 거래를 조정함으로써 통화 사용자 쪽의 이중지불을 억제할 수는 있겠으나, 그러려면 서버를 신뢰해야 한다. RPOW는 사용된 RPOW 토큰은 받아들이고 미사용 토큰은 발행하면서 서버가 보이도록 만들었다. 피니의 '투명한 서버' 시스템은 서버를 조작에 취약하지 않게 만들면서도 언제든지 그것이 수행하는 작업에 대한 접근성을 제공할 것이었다. 비트골드와 비머니는 둘 다 공유되는 공개 장부를 관리했다. 사보의 프로젝트는 누가 얼마나 소유하고 있는지를 언제든 증명할 수 있는 분산되고 "위조 불가능한 …… 전자 서명 체인"이 있었고, 다이의 비머니는 새로운 화폐 가격에 대한 투표 시스템과 활동에 대한 공개방송이 있었다. 셋 다 새 돈을 만들기 위한 일종의 작업증명 문제―"값비싼 비트"를 생산하는 방식―를 똑같이 갖고 있었다.

나카모토의 비트코인은 이 개념들을 융합하여 은행, 화폐 및 주조를 하나로 합쳤다. "새로운 코인의 생성을 위한 작업증명은 또한 이중지불을 방지하는 네트워크도 작동시킨다." 그것은 단일하고, 공유되고, 널리 배포되고, 첨부만 가능한 디지털 장부―모든 거래를 추적하고, 활동 '블록'들로 묶는 장부―를 갖고 있으며, 비트코인의 모든 과거와 현재의 소유권이 그 안에 있었다. 이 장부에 정보를 추가할 수는 있지만, 제거나 변경은 절대 불가능했다. 모든 '노드(node)'―비트코인 네트워크의 참가자―는 장부의 복사본, 그 블록들의 체인(나카모토는 백서 원본에서 **블록체인**이란 용어를 한 번도 사용하지 않았다)을 갖고 있었다. 다시 말하면, 특정 비트코인의 소유권이 한 주소에서 다른 주소로 양도되는 모든 사건의 기록을 갖고 있었다. 타임스탬프가 찍히고 양측 당사자들에 의해 암호화된 개인키로 서명된 새로운 거래 하나하나의 해시값을 모든 노드가 확인할 수 있도록 알렸다. 아직 장부에 추가되지 않은 새로운 거래는 새로운 블록으로 축적되고, 모든 노드는 그 데이터의 어려운 작업증명 해시를 생성하려고 시도하기 시작한다(기술적으로 보안상의 이유 때문에 그들은 사실 해시 함수를 두 번 적용해야 하므로 한층 더 어려워진다). 이것은 잠시 후 밝혀질 이유들로 인해 **채굴**(mining)이라 부른다.

해시 생성 도전에 가장 먼저 성공한 노드는 그 블록을 다른 모든 사람들에게 보내고, 그들은 체인의 새로운 블록을 자신들이 보존하는 기록에 추가한다. 적어도 이론상으로는 그렇다. 실제 비트코인 네트워크 구조에서는 새로운 블록에 여러 후보가 동시에 있을 수 있다. 이를테면, 지구 표면의 서로 다른 장소에서 채굴하는 컴퓨터들이 결과를 전송할 때 100만분의 1초의 지연이 있을 수 있다는 뜻이다. 만일 블록들의 다른 체인이 있다면, 즉 노드들이 마스터 장부에 서로 다른 다음 엔트리를 유통시키려 든다면, 자동적으로 네트워크상의 모든 사람들도 더 긴 엔트리 체인과 함께 가게 된다. 네트워크 전체의 총 처리 능력 이상이 쏠린 네트워크가 되는 것이다.

이는 난이도가 높아지는 작업증명 문제와 결합하면서, 이론적으로 어떤 노드도 문제를 해결할 때 네트워크의 나머지 노드들을 계속 이기지 않는 이상 위조된 거래를 생성하거나 악의를 가지고 장부의 전반적인 운영을 방해하지 못한다는 것을 뜻한다. 나쁜 노드가 이런 책략을 성사시키려면 네트워크 전체의 총 전산 능력의 절반 이상을 제어해야 한다(이것은 처음에 그래 보였던 것보다 신뢰성이 한참 떨어지는 보호책으로 판명 났다. 그래도 초기 버전으로 계속 진행해보자). 이 시스템을 통해 블록체인은 장부에 관한 합의, 그러나 집단적 의사결정이 아닌 대안적 버전이 표준 기록에 성공적으로 도전할 확률이 꾸준히 감소하는 데 바탕을 둔 아주 특별한 종류의 '합의'에 도달한다.[10]

만일 작업증명 문제의 난이도와 해결할 때 드는 비용이 계속해서 높아진다면, 도대체 노드들 중에서 군이 채굴하려는 사람은 왜 있는 것일까? "새로운 코인 생성 때문이다." 현재의 작업증명 문제를 푸는 노드는 우선 거래 비용은 물론이고 새로운 비트코인 50개(25개로 반감되었다)를 청구할 권리를 할당받는다. 그래서 '채굴'이라 부른다. 마치 비디오 게임에서 자원을 찾아 땅을 파고 있는데 버튼을 30회 누를 때마다 외레(ore)로 보상받을 확률이 있는 것처럼(사보 역시 자신의 비트골드 제안서에서 "도전 문자열"의 해시를 생성하는 계산 작업을 설명하며 "비트골드 채굴자"라고 지칭했다). 작업증명 문제의 난이도는 모든 또는 일련의 해법과 더불어 점차 높아질 수 있으므로, 더 많은 컴퓨터들이 네트워크에 가담하면 문제가 더 어려워져서 해결하는 데 항상 일정한 시간이 걸리도록 시스템을 설계할 수 있다. 이것이 새로운 화폐의 도입 속도를 일정하게 유지하며, 모든 비트코인 노드의 네트워크가 더 강해지면 강해질수록 화폐 자체를 생산하는 것은 더 비싸진다.

생성된 코인의 총 개수는 유한하다고 나카모토는 처음 백서에 썼다. "사전에 결정된 수만큼의 코인이 일단 유통되고 나면, 인센티브는 거래 수수료로 온전히 전환되고 인플레이션이 완전히 없어질 수 있다." 나카모토는 이 선택이 얼마나 중요한지 모르는 사람의 사무적인 태도로 2009년 1월 8일 소프트웨어 1차 버전 발표에 세부사항을 추가했다. "총 유통량은 코인 2100만 개가 될 것이다. 코인은 네트워크 노드들이 블록을 만들 때 그들에게 배포되며, 그 양은 4년마다 절반으로 감소할 것이다."[11]

그것이 장부다. 장부는 코인을 추적한다. 장부에 추가하는 작업이 코인을 생성한다. 그렇다면 코인은 무엇인가?

서명의 체인

1980년대 말, 팀 메이는 사이퍼펑크 커뮤니티에 다음과 같은 질문을 던졌다. "'디지털 코인'이란 무엇인가?" 여기에 대한 대답이 하나 있었다. 그것은 결코 '코인'이 아니라—비트의 분리된 문자열, 데이터 단위가 아니라—집단적인 소유권 검증 시스템이며, 그 검증 시스템 바깥에서는 존재하지 않는다.[12] 현재 코인을 소유하고 있는 비트코인 계좌 없이는 어떤 코인도 존재하지 않는다. 그 '코인' 자체가 소유되는 재산이다(전체 장치를 1970년대의 재너두에 대한 테드 넬슨의 설명이 한마디로 요약한다. "기술적 구조와 소유권 관행"[13]). 이것이 나카모토의 전제에 내재된 의미 중 하나다. "우리는 전자 코인을 디지털 서명들의 체인으로 정의한다." 코인은 그것이 교환되어왔던 서명 거래의 역사로부터 분리될 수 없다. 사실, **다름 아닌 그 거래가** 코인이다.

여러분은 비트코인을 소유하지 않는다. 소유할 특정 비트코인을 구성하는 비트가 없기 때문에, 여러분은 비트를 소유하고 있지 않다. 그보다 여러분은 장부에서 특정 비트코인을 청구하고 그 권리를 다른 사람에게 양도할 권리를 갖는다. 거래란 비트코인이 "손을 바꾼다(change hands: 신체적 은유가 이만큼 오도된 적이 없었다)"는 뜻이 아니라 권리, 즉 장부에 추가된

최근 거래를 통해 청구가 이관된다는 뜻이다.

사보의 비트골드에서는 마지막 해결된 문제의 종료점이 그다음 희소한 해시를 찾기 위한 '도전 문자열' 역할을 했고, 타이틀 사슬의 진입점을 다시 맨 처음과 떼어놓을 수 없게 연결했다. NIST의 신뢰할 만한 난수생성기(random number generator)에서는 모든 새로운 방송이 이전 방송의 해시를 포함하는데, 이것은 다시 그 이전의 것을 포함한다. 나카모토의 비트코인에서는 장부에서 최근에 거래된 블록의 해시가 일단 확정·승인되고 나면 다음 블록의 시작점이 되고, 그것을 다시 맨 처음 '제네시스 블록'─그리고 그것의 은행 구제금융 발표─과 나카모토와 피니 사이의 실험적 거래로 이어지는 연속적인 거래의 체인과 연결한다. 마찬가지로 비트코인 자체의 '코인'도 단지 전자 서명의 체인, 청구할 권리의 기록들일 뿐이다. 이 화폐는 출처 및 보관 체인들에 대한 꼼꼼하고 자동화된 기록들이 있는 보관 시스템의 산물이지 실제 제품이 아니다. 존재가 거래 기록과 소유권 로그(log)로 구성되는 객체를 위한 거래 기록과 소유권 로그다.

나카모토가 메일링 리스트에 올린 약속 중 하나는 "참가자들이 익명일 수 있다"는 것이었다. 이 조건부의 "~일 수 있다"가 장부 및 서명 시스템이 실제로 요구했던 균형을 피해간다. 사진이 부착된 신분증도, 전자메일 주소도, 빈지식의 진짜 이름도 전혀 필요치 않았다. 여러분이 비트코인을 보유하고 거래하는 데 필요한 것은 오직 장부상의 주소뿐이고, 이것은 그냥 신규로 생성되는 암호화된 공개키(아니, 더 정확히 말하면 그 키의 해시)였다. 이보다 더 익명적인 게 어디 있겠는가? 그러나 여러분의 주소가 관여된 모든 거래는 공개 장부에서 영원히 볼 수 있다. 차움의 디지캐시는 거래상으로 익명이었고, 심지어 은행권보다 훨씬 더 그랬다. 이 화폐는 일단 여러분의 (이름이 있고, 신원을 확인할 수 있는) 은행 계좌에서 인출하고 나면 여러분과 구매를 연결하는 데 사용할 수 없었다. 비트코인은 정반대 배열을 갖고 있어, 익명의 계좌는 무조건 눈에 보이고, 추적 가능하며, 공개된 화폐를 사용한다(후속 프로젝트들은 비트코인을 기반으로 하여 구축했든 아니면 신종 암호 화폐를 개발했든 진정으로 익명에 추적 불가능한 화폐를 만들려고 애써왔다[14]). 모든 지폐는 두루마리 족보처럼 펼칠 수 있고, 거기에는 여러분이 볼 수 있도록 그것이 유통된 전모가 적혀 있다고 상상해보라.

궁금한 이들한테는 이전의 모든 거래 하나하나를 즉시 불러올 수 있고, 모든 상호작용 네트워크를 배치할 수 있다. 차후의 사건들에서 드러나듯이, 전자메일 주소나 포럼의 게시물이나 우편주소처럼 여러분의 진짜 신원과 연관된 것과 비트코인 주소를 어쩌다 연결시켰다거나, 또는 다른 통화나 상품을 위해 비트코인을 팔려는 시도는 비단 여러분의 신원뿐 아니라―장부의 거래 역사를 통해―타임스탬프가 찍힌 여러분의 활동 로그와 동료들의 네트워크마저 노출하고 만다. 사람들은 활동을 감추려고 수많은 주소를 사용해왔지만, 이 전략은 네트워크-그래프 모호성 해소에 취약한 것으로 판명 났고, 공통의 연결 및 연관성을 드러냈다. 인간은 자신을 숨기려 애쓰겠지만, 그들의 화폐는 정체성을 갖고 있고 절대 잊지 않는다.

51°33′31.6224″N 2°59′57.987″W

이 시스템이 만들어낼 수 있는 특이한 배열과 모순을 이해하기 위해 웨일스(Wales)의 제임스 하우얼스(James Howells) 사례를 생각해보자.

"그는 정말로 쓰레기 매립지가 있는 곳까지 나를 트럭에 태워 데리고 갔다. 그들이 작업하고 있는 현재의 도랑"까지라고 하우얼스는 2013년의 일을 회상했다.[15] 시내에서 지난 몇 달간 쓰레기통에 버려진 모든 것들이 지금 저 벌판 어딘가에, 1~2미터 되는 쓰레기와 진창 아래에서 웨일스의 비에 흠뻑 젖어 있는 것이었다. 저 아래 어딘가에 그 당시 돈으로 거의 3000만 달러 가치의 버려진 하드 드라이브가 있었다. 물론 드라이브 자체는 별 가치가 없었다. 액체를 엎지르는 바람에 작동이 중단돼서 부품을 건지려고 해체한 델(Dell)사의 랩톱 컴퓨터의 일부였다. 그것은 하우얼스가 청소를 하다 발견해서 버리기까지 3년을 서랍 속에 있었다.

드라이브에는 길 잃은 2009년의 유물, 문자열과 숫자열, 다시 말해 썩어가고 있는 자기편차의 초미세 줄무늬 집합이 있었다. 이것들은 비트코인 지갑—8000개의 비트코인을 거래할 수 있는 독점권이 할당된 주소—의 개인키다. 아니 개인키였다(앞으로 살펴볼 텐데, 여기서 시제는 까다로운 쟁점이다). 이 비트코인은 비트코인 플랫폼이 생긴 지 얼마 안 됐고, 참가자는 별로 없고, 문제는 유난히 쉬웠던 2009년에 4월 말까지 몇 달간 했던 게으른 '채굴'의 산물이었다. 하우얼스가 그것을 중단한 것은 당시에는 취미광 프로젝트에 지나지 않았던 한 '통화'의 부분적 해시 충돌 문제를 해결하느라 돌아가는 랩톱의 지속적인 팬 소음 및 열 때문이었다. 개인키가 없으면 그 비트코인들에 접근하거나 그것들을 거래할 방도가 없었다. 2013년까지 무(無)였던 그것들의 가치—다른 사람들이 다른 통화로 그것에 기꺼이 지불하려 했던 값—는 하나당 1000달러 이상이 되어 있었다.

하우얼스는 매립지 발굴에 대해 조사했다. 간단한 일이 아니었다. 담배

한 갑 크기 정도의 뭔가를 찾으려고 축구장만 한 크기의 부지에서 몇 달 간 젖은 쓰레기를 파헤치는 데—또 다른 종류의 채굴이다—한 팀을 고용하고 채굴기 두 대와 보호 장비를 대여하는 일이다. 물론 그 수개월 간 쓰레기와 진창 속에 버려진 다른 하드 드라이브들도 있을 수 있다. 정확한 모델이 어떤 거였더라? 그리고 포렌식 데이터 복구 작업의 비용은 얼마나 들 것이며, 그것들이 실제로 뭔가를 복원하기는 하는 건가, 그리고 그들이 엉뚱한 드라이브를 찾은 것인지를 알아내는 데는 또 얼마나 오래 걸릴까? 발굴 과정을 촬영하고 자금조달에 도움을 줄 다큐멘터리 제작진과의 계획이 제기됐다. "저는 왜 지금 삽을 가지고 저기 가 있지 않을까요?" 그는 인터뷰에서 스스로에게 물었다.

여러분은 하드 드라이브가 어디 있는지 어느 정도 알 수 있다. 대략 51° 33′31.6224″N 2°59′57.987″W의 에브강(Ebbw)이 굽이치는 웨일스의 뉴포트(Newport)시 쓰레기 매립지다. 비트코인들이 어디 있는지도 알 수 있다. 블록체인 자체가 지속되는 한, 그것들이 눈에 보이면서 접근할 수 없고, 존재하지만 사라진 채로 남을 비트코인 블록체인 주소 198aMn6ZYAczwrE5NvNTUMyJ5qkfy4g3Hi이다.[16]

신뢰의 전구

피니는 비트코인 시스템의 맨 처음부터 하우얼스가 채굴을 그만두게 한 역설을 알아차렸다. 계산통화, 원자가 아니라 전적으로 비트와 관계된 돈은 주변의 많은 원자를 움직였다. 부분적 해시 충돌 문제에 대한 해결

책에 또 해결책을 연이어 시도하며 마이크로칩들로부터 열을 방출하느라 공기 분자들이 앞뒤로 흔들렸다. 팬이 돌아갔다. 피니의 아들은 이 소프트웨어가 자신의 랩톱에 얼마나 많은 작업을 요구하는지 알아채고는 그것을 제거했다. 비트코인은 '가상통화'로 분류되고 기술되기는 했지만, 실제로는 가령 17세기 상인의 환어음보다도 훨씬 더 물질적이었던 것이다. 이런 종류의 디지털 화폐는 마찰에 의해 전기를 열로 변환함으로써 희소성을 확보한다. 생산과 거래가 지출에 의해, 낭비로 인해 제약을 받는 통화다. 비트코인은 마법이 아니라 이와 같은 맥락에서 기술이었고, 전력망, 마이크로칩 제조업, 그리고 지구의 대기가 그 맥락의 일부였다.

사용 중인 전선은 반드시 전력을 방출하며, 이는 열을 발생시킨다는 뜻이다. 전선, 특히 마이크로칩에 들어 있는 미세하고 극미세한 규모의 전선 미로들은 너무 작고 거리도 얼마 되지 않아 물리학 개론의 마찰 없는 판자와 질량 없는 도르래처럼 거의 추상적인 물체—"공학자이자 과학자인 대니 힐리스(Danny Hillis)의 말을 인용한다면, "비용과 부피가 없는 이상적인 연결"—라고 생각할 수 있다.[17] 그러나 도체를 통해 전류를 이동시키는 데는 시간이 걸리고(그레이스 호퍼와 그녀의 나노초를 함께 떠올려보자), 전자와 원자 이온(ion) 사이의 충돌이 운동 에너지를 방출하는 줄(Joule) 발열, 즉 전류의 제곱에 비례한 열량을 유발한다. 여러분은 백열전구의 따뜻함에서 이것을 피부로 느낄 수 있는데, 전구의 필라멘트는 그 안을 통과하는 전류에 대한 저항으로 빛을 낸다.

열은 처음부터 전자 컴퓨팅에서 문제였다. 컴퓨터 계산 소리는 팬이 돌아가는 요란한 소리였다. 그리고 지금도 그렇다.[18] 획기적인 크레이(Cray)

슈퍼컴퓨터는 열의 순환 및 관리에 있어 걸작이었다. 어쩌다 계산도 하게 된 가구 크기의 대형 방열판이라고나 할까. 처음 크레이 1호기(Cray-1)의 특허들은 모조리 냉각 기술의 혁신을 위한 것이었다.[19] 이 기계들을 설계한 시모어 크레이(Seymour Cray)는 회로판을 담가 냉각할 수 있는 비활성 액체—전류를 전도하지 않아 컴퓨터 부품에 안전할 수 있는 액체—의 사용 특허도 보유하고 있었다. "아쉽게도, 이런 고밀도 집적 회로들이 생성하는 상당량의 열을 제거하는 데 성공하지 않는 이상 이론적으로 가능한 〔마이크로칩의〕 그 고밀도는 실제로 달성할 수 없다."[20] 바로 이런 '고밀도 집적'이 저렴하거나 무료의 전기를 이용할 수 있는 곳이면 현재 어디서든 전 세계의 안전시설에서 가동되고 있으며, 마이크로칩 그리드가 장착된 보드 랙(racks of boards)이 가득한 탱크들에는 똑같은 액체〔플루오리너트(Fluorinert)〕가 끓고 있다. 칩은 초당 수십억 개의 해시를 생성하면서 우주적으로 일어날 법하지 않은 충돌, 즉 그 자체를 힘겹게 발견한다는 것 외에는 아무것도 입증하지 않는 충돌을 생성하려 하고 있다. 비트코인을 채굴하고 있는 것이다.

부분적 충돌 문제에서 가동되는 SHA-256 알고리즘은 그 자체로는 흥미롭지 않다. "프로세스가 하드웨어 채굴에 비해 극도로 느리고 전적으로 비실용적"이기는 하지만, 여러분이 연필과 종이를 가지고 비트코인의 채굴 솔루션에 대해 추측해보는 수작업으로 해결할 수도 있다.[21] 이 돈키호테 같은 과제를 떠맡은 켄 쉬리프(Ken Shirriff)는 연필과 종이로 대략 하루 반 만에 1일당 해시 0.67개꼴로("연습하면 아마도 더 빨라지겠지만") 완전한 비트코인 블록의 단일 해시—도전 문제에 대한 단일한 추측—를 생성할 수 있다고 결론지었다. 반면 비트코인 타입의 해시 생성 문제 해결용으로 맞춤 제작된 칩들은 1초당 수조 개 단위의 해시를 만드는 것으로 평가된다. 쉬리프는 또한 식탁에 앉아 있을 때의 안정시대사율로 SHA-256의 단계들을 다 돌려서 자신의 상대적인 에너지 소비량을 계산하기도 했다. (당시에) 전형적인 비트코인 해시 생성 하드웨어가 1에너지 줄당 약 1000메가 해시인 것과는 대조적으로 10에너지 메가줄(megajoule)당 약 1해시를 생산했다. 인간이 기계보다 약 1만 배 덜 효율적이라는 뜻이었다.[22]

비트코인은 저렴하고 강력한 하드웨어에서 가동되는 계산 과정과 이론상으로도 실제로도 분리할 수 없었다. 부담스러운 추측 업무를 처리할 수 있는 마이크로칩의 가격을 낮춰준 디지털 동영상 시장, 특히 비디오 게임 시장이 없었다면 이 시스템은 존재하지 못했을 것이다. 그것은 또한 전기에 대한 식욕이 왕성했는데, 전기는 어딘가에서 와야 했고—석탄이나 천연가스를 연소시키고, 터빈을 돌리고, 우라늄을 부식시키면서—이렇게 의미 없는 해시를 발견하는 것보다는 틀림없이 더 건설적인 어떤 일에 사용되고 있지 않았다. 21세기 초의 가장 복잡하고 정교한 인프라 및 기술 장치가 모조리 쓸모없는 것을 정복하는 쪽으로 넘어갔다. 그것은 금본위제 옹호자들이 자신의 자금 투입 제안을 비판한 데 대한 존 메이너드 케인스의 풍자적인 대답과 닮아 있었다. 그는 병 속에 지폐를 넣어 폐광에 묻고 사람들한테 파게 해보라고 제안했다. 새 화폐의 분산을 더디게 하고 사람들이 그것을 위해 수고하도록 만드는 쓸데없는 일이다. "사실은 집 같은 것을 짓는 편이 더 현명하다. 그러나 만일 이것을 방해하는 정치적·실제적 어려움이 있다면, 위의 일이 아무것도 안 하는 것보다는 나을 것이다."[23]

거래의 치안을 유지하고 이중지불을 방지하는 과정—그리고 그로 인해 통화 소지자의 시각으로 통화의 신뢰성, 확신 및 가치를 인식하는 것－에는 계산의 물리학을 일종의 마찰 브레이크로 변환시키는 작업이 필요했다. 보이는 빛의 출처인 줄 발열처럼, 그것은 부산물을 생성하기 위한 의도적인 비효율의 과정이었다. 그것이 생산하는 것은 백열전구처럼 거의 열뿐이다. 그것의 사회적 기능은 경미한 부작용, 즉 그 '제3의 신뢰기관'을 대체할 신뢰의 전구다. 이런 측면에서, 그리고 오직 이런 측면에서만, 비트코인은 금은과 공통점이 있었다. 여러분은 열전도도를 통해 그것을 부분적으로 알 수 있다. 그것들은 열을 통해 부분적으로 스스로를 입증한다.

여러분은 이 모든 얘기를 들으며 통화에서 철저하게 물질적인 또 다른 요소가 궁금했을지도 모르겠다. 바로 그것이 통용된다는 것이다. 그것이 수용될 거라는 사실이 비로소 통화가 되게 해준다. 세금을 납부할 때는 주정부에 의해, 부채를 정산할 때는 상인들에 의해, 약속과 평판과 위신과 애정을 유통시킬 때는 친족 네트워크와 친구 및 공동체에 의해 받아들여진다. 그런데 여기서 설명한 암호 화폐 장치의 모든 기술적 복잡성에서 아직 가장 중요한 요소가 누락되어 있다. 누가 그것을 원했고, 이유는 무엇인가?

사실 비트코인의 해시 충돌 문제가 만들어낸 신뢰는 다른 사람들의 수용에 의해서만 만들어질 수 있는 통화 **가치**에 대한 신뢰는 아니었다. 그것은 희소성에 대한 신뢰, 정확히 얼마나 많은 비트코인이 존재하는지, 얼마나 많은 양이 유통되고 있고 추가되고 있는지를 여러분 스스로가 확인할 수 있다는 사실이었다. 전기, 특화된 칩, 끓는 플루오리너트, 그리고 팬이 돌아가는 소음은 전부 어떤 복제 '코인'도 존재하지 않는다는 사실과 새로운 코인은 반박 불가하게 사전에 정해진 고정된 양만큼 생산되고 있어서 나카모토가 말했듯이 "금 채굴자들이 금 유통량을 늘리기 위해 자원을 소비하는 것과 비슷하게" 희소성을 유지하고 더욱더 희소해진다는 사실을 보장하는 역할을 했다.[24] 코인, 즉 다른 제품을 전혀 생산하지도 않으면서 전기는 소비하는 네트워크상의 전자 서명 체인—동일한 네트워크를 벗어나면 소비할 수 없는 코인, 다른 가치도 전혀 없고 내재된 수요도 없는 코인—은 그것들의 가치에 대한 헌신을 높이기 위한 끊임없는 사회적 노력으로 모든 면에서 금에 비유됐다〔화폐 인류학자 빌 마우러(Bill Maurer), 테일러 넬름스(Taylor Nelms) 및 라나 스워츠는 이를 금본위제에서 "통화 공급의 알고리즘적 제어를 통한" 인간 사회 바깥의 가치 기반, 곧 '디지털 금속주의(metallism)'라 불렀지만, 그것은 "공동체 및 신뢰의 사회적 역학"과 산문, 비디오, 스턴트, 선언문, 심지어 시를 통한 흥분의 생산에 의존했다[25]〕. 계정에 탄생일을 부여하자는 요청을 받은 나카모토는 1975년 4월 5일을 선택했다. 4월 5일은 또 다른 글로벌 금융 위기가 한창일 때인 1933년에 루스벨트 대통령이 미국에서 화폐용 금의 사재기를 금하는 행정명령 6102호에 서명한 날이기도 하다. 자유지상주의자들의 악몽에 불쑥불쑥 찾아오는 순간이다(왜 1975년일까? 루스벨트의 행정명령 금지가 완전히 풀렸고, 미국인들은 화폐용 금을 다시 소유하고 거래할 수 있었다).[26]

2008년 암호화 메일링 리스트에 비트코인 제안서가 맨 처음 등장했을 때, 대화의 방향은 화폐의 본질과 디지털 화폐의 '객관적 가치'의 가능성 쪽으로 전환되면서 기술적 토론을 늪에 빠뜨릴 위기에 봉착했다. 리스트의 관리자이던 페리 메츠거가 개입해야 했다. "나 자신이 과격한 자유지상주의자이기는 하지만, 이곳은 과격한 자유지상주의자의 메일링 리스트가 아니다. 명목화폐의 위험성, 과세, 여러분의 이모님인 밀드레드의 금화 수집품 등에 관한 것 말고, 프로토콜 자체나 그것들의 직접적인 실용성에 관한 논의를 고수해주시기 바란다."[27] 비트코인이 채택된 처음 몇 년은 현대적 위기 상황, 그리고 비트코인에 '명목화폐의 위험성'을 상쇄시킬 희귀한 암호 화폐, 특별한 시대를 위한 긴급화폐라는 가치의 틀을 제공한 자유지상주의적 도피에 대한 특별한 환상이 형성되었다.

탈출의 지형학

우리는 이제 비트코인이 가장 열렬한 초기 고객을 찾아냈던 자유지상주의 가상화폐들의 배경을 발견한다. 이 화폐들을 추적하다 보면, 그리고 특히 동전과 귀금속의 중요성을 알게 되면 독자적 조폐국, 아고리즘(agorism) 소설, 비공인 은행, 디지털 금화, 실재하지 않는 공해(公海)의 초소형 국민체 통화, 마지막으로 해상 데이터 피난처, 곧 비트코인의 디지털 화폐 버전에 적합한 상상적 영토를 건설하는 시랜드(Sealand) 프로젝트의 여파를 만나게 된다.

떨어뜨리기

동전은 자유지상주의자, 오스트리아학파 주창자, 객관주의자, (대개는) 극

우인 강경한 경화(硬貨) 이론가들한테 무게—말 그대로 그리고 비유적으로—를 실어준다. 동전은 미래의 역사에서 온 고화폐 유물로서 주조된다. 동전은 유형의 가치, 새로운 주권적 질서의 물리적 구현에 대한 접근과 통제를 상징한다. 동전은 세상의 새로운 영토적 권력 배열에서 나온 인공적 산물이자 거기에 대한 투자다. 다시 말해, 지리상의 외부 세계에서 온 토큰이다. 어떨 때는 사기를 높이려고 손해를 보면서 발행하는 단순한 상징이다. 어떨 때는 프리미엄을 붙여 판매하는, 앞으로 다가올 시대에 상환될 자금조달 도구다. 어느 경우든 동전은 다른 가치 질서를 기원한다.

2009년 체포 당시 버나드 본 노트하우스(Bernard von NotHaus)는 로열하와이조폐회사(Royal Hawaiian Mint Company)의 국장이자 자신이 만든 연방준비금 및 내부세입법 폐지 전미기구(National Organization for the Repeal of the Federal Reserve and the Internal Revenue Code, NORFED)의 후원 아래 아이다호(Idaho)주 쿠르덜레느(Coeur d'Alene)의 선샤인조폐소(Sunshine Minting)를 통해 발행한 리버티달러(Liberty Dollar) 코인의 자칭 통화 설계자였다〔또한 자신이 창립한 호놀룰루 마리화나자유교(Free Marijuana Church of Honolulu)—"신에게 한 모금"—의 대사제이기도 했다〕. 그러나 그의 이야기는 그가 동업자 텔 프레슬리(Telle Presley)와 함께 19쪽짜리 에세이 〈가치의 이해—경제 연구 백서(To Know Value-An Economic Research paper)〉를 쓴 1974년에 시작됐다.[1]

이 엉뚱한 문서는 "정신적 깨달음"의 결과였다. 그것은 "올더스 헉슬리(Aldous Huxley: 디스토피아 소설 《멋진 신세계》를 쓴 영국 작가—옮긴이)의 꿈"에 바치는 헌사로 시작해 황금광, 디플레이션 이론가, 〈TV 가이드〉 과월호들과 함께 스와미 크리야난다(Swami Kriyananda)를 인용한다. 본론은 존재론과 인식론에 관한 진술이다. 다시 말해 어떤 것이 어떻게 '진짜'이며, 그것이 어떤 방식으로 진짜라고 **알려지는지**에 관한 내용이다. 논지는 복잡하지도 않고 설득력도 없는 순환 논리, 위기 조장, 그리고 다음과 같은 '요다(Yoda: 〈스타워즈〉 시리즈의 주인공의 스승―옮긴이)식 경제학자'식 진술로 채워져 있다. "왜 금을 사는가? 그것이기 때문이다. 그게 금이다." 하지만 단순명쾌함에서는 우수한 화폐 지식의 일종으로 귀금속 주화―정화(正貨)―에 대해 근본적인 확신을 가진 모범적 문서다. "금은 그것을 모르는 사람들에게만 불확실하다"고 그들은 썼다. "각 개인은 상품을 보고, 평가하고, 그것을 받아들이는 데 동의한다." 묘한 의미를 함축한 일련의 아는 방법이다.[2]

그 후 본 노트하우스가 발행하는 통화를 둘러싼 법적 갈등은 궁극적으로 가치가 아니라 지식에 관한―동전의 문화적·법률적 의미에 관한― 일련의 의문을 당연히 불러일으켰다. 무엇보다 그것은 동전이 아니었다. '메달'이라는 것이다. 미합중국에서 "현재 화폐로 사용할 목적으로 …… 금 또는 은 또는 다른 금속의 동전을 …… 제작하거나 퍼뜨리거나 유통시키는 것"은 불법이다. 그에 따라 리버티달러의 "개인적·자발적 물물교환 통화"는 동전과 지폐로 발행되지 않고, 그 대신 아이다호의 한 시설에서 금속으로 상환 가능한 '메달'과 '창고증권'으로 발행됐다. 증권은 종이와 디지털 '이리버티달러(eLibertyDollar)'―전자 화폐의 특이한 파생물인 '디지털 금화'의 형태―로 존재했다.

주조자들은 발행 명세서와 구매 계약서에 자신들이 돈을 만들고 있지 않다는 점을 꼼꼼하게 명시했다. "법정화폐임을 주장한 적이 **없고**, 그렇게 주장하지 **않으며**, 그것이 **아니며**, 그럴 의도도 **없다**"고 썼다. '뉴리버티달러(New Liberty Dollar)' 은화를―공통의 이념과 고객이 있는 다른 기관으로부터―구입하려면, 여러분은 일련의 질문에 대답부터 해야 한다. "뉴리버티달러는 1트로이온스(troy ounce: 금이나 은 등 귀금속의 중량단위―옮긴이)의 순도 .999인 민간 발행 은화 메달이며, 정부가 발행한 동전이 아니라는 것을 알고 계십니까? ……이 뉴리버티달러와 같은 은화가 고전학(古錢學)적이거나 예술적이거나 감성적이거나 역사적인 가치 또는 기타 다른 가치를 가질 수 있다는 것도 알고 계십니까?"[3] 이론적으로 이런 금속 동전은 은행이나 국가와 관련해서가 아니라 여러분이 직접 아는 어떤 것으로, 즉 각적이고 물적인 방식으로 조우하는 게 당연하다. 물론 한편으로 이 동전들은 바로 이 추상적인 실체에 의문을 품게 하기 위한 것이었지만 말이다. 사건에 대한 본 노트하우스의 재심 발의는 이런 역설을 건드렸다. "배심원단의 평결은 연준의 대안 기능을 하도록 만들어진 프로그램과 사람들을 속여서 그것이 바로 애초에 본 노트하우스가 항의하고 있던 것이라고 믿게끔 하려고 고안된 프로그램을 혼동하고 있습니다."

리버티달러와 밀접하게 연관되어 있던 "주권적 시민"운동처럼, 이 개념들은 **실재**(realness)감을 바탕으로 한다. "땅 위에 서 있는" 신체의 즉각적인 실제 경험이 있고, 정부와 사회의 유해한 픽션이 있다. 동전은 여러분이 그것을 쥐고, 무게를 달고, 측정할 수 있기 때문에 의미를 가진다. 증권은 이론상 여러분이 같은 양의 은을 상환하러 쿠르델레느에 갈 수 있을 것이기 때문에 의미를 가진다. 실제로 증권에는 5년이 지나면 은화 가치의 1퍼센트를 보관료와 보험료로 잡아둔다고 적혀 있었다.[4] 누군가는 아이다호에 있는 창고의 귀중품실에서 지게차를 몰고, 은괴 파레트를 차곡차곡 쌓고, 화재진압 스프링클러를 점검하고, CCTV 데이터를 살펴봐야 한다. 즉, 보관 및 관리의 실재다.

리버티달러 대학 훈련 프로그램을 통해 교육했다시피, 이념적으로 이 급진적 화폐로 개종하지 않은 사람들에게 써먹는 핵심 판매기법은 '떨어뜨리기'였다. 비밀 FBI 요원은 이렇게 요약했다. "NORFED의 일원은 ALD〔리버티달러〕 농전을 내밀어 은의 무게감을 느낄 수 있도록 그 사람 손에 떨어뜨린다. 그런 다음 NORFED 일원이 묻는다. '은도 받으세요?'"[5] 절대 그 일원은 "ALD가 대안화폐라는 설명을 늘어놓거나 제공"하지 않는다고 요원은 지적한다. 손바닥에 느껴지는 감촉이 이 개념에 대한 서막인 것이다. 실제 세계의 돈, 그리고 앞으로 닥쳐올 재난에 대비한 돈.

전반적으로 내재된 것은 수십 년 동안의 자유지상주의자들의 예견과 〈폭스 뉴스(Fox News)〉의 일일 광고로 익숙해진 결정적 위기의 단순 미래였다. 초인플레이션, 지속 불가능한 적자, 무역전쟁 및 시스템 위기가 합쳐져 경제 붕괴를 초래하면서 미국 달러의 추락이 닥쳐온다. 금, 은, 백금이 (다시) 진가를 발휘하고, 수십 년간 여러분의 마룻바닥 밑에 묻혀 있던 동전이 갑자기 가치가 있는 것으로 판명 날 것이다.

이 돈은 아직 존재하지 않는 상황에 대한 충성 행위이며, 평범한 시기가 무르익었을 때가 아니라, 즉 케인스가 말하는 부를 축적한 "무한히 지연된 미래"가 아니라 위기, 수축 및 붕괴의 특별한 시기에 통하는―통용되는―것을 목적으로 한 가치다.[6] "그들에게 말하시오." 본 노트하우스는 (구)리버티달러협회를 위해 자신의 금·은 복본위제로 개종하지 않은 이들에 관해 이렇게 썼다. **"미국의 나치화**(원문에 강조되어 있다)와 이 나라가 한 번도 겪지 않은 종류의 공포정치에 대비하라고. 그들에게 정부의 돈에서 벗어나, 무슨 수를 써서라도 개인정보 보호를 추구하고, 앞으로 어려운 날/해(year)를 피하도록 은을 사두라고 말하시오."[7] 그것은 구시대적인 동시에 미래지향적인 명령─크로이소스(Croesus: 기원전 6세기 리디아의 마지막 왕으로 큰 부자로 유명함─옮긴이)보다 오래된 객관적 가치라는 국적 불명의 환상에 바탕을 둔 전자메일 지원 화폐 단위인 금과 은을 위한 '디지털 창고증권'과 더불어─에 헌신할 기회다. 몇 페이지 뒤에는 리버티달러 계약서와 주문서가 나온다. 재난 예측이 곧 구매 권유인 것이다.

연방정부의 블루

"페큐닉스(Pecunix)에 대해, 나는 그것이 금으로 뒷받침되는(goldbacked)〔원문 그대로〕 디지털 통화라고 알고 있다." 로스 울브리히트는 훗날 마약과 기타 밀수품을 위한 실크로드 암호시장─비트코인 최초의 중요한 거래 플랫폼─이 되는 계획을 개발하면서 이렇게 썼다. "익명으로 안전하게 명목화폐 또는 금의 형태로 자금을 인출할 수 있을까?"[8]

페큐닉스는 디지털 금화(DGC)였다. 그 외 디지털 금화로는 오에스골드(OSGold), 인트골드(IntGold), 이불리온(e-bullion), 아스펜달러(Aspenn Dollar), 수정조항제2조달러(Second Amendment Dollar, 켄터키의 총포상에서 발행한다), 골드머니〔GoldMoney, 채널 제도의 조세 피난처인 저지(Jersey)에서 운영한다〕, 그리고 이골드(e-gold)가 있었다.[9] 이것들은 금의 속성을 둘러싼 다양한 전망이 공통점이었다. 국경 없는 거래, 여러 통화로 바꿀 수 있는 가능성, 금괴의 안정성─다가올 비상사태로부터 안전한 피난처로서 금의 전망─그리고 제대로 취급했을 경우 익명의 가능성.

이골드는 이 분야의 귀감이었다. 페이팔이 생기기 수년 전, 비트코인보다 10년 이상 앞선 1996년에 한 미국의 자유지상주의 종양학자가 출시한 이골드는 전 세계에서 지불하기에 "더 나은 돈(Better Money)"임을 약속했다(그리고 이것이 트레이드마크였다). 거기에 부분적으로 영감을 준 책은 프리드리히 하이에크의 지도하에 박사 논문으로 시작된 베라 스미스(Vera Smith)의 《중앙은행의 근거와 자유 은행 대안(The Rationale of Central Banking and the Free Banking Alternative)》(1936년 첫 발간)으로, "우리가 금이라고 간주하는 일반적으로 받아들여지는 매체로 요청에 따라 …… 지불하겠다는 약속"으로서 "자유 은행들"이 은행권을 발행하는 세계를 그렸다.[10] 이골드 계좌는 금속의 그램과 트로이온스로 표시되었고, 사이트는 금속 바(bar)와 그것들 하나하나의 상표, 중량, 일련번호 및 현재 위치가 들어 있는 꼼꼼한 명단을 관리했다. 다시 말하지만, 이것은 특별한 종류의 지식에 쓸 수 있는 전자 화폐였다. 이골드 사이트에는 "중량 단위는 정확하고, 변치 않으며, 국제적으로 공인된 정의를 갖고 있다"고 적혀 있고, 이 자산들은 다른 물건들이 거의 넘보지 못할 출처, 수량 및 보관의 일련 정보, 예를 들면 골드바 #9272-41, 미국 시금소(US Assay Office), 순도 .9950, 중량 380.775트로이온스가 있었다.

나카모토가 메일링 리스트에 비트코인 개념을 소개한 2008년 10월에 이골드는 수많은 중범죄 혐의에 대해 유죄를 인정한 후 운영을 중단하고 자산을 회수하고 있었다(이 플랫폼은 신용카드 사기, 다단계 금융사기 및 돈 세탁 전문가를 위한 대규모 행사장이 되어버렸다). 1년 뒤 울브리히트는 비밀시장에서 사업을 하려고 다양한 디지털 금화들의 장단점을 따져보고 있었다. "그게 어떻게 폐쇄적 시스템으로 작동하는지는 알겠는데, 경제의 나머지 부분들과 안전하게 통합할 방법은 없을까?" 그의 대화 상대는 젊은 사이퍼펑크 소프트웨어 개발자인 아르토 벤디켄(Arto Bendiken)이었는데, 그의 사이트는 로마제국의 통화 정책에서 통화가치 하락에 관한 미제스 연구소(Mises Institute)의 강의록 같은 것을 다루는 게 특징이었다. 두 사람 다 스스로 아고리스트라고 했다.

울브리히트는 다음과 같이 썼다. "아고리즘의 위대한 점은 그것이 1000개의 투쟁에서 얻은 승리라는 것이다. 이 거래에 참여하는 개인들한테는 국가 통제의 범위 밖에서 벌어지는 거래 하나하나가 전부 승리다. 따라서 여기서는 매주 수천 번의 승리가 있으며, 각각의 승리는 차이를 만들고, 아고라(agora: 고대 그리스 도시국가의 광장, 시민들의 사교와 토론의 장—옮긴이)를 강화하고, 국가를 약화시킨다"[11](그리고 모든 거래는 비트코인으로 수행될 것이다). 규제받지 않는 비밀시장의 확산이 사람들을 국가의 조치와 명목화폐에서 벗어나 반경제학(countereconomics)과 반제도(counterinstitutions)의 대안 지대로 이끌 것이라는 아고리즘 이론은 1970년대 캐나다의 자유지상주의자인 새뮤얼 에드워드 콘킨 3세(Samuel Edward Konkin III)가 개발했다. 그것은 그의 친구 J. 닐 슐먼(J. Neil Schulman)의 1979년도 소설 《밤과 함께(Alongside Night)》로 대중화됐다. 울브리히트에게 《밤과 함께》와 콘킨의 연구는 실크로드―팀 메이의 제X열과 수렴되는 진화―의 구축에 있어서 "잃어버린 퍼즐 조각!"이었다. 실크로드는 밀수품과 불법 상품에 접근할 기회를 제공하여 신규 통화 및 암호화 플랫폼이 채택되는 데 박차를 가했다.

1999년을 배경으로 한 《밤과 함께》에서 미국은 통화 위기로 빠지고 있고, 이는 연방정부에서 발행한 열등한 신규 통화 '블루'의 급속한 인플레이션으로 완성된다. 블루(blue)는 "파란색 지폐로, 한 면에는 아무것도 없고 다른 면에는 급조된 판화가 새겨져 있으며 …… 보드게임 '모노폴리'의 돈과 닮았다"(자유지상주의 소설의 특징은 다양한 종류의 돈의 모양과 느낌에 대한 세심한 관심이다). 예금 인출 사태, 신용 동결, 배급제도, 그리고 민간인 소유의 금을 갈취하는 강압적인 정부 폭력배들이 있다. 주인공의 아버지인 노벨경제학상 수상자 마틴 브릴랜드(Martin Vreeland)—지금까지 제정된 것 중 가장 극단적인 자유 시장 정책들에 어느 정도 책임이 있는 노벨상을 수상한 시카고학파 경제학자 밀턴 프리드먼(Milton Friedman)과의 유사성은 순전히 우연이다—는 이 모든 것을 예견했다(프리드먼은 동료 노벨상 수상자인 하이에크와 함께 피노체트의 칠레를 급진적인 민영화 실험이라고 옹호했던 또 한 명의 인물이다. 그의 제자들이 그것을 설계했다). 브릴랜드의 아들은 자체 계약, 중재 시스템, 시장, 전투적인 팀, 반지성(counterintelligence), 그리고 당연히 화폐—'아나코뱅크(AnarchoBank)' 코인과 비공인 은행들이 발행한 금으로 보증되는 디지털 자산—를 가지고 평행 사회를 건설하고 있는 혁명 아고리스트 간부단(Revolutionary Agorist Cadre)에 합류하기 위해 도망친다.

아고리스트들의 은신처 중 한 곳에서 주인공은 도서관을 발견하는데, 이 대목은 《밤과 함께》의 독자들에게 권장도서 목록을 제공한다. 논픽션 칸에는 미제스와 로스바드의 책들이 꽂혀 있다. 픽션 칸에는 에인 랜드의 《움츠린 아틀라스》와 로버트 하인라인(Robert Heinlein)의 《달은 무자비한 밤의 여왕(The Moon is a Harsh Mistress)》이 있다. 《밤과 함께》와 동일한 역사적·공간적 구조를 갖는 미국 자유지상주의의 고전들이다. 이 소설들은 지배구조 시스템의 기능에 장애가 발생해 고장 나기 시작하는 미래가 배경이다. 등장인물들은 비상사태를 벗어나 살 수 있는 대안 지대로 이주하거나 거기에 거주하고 있으며, 기존의 위기를 더욱 악화시키고, 재난의 저편에서 그들의 유토피아가 가능해질 변화된 세상으로 되돌아간다. 랜드의 등장인물들은《움츠린 아틀라스》의 마지막에서 황폐해진 풍경을 훑어보며 말한다. "'도로가 깨끗해졌네요'라고 골트(Galt)가 말했다." "우리는 세상으로 돌아갑니다.'"《밤과 함께》의 마지막 장면에서 펜(Penn) 역 위에는 "유토피아의 죽음을 추모하는 깃발 두 개가 표주(標柱) 절반쯤에서 휘날리고 있었다. ……변화의 기운이 싹트고 있었다"(슐먼의 책에 나오는 두 깃발은 검정색 무정부주의 깃발과 "나를 밟지 마시오"가 쓰인 개즈던 깃발이다. 현재 아고리스트 깃발은 그들이 선호하는 시장의 색깔인 회색과 검정색이다). 하인라인의 달의 혁명가들은 "저기에 있는 그리 붐비지 않는 멋진 곳들"인 소행성들로 갈 채비를 한다.

이 소설들과 아고리즘 및 자유지상주의적 관행에서 올바른 화폐를 사용하는 것(그리고 화폐를 올바르게 사용하는 것)은 가치를 아는 철학적 방법인 동시에 새로운 물리적 영토로 가는 여권이자, 장차 닥쳐올 위기의 특별한 미래에 대한 헌신이자, 다른 사회 모델로 가는 진입로 전부 다. 독단적 지시에 맞서 일종의 재정적 순례로서 객관적인 현실에 자신들을 일치시키는 방법, 즉 그들의 코스모그램이다. 여러분은 "신뢰할 만한 반경제적(countereconomic) 교류"를 찾고, "아고라"에 들어가고, "존 골트(John Galt)"를 따르기 위해 집을 떠나며, "공기업 가증권"을 버리고, "관료집단의 지시 대신 정직한 중국 은행가들의 후원을 받는 홍콩은행 지폐를 선택해야 한다. 100홍콩달러는 본사에 요청하면 언제든지 지불될 수 있는 금 31.1그램(옛날 1트로이온스)이었다".[12] 이렇게 함으로써 여러분은 대체 역사와 피해갈 수 없는 그 미래에 합류한다. "파괴자들은 사람들 가운데 나타날 때 항상 화폐를 파괴하는 데서 시작한다."《움츠린 아틀라스》의 3분의 2쯤 되는 지점에 나오는, 페이지가 계속 넘어가는 동안 나머지 등장인물들은 부득이하게 정자세로 있어야 하는 랜드식 독백에는 이런 것도 있다. "파괴자들은 금을 압수하고, 금 소유주들에게 위조된 종이 더미를 남긴다. 이는 모든 객관적 기준을 말살하고, 사람들을 임의의 가치 설정자들이 쥔 임의의 권력으로 넘겨버린다. ……종이는 그들의 소유가 아닌 한 계좌 앞으로 피해자들 덕에 합법적인 약탈자들이 발행한 수표다. '초과 인출 계좌'라는 표시가 뜨면서 수표가 튕겨져 나오는 날을 조심하라."[13] 심판(reckoning)— 이 말의 현재의 의미와 어음 결제(추심)를 가리켰던 구시대적 의미 둘 다에서—은 다가오고, '객관적 가치'를 가진 화폐의 채택이 심판에서 살아남는 것을 가능하게 해준다. 그것을 채택한다는 것은 곧 다가올 사회의 일부가 되는 것이다.

금의 물리적 속성은 랜드의 "탐욕의 유토피아"가 창조하고 싶어 했던 단단하고, 반짝이고, 차갑고, 원초적인 성격을 예시한다. 금의 객관적이고, 측정 가능하고, 수량화할 수 있는 속성은 돈의 축적 자체가 인간의 가치의 직접적인 표현인 사회 철학, 코스모그램에 내재된 사회적 질서에 필요하다. 랜드의 통화 투기는 인식론적 진술이었다. 골트의 조폐소에서 나온 동전은 하나하나가 진실에 대한 주장으로 작용하며, 그 철학을 완전히 이해할 때 비로소 객관적 견지에서 부자가 되는 입장에 처해질 수 있다. 로키산맥의 객관주의 요새인 골트 협곡에 세워진 3피트 높이의 황금 달러 표시는 미터법 제도로 유지되는 기준 킬로그램과 같은 작용을 한다. 그것은 세계가 정확하게 평가될 수 있고, 랜드의 판타지 세상에 사는 사람들이 교정될 수 있는 기준점이다.

지식은 돈이고, 돈은 지식이다. 자유지상주의 해적 랑나르 단네셸드 (Ragnar Danneskjöld)가 "당신한테서 무력으로 뜯어간 돈"(세금 등등)을 행크

리어든(Hank Rearden)에게 되갚아주려고 《움츠린 아틀라스》에 등장할 때, 그는 당연히 골드바 하나를 그에게 준다. '객관적 가치'다.[14] 리어든의 금괴와의 조우는 사랑인 동시에 진실이다. "리어든은 거울처럼 미끈한 표면을 따라 별빛이 불처럼 흘러내리는 것을 보았다. 그는 무게와 촉감으로 자신이 들고 있는 것이 단단한 금 막대임을 알았다." 상상 속에서 진짜(그리고 진짜 투기적인) 유토피아의 돈—고대했던 재난의 저편에 놓인 가치를 다른 방식으로 알고자 했던 꿈, 초창기 비트코인을 쉽사리 통합시켰던 꿈에서 나온 물건—을 품었던 바다 사람들의 유일한 환상이 이것만은 아니었다.

동전과 나라

"이 철학적 투쟁에서 최근 몇 년간 자유라는 대의를 위해 에인 랜드보다 더 많은 일을 한 사람은 없다." 유토피아 프로젝트 아틀란티스(Atlantis)를 지지하는 1968년도의 한 소책자에서 베르너 스티펠(Werner Stiefel)은 워런 스티븐스(Warren Stevens)라는 필명 아래 이렇게 썼다.[15] 스킨케어 업계 거물인 스티펠은 뉴욕 소거티즈(Saugerties)에 그가 '아틀란티스 1호'라고 이름 붙인 모텔을 구입한 터였다. 그곳은 그의 늘어만 가는 자유지상주의자 팀(랜드는 이들과는 이론적으로 의견 차이가 많이 있었을 텐데, 이 점은 그냥 넘어가자)을 수용하기에는 저렴한 기지였다. 이들은 기존의 모든 정부의 근해에서 새로운 영토, 말하자면 이 용어가 생기기 전의 '시스테드(seastead)'—새로운 사회체제와 그들의 새로운 돈의 기반이 되는 공해(公海)상의 주권적 플랫폼－를 물색 중이었다. 모텔 방들은 구입하거나 만들 섬인 아틀란티스 3호가 시장 주도의 미래 사회에서 자유항, 보루 및 은행의 역할을 할 수 있도록 물자와 소득을 들여오는 공해상에서 운항할 궁극적인 선박－ 아틀란티스 2호－전용실의 대리 기능을 수행할 것이었다. 그곳은 역사가 레이먼드 크레이브(Raymond Craib)가 자유지상주의 판타지의 "탈출 지형학(escape geography)"이라 부르는 것－나중에 비트코인을 채택할 공간－ 의 전초 기지가 될 참이었다.[16]

스티펠은 아틀란티스의 알파 버전 시험공간인 자신의 호텔에서 동전을 계획하고, 그 사회가 도래하기 전에 만들도록 했다.[17] 아틀란티스 작전에 수반된 일련의 재난이 있기 전에 그는 동전을 주조했다. 버려진 석유 시추시설은 허리케인으로 파괴됐고, 시민들은 해적으로 오해받아 아이티 선박에 총구로 위협당하며 쫓겨났고, 강화 콘크리트 바지선인 아틀란티스 2호(버크민스터 풀러로부터 허가받은 측지선 돔 아래 구축되었다)는 허드슨강에 침몰했다가 선축이 부서졌고 최종적으로는 바하마 인근에 가라앉았다. 아틀란티스의 '데카(deca)'는 법정 순도의 은 10그램으로, 앞면에는 배 조종키가, 뒷면에는 바다의 석양이, 가장자리에는 이성, 자유, 그리고 10그램 은 순도 97.5가 새겨져 있었다. 이성과 은의 두 측면이 서로를 보증했다. 데카를 손에 쥐면 모래톱 위에 건설된 허리케인에 휘둘리는 이성적 사회에서 만든 "본질적 가치가 있는 돈"을 보유한다는 환상을 품을 수 있었다.

아니, 그보다는 이런 동전을 들고 있는 판타지에 대한 환상을 품을 수 있었다. 사실 데카의 출고량은 모든 자유지상주의자 집단 거주지의 동전 발행이 그랬듯이 극히 적었다(데카는 유압식 비누 조형기를 사용해 찍었다). 동전

사진은 아틀란티스 작전의 발간물들에 섬, 암초, 작은 섬들의 사진과 나란히 실렸다. 동전과 섬은 유토피아 프로젝트 하면 떠오르는 영토의 상징이었다. 실제 나라가 없는 상황에서 코인―여러분이 손에 쥘 수 있고 주머니에 넣고 다닐 수 있는 지형의 조각―은 그 대역이었다.

"1970년대 초 미네르바(Minerva) 사람들이 더 진지한 노력을 기울였다"고 사이퍼펑크 메일링 리스트의 한 기고가는 썼다. 〈엑스트로피〉지의 한 기고가의 표현대로, "너무나도 아쉬운 미네르바공화국의 불행한 종말"이 있기 전에 "그들은 남태평양의 산호초들에 섬을 하나 지었다". 미네르바는 사이퍼펑크들과 엑스트로피언들이 하나같이 미래에 대한 다양한 환상의 모형이 될 새로운 지리적 영역을 개척할 것이라 기대를 모았던, 새 나라와 새 화폐를 표방한 특별히 대담한 시도였다. 미네르바 및 그와 관련된 피닉스재단(Phoenix Foundation)의 기상천외한 이야기는 다른 데서 전해져왔다. 미제스와 다른 오스트리아 경제학자들의 저서에서 영감을 받은 사업가와 탈세를 노리는 투자고문과 사업가에 귀족, 역외은행(offshore bank) 직원과 땅 투기꾼, 금 중개인, 암살자와 용병과 거물 무기상인 미첼 리빙스턴 워벨 3세(Mitchell Livingston WerBell III)가 얽히고설켜 있었다〔워벨의 부수적 프로젝트에는 세계 최고의 화기 진압기 설계, 그리고 전설적인 금융범죄자인 바비 베스코(Bobby Vesco)와 닉슨 대통령의 중재자 역할이 포함된다〕. 미네르바는 1977년 뉴헤브리디스(New Hebrides: 오스트레일리아 북동쪽의 군도로, 현재는 바누아투 공화국―옮긴이)에 새 영토(모래톱)의 건설과 복잡한 토지거래―이것은 또한 무장 반란이자 종교 운동이자 이상한 신식민지 권력 장악이기도 했다―를 통해 자유지상주의의 정치적·금융적 지형을 만들려는 시도였다.[18]

물론 미네르바 사람들도 (크레이브의 말처럼) 국가의 '국면들'에서 벗어나려는 시도 중에 동전을 발행했다. 캘리포니아주의 란체스터(Lanchester)에서 주조한 동전에는 역시 장소와 약속의 징표 역할을 하는 "만인을 위한 개인권"이라는 모토 위에 바누아투 독립운동의 지도자 지미 스티븐스(Jimmy Stevens)의 얼굴이 담겼다. 인류학자 몬티 린드스트롬(Monty Lindstrom)은 자유지상주의-메시아 혼성 프로젝트에 관한 논문에서 "지미 스티븐스의 모습이 새겨진 금화와 은화의 갑작스러운 등장"은 이 나라의 개념적인 미래 시민들 사이에서 "피닉스의 힘에 대한 설득력 있는 주장이 되었을 게 틀림없다"고 썼다.[19] 연안의 자유지상주의 천국─인공 모래톱─을 건설하려는 미네르바의 다른 시도로 그들은 동전에 미네르바 여신 자체와 함께 장차 그들의 나라가 될 곳의 위도 및 경도 좌표를 담았다. 다시 말해 그것은 아직 존재하지 않는 것(그리고 사실은 결코 존재하지 않을 것)에 대한 또 하나의 금속성 증거였다. 동전은 신자들 사이에서 유통하도록 주조되었고, 앞으로 닥쳐올 비상 상황에도 자유지상주의자들의 거주지는 존재한다는 증거의 일부였다.

디지털 화폐로 수렴되는 자유지상주의의 다양한 풍미는 동전의 아이콘에서 만난 두 외부 세계를 바탕으로 구축됐다. 동전의 발행처이며 그것이 거래될 수 있는 영토적 외부─네트워크화된 아고라에서부터 공해에 이르기까지─그리고 자유지상주의 신념이 입증되고 그것들을 구현하는 화폐가 상환되는 위기 및 몰락의 미래인 시간의 외부다. 자유지상주의적 판타지의 '탈출 지형학'은 자유지상주의적 통화의 '탈출의 시간성'과 얽혀 있었다. 그들의 돈이 통용될 수 있는 미래가 현대의 영토 어딘가에 위치해 있는 것이다.

주권만 가지고는

1997년에 라이언 래키는 MIT에 재학 중이었고, 논문 〈시장 기반 구조에서 강력한 암호화 프로토콜을 사용하여 개인정보 보호, 인증, 검열로부터의 보호를 제공하는 분산 데이터 저장〉으로 기업가정신 상 후보에 올라 있었다.[20] 사이퍼펑크 메일링 리스트에 그는 이런 질문을 했다. "세금 등등이 없는 나라에 위치한, 이캐시를 발행하는, 익명의, 민간의, 안전한 등등의 은행을 시작하려면 어떤 게 필요할까요?"[21] 그는 메이와 총기에 대해 상세히 토론했고, 웨이 다이의 곤혹스러운 질문(앞서 그의 비머니 제안서 부분에서 언급한 적이 있다)을 부추겼다. "만일 우리가 총으로 우리 자신을 지킬 수 있다면 왜 암호가 필요하겠습니까?" 래키는 포스트의 서명란(signature block: 전자메일 등의 하단에 자동으로 붙는 텍스트 – 옮긴이)을 《움츠린 아틀라스》에서 대그니 태거트(Dagny Taggart)가 "의식에 대한 책임 없이 존재하고 싶어 했던" 한 경비원을 "침착하게 비인간적으로" 쏘는 장면의 인용문으로 채웠다.

2년 후 그는 MIT를 이미 중퇴한 상태였고, 앵귈라(Anguilla: 서인도제도 동부의 영국령 섬 – 옮긴이)에서 전자지급결제 스타트업 일을 했고, 과장되고 잘 믿는 〈와이어드〉지의 표지 기사의 표현에 따르면 2000년에는 해안에서만 벗어난 게 아니라 "정부로부터도 벗어나" 데이터 저장 및 관리 서비스를 제공하는 헤이븐코(HavenCo) 이사회의 일원으로 시랜드를 찾아 들어갔다.[22] 헤이븐코의 의장은 이 책의 앞쪽에서 소로의 《시민 불복종의 책무에 관하여》를 온라인상에 옮기고 사이퍼펑크들과 어울려 다니는 사람으로 등장했던 사미르 파레크였다. 헤이븐코의 – 또한 그 앵귈라 스타트업의 – CEO는 엑스트로피아 메일링 리스트에서 철학적 논쟁, 특히 인공

지능을 둘러싼 논쟁의 활발한 기고가였고, '가치 및 의무 교환 프로토콜 (Value and Obligation eXchange Protocol)'이라는 계약 물물교환 거래 플랫폼을 개발한 션 헤이스팅스(Sean Hastings)였다〔헤이스팅스는 이어서 밀턴 프리드먼의 손자인 패트리 프리드먼(Patri Friedman)과 함께 시스테딩 프로젝트에 착수하게 된다〕.

시랜드의 법적 지위는 골치 아픈 사안이었다.[23] 그곳은 전후에 정부로부터 방치됐다가 1967년에 상륙한 한 가족이 주권적 영토라고 주장한 북해 에식스(Essex) 연안에 건설된 대공포 포대였다. 그들은 에이드리언 존스(Adrian Johns)의 《해적의 죽음(Death of a Pirate)》―DJ들, 깡패들, 보헤미안들, 자유시장 규율을 따르는 친 대처주의(Thatcherism: 오늘날 신자유주의의 이념적 원조로 일컬어지는 영국 보수당의 대처 수상이 펼친 경제 정책―옮긴이) 제자들의 이상한 혼합―에서 얘기했던 것처럼 영국 인근의 선박, 요새 및 해상 포대들이 무허가 라디오 방송국으로 용도 변경되었던 더 큰 역사의 일부였다.[24] 시랜드는 대개 장난조이기는 했지만 자신들의 주권 주장을 생각보다 더 멀리까지 밀어붙였다〔에스파냐 문서 위조 조직에 의해서 본토 반환 이전에 홍콩 시민들한테 팔린 것으로 알려진 수천 장을 포함해 유통 중이던 대량의 위조 시랜드 여권―그중 하나가 연쇄살인범 앤드루 큐난(Andrew Cunanan)이 잔니 베르사체(Gianni Versace: 이탈리아의 패션 디자이너―옮긴이)를 총으로 쏜 뒤 그의 소지품 가운데 발견됐다―은 그들의 소송 사건에 도움이 되지 않았다〕. 이 장난스럽고도 진지한 주권은 〈와이어드〉지의 표현을 빌리면 "감질나는 회색 지대"를 시사했다. 여기서 실제 해상 관할구역은 사실상 사이버스페이스 판타지의 180제곱킬로미터짜리 물리적 예시―실체적 유토피아이자 "추적 불가능한 은행 계좌"를 위한 완벽한 장소―가 되는 것이다. 나중에 래키가 회고했듯이, "가장 큰 영감의 출처는 버너 빈지의 《진짜 이름》이었다".[25] '다른 평면'이 마침내

발자국을 갖게 된다. 디지털 화폐는 해당 구역, nowhere@cyberspace. nil, 이제 위도 및 경도 좌표가 있는 네트워크상의 노드가 생기는 것이다.

이론적으로 이곳은 고대역 접속, 발전기, 배터리 및 통신 장비를 갖춰 익명 결제, 디지털 금융 업무 및 그 밖의 많은 해상 서비스에 적합한 요새가 될 것이었다. 완벽한 첨단과학 스릴러 같은 세부사항으로, 기계실의 공기는 녹과 화재로부터 보호할 수 있도록 질소 100퍼센트일 테고—석유 굴착 장치에 사용되는 **불활성**(inerting)이라는 기술—이로 인해 산소호흡기가 없는 사람은 숨이 막힐 것이다.

실제로 래키는 깜깜한 어둠 속에서—업무상의 이유와 포대에 있는 다른 사람들과 항시 붙어 있는 걸 피하기 위해 그리니치 시간대에서 샌프란시스코 시간을 고수하면서—통조림 식품을 먹으며 지냈고, 안 그래도 느린데 통신사가 파산하여 위성 링크에 의지하면서 더욱더 느려진 인터넷 접속에 비트들을 밀어 넣었고, 그들의 열 명 내지 열두 명의 고객(대부분이 카지노)을 좌절시켰다. 설치된 건 거의 없고, 선반은 대부분 텅 비어 있고, "기술 인프라의 중요한 요소들은 자금 부족으로 배치되지 않았다"고 그는 말했다. 시랜드를 떠난 후 해커들의 회의인 데프콘(DEF CON)에서 되돌릴 수 없는 발표를 했을 때였다.[26] 역설적이게도 지불 자체가 끊임없는 문제였다. 헤이븐코는 앵귈라에서 키프로스로 옮겨 다시 법인을 만든 상황이었는데, 투자 자금이 웨스턴 유니온(Western Union)과 신용카드를 통해 들어와서 서비스 제공자인 그들에게 지불하는 것은 어려운 과정이었다. 보안팀은 현찰로 지급받았다. 래키가 나중에 후회하며 말했듯이, "은행의 상업적 지원 없이 주권만 가지고는 거의 가치가 없다".

래키는 국외의 은신처에서 익명의 디지털 화폐 프로토콜을 사용해 금으로 보증되는 자신의 통화—아이다호가 아니라 복합상업지구만 한 크기의 모래상자 군주제를 기반으로 하여 본 노트하우스의 '창고증권'에 차움의 거래 비밀을 결합한 것 같은 통화—를 출시할 계획이었다. 결국 그는 4만 달러의 부채를 남겼고, 훨씬 더 많은 빚을 졌다. 법학자 제임스 그리멜만(James Grimmelmann)이 지적했듯이, 헤이븐코 팀은 스스로를 다른 법률 시스템 밖으로 내보냄으로써 사실은 시랜드의 국민이자 왕자요 섭정공이 되었다. 만일 래키가 그들을 법정에 고발해 승소한다면, 그는 자신이 방어하려고 애쓰던 시랜드 주권의 가식을 약화시킬 것이다.

2008년 11월, 암호화 메일링 리스트의 한 참가자가 다음과 같은 선언으로 '비트코인'이라 불리는 전자 화폐를 위한 새로운 제안서 논의를 중단시켰다. "시랜드라는 '국가'의 데이터센터를 운영했던 헤이븐코는 더이상 그곳에서 운영되지 않습니다." 사실 그것은 오래전에 사라지고 없었다. 시랜드 호스팅이 데이터센터를 런던으로 옮기고 나서 몇 년 뒤인 2008년에 웹사이트는 폐쇄됐다. 사실들은 틀렸지만, 타이밍은 그 이상 완벽할 수가 없었다. 판타지는 바다에 있는 문자 그대로의 플랫폼에서 네트워크상의 은유적 플랫폼으로 다시 옮기가는 중이었다.

12

황량한 대지

우리는 마지막 장으로 왔고, 초기 비트코인 자체가 어떻게 자유지상주의자들의 꿈의 맥락에서 유토피아의 가상통화로 이해되었는지, 즉 세상을 구원할 경제적 비상사태를 예견하고 검증 가능한 방식으로 인플레이션에 영향받지 않고 생산할 수 있도록 구축된 디지털 화폐로 이해되었는지를 살펴본다. 모든 디지털 화폐 프로젝트는 개인정보 보호부터 포스트휴머니티의 보장에 이르기까지 더 큰 의제를 중심으로 조직되어왔다. 초기 비트코인의 의제는 위기 상황에서 희소성을 창출하고 확보하는 것이었다.

박식한 금속

모든 돈이 기록보관소이지만, 동전은 특히 생생한 사례를 제공한다. 바로 앞면에서는 이야기를 들려준다. 날짜, 신성한 존재의 이미지와 세속적인 권력자의 옆모습, 공동체를 기록하는 언어와 상징들, 거래 네트워크, 지방 및 공통된 관행의 지속이 담겨 있다.[1] 지금은 스웨덴인 곳의 앞바다에 있는 한 섬에 묻혀 있는 고틀란드(Gotland) 동전 저장분에는 이슬람 칼리프(caliph: 예언자 마호메트의 뒤를 잇는 이슬람 공동체의 지도자―옮긴이) 관할구역 전역의 조폐소에서 만든 수천 개의 디르함―멀리 예멘과 마그레브(Maghreb: 북아프리카의 모로코·알제리·튀니지에 걸친 지방―옮긴이)까지 실크로드를 따라 퍼진 무역, 가격 책정 및 협상의 메커니즘, 즉 전 세계의 절반에 걸친 인간의 배치 및 인맥에 관한 스냅 사진―이 포함되어 있다.[2] 손상을 입어도 동전은 주권, 영토 및 가치의 역사를 전달한다. 표면은 오랜 시간 여러 손을 거치며 닳고, 숫자는 낡은 동전에서 망치질로 함몰되거나 의도적인 흠집이 나거나 지워지고, 가증스러운 군주의 옆모습은 훼손되고, 메시지가 추가되면서 새로운 가치가 설정되었다. 영국의 여성 참정권 운동가들은 페니(penny)의 에드워드 7세 머리에 '여성의 투표권'이라는 구호의 스탬프를 찍었다.[3] 액면가는 바꾸지 않고 은 부스러기만 솎아내려고 "테두리를 깎"는 행위 또는 정치나 군사 계획 때문에 동전의 가치는 떨어졌다. 잔돈으로 나눈다고 조각조각 잘리거나 '파손된 돈'으로 전락해 무게로 가치를 매기기도 했다.[4] 시대착오적인 산물, 살아 있는 화석으로 끈질기게 이어질 때도 있었다. 가령, 군주들이 죽고 국경이 바뀐 지한참 지났는데도 화폐 주조자들은 여전히 알렉산드리아의 4드라크마 은화(tetradrachma), 베네치아의 제키노(zecchino)와 베잔트(bezant) 및 마리아 테레지아 탈러(Maria Theresa thaler)를 만들었다. 탈러―보헤미아의 뛰어난 은광의 산물―는 마리아 테레지아 여제의 사망년도인 1780년부터 수백

년간 계속 발행될 만큼 수요가 많아서 무역용 표준 주화가 되었다.[5] 탈러는 아메리카 대륙의 영토, 식민지 및 개척지들—thaler가 daalder, daalder가 daler, daler가 dollar가 되었다—에서부터 동아프리카 실링(shilling: 케냐·우간다·탄자니아·소말리아의 화폐 단위—옮긴이), 어음, 소금 막대, 영국 파운드(pound), 곡물 단위들 및 인도 루피(rupee)와 함께 그것이 유통했던 인도양의 무역망까지 도처에서 통용됐다.

이런 역사와 더불어 동전은 철학과 가치 구조도 기록한다. 이념, 종교 및 상상의 공동체의 유산—가끔 다른 곳에서는 경시됐거나 결코 글로 쓰인 적 없는 이야기들—에 대해서도 들려준다〔작가이자 비평가인 조지프 애디슨(Joseph Addison)은 동전 수집에 대한 자신의 집착에 대해 모든 동전에서 그는 "그것의 금속성"이 아닌 "그것의 심오한 학식"을, 그 자체가 사람들과 문화가 망각한 역사를 기억하는 "시적인(poetical) 돈"을 간직하는 거라고 말했다. 그는 실링화의 관점에서 자서전을 쓴 적도 있다[6]〕. 레베카 스팽은 이렇게 썼다. "개개인은 특정 통화의 가치에 대해 말하고 있는지 몰라도, 사실 그들이 하고 있는 것은 지폐, 동전, 신용 카드를 제시했을 때 다른 사람들이 어떻게 반응할지에 대한 자신들의 기대에 의지하는 것이다. 스스로는 거의 의식하지 못하면서 말이다."[7] 동전은 어떤 것이 통용되며, 누가 왜 그것을 받아들이는지—이것이 가치의 공통 어휘를 구성한다—를 기록한다. 화폐의 기준을 새로이 설정하는 것은 적어도 일부는 사회를 새로이 설정하는 효과가 있다. **가치 자체**에 관한, 가장 진실한 것은 무엇이며 그에 따라 우리는 어떻게 행동해야 하는지에 관한 존재론적 진술을 하는 것이다. 그것이 코스모그램을 위한 기반을 쌓고, 그와 함께 사회 내에서 가치들의 배열을 위한 기반을 쌓는다. 따라서 이것은 인식론적 행위이기도 하다. 다시 말하면, 중요한 가치를 어떻게 알 수 있는지에 관한 주장이다.

플루타르크(Plutarch)에 의하면, 고대 스파르타(Sparta)의 거의 신화적인 입법자인 리쿠르구스(Lycurgus)는 철을 통화의 기준으로 삼았던 것으로 전해진다. 철은 무겁고, 상징적이고, 다른 사람들에게 매력적일 만큼 귀중하지 않으면서 구하기는 상당히 어렵고, 대단히 불편했다. "이 돈이 유포되자, 많은 종류의 죄악이 라케다이몬(Lacedaemon: 스파르타의 옛 이름—옮긴이)에서 망명을 떠났다"고 플루타르크는 썼다. "감출 수도 없고, 만족스럽게 소유할 수도 없고, 아니, 심지어 수익이 나도록 조각낼 수도 없는 그것을 도대체 누가 훔치거나, 뇌물로 받거나, 강도질하거나, 약탈하겠는가?" 리쿠르구스는 사실 플루타르크가 한 설명의 요점에서 벗어나는 짓만 했다. 플루타르크의 리쿠르구스는 철 화폐를 사회적 차별을 강압적으로 평준화하는 도구로, "불필요하고 넘쳐나는 예술"을 없애는 수단으로, 그리고 무역을 사실상 제거하는 급진적이고 자급자족적인 자립의 원동력으로 써먹었다. 철은 사회제도일 뿐 아니라 교육의 도구요, 비유적(가치와 특정 성격의 표현)인 동시에 문자 그대로—사회를 대부분의 시장으로부터 완전히 벗어나게 한 물건—일종의 담론이었다. 알렉산더 해밀턴(Alexander Hamilton: 초대 대통령 조지 워싱턴과 함께 미국 건국의 아버지로 불리는 정치인—옮긴이)은 자신이 재무부장관으로 복무할 새로운 국가를 창설하던 도중 1777년 겨울 밸리포지(Valley Forge)에서 플루타르크의 책을 읽으며 이런 결정을 메모했다. 화폐조례에 내재된 사회 모델.[8]

해밀턴의 동료인 벤저민 프랭클린(Benjamin Franklin)은 아메리카 식민지의 지폐를 위한 토지은행—"조성된 땅"—을 성공적으로 제안했다.[9] 그는 금과 은의 공급량은 새로운 발견에 따라 들쭉날쭉했고, 귀금속은 무역으로 수출되어 결국 영국으로 가버려서 식민지 내의 비즈니스가 정지될 수 있다고 지적했다. 대신 토지는 지폐를 위한 담보로 약속된다. 화폐가 희소해지고 물물교환이 어려워지면, 사람들은 가치가 높아진 화폐를 이용하려고 자신들의 땅을 담보로 더 많은 돈을 빌릴 것이다. 시스템에 돈이 넘쳐흘러 화폐의 가치가 떨어지면, 사람들은 자신들의 약속을 이행할 더 싼 지폐를 축적하려고 교역할 것이다. 이것이 식민지 자체에 식민지 무역이 뿌리내리게 함으로써 대영제국으로부터 경제적 독립을 구축하고, 일종의 수입 대체(해밀턴이 특별히 흥미를 가질 만한 주제)를 촉진할 것이며, 통화 보유자들을 그들의 지역과 연결시켜줄 것이다. 은행권들 자체는 아메리카의 나뭇잎들─구리판 압착기로 누른 잎사귀 틀은 생산과 비교는 비교적 쉽지만 맨손으로 위조하기에는 매우 어려웠다─로 인증되었다[10]〔그것들은 뜻하지 않게 식물 기록보관소, 즉 뉴잉글랜드(New England) 숲속의 유통 지폐 도서관이 되었다〕. 사회적 틀, 정치적 임무 및 물리적 장소가 은행권으로 한데 합쳐졌다.[11]

비트코인은 어떤 종류의 이야기를 들려줄까? 어떤 주장을 하는가? 어떤 인간을 가정하는가? 그것의 코스모그램은 무엇일까?

웅장하고 우직한 정직성

뉴햄프셔(New Hampshire)주의 화이트마운틴(White Mountains)에서 열리는 포크페스트에서는 은과 비트코인 및 기타 암호 화폐가 달러를 '연준의 지폐'라고 멸시하는 용어인 'FRN(Federal Reserve Note)'과 함께 거래됐다. 때는 남쪽으로 30분 정도 거리에 있는 마운트워싱턴 호텔(Mount Washington

Hotel)에서 브레턴우즈 회의―전후 국제 통화질서를 수립한 행사―가 열린 날로부터 거의 70년이 지난 2014년 여름이었다. 포크페스트(PorcFest: 'Porcupine Festival'의 준말―옮긴이)는 혼자 있고 싶어 하는 가시동물 호저(porcupine)에서 따온 이름이다. 이것은 자유지상주의자들의 회합이며, 그들을 다른 주로 이주시켜 지방 정부의 존재를 자연 소멸시키도록 투표함으로써 소도시와 카운티(county)들을 점령하는 계획인 자유주(州) 프로젝트(Free State Project)의 이주민 모집 장소였다. 야영지 주변의 주차 차량들에는 비트코인, 아고리즘, 에인 랜드, 냉동보존술("죽음? 저희가 도와드릴 수 있습니다!")을 지지하는 범퍼 스티커들―심지어 루트비히 폰 미제스의 자동차 장식 번호판―이 붙어 있었다. 벨벳 가방과 주머니로 운반한 은화, 상의 탈의, 꼬인 턱수염, 유틸리킬트(utilikilt: 스코틀랜드 남성들이 전통적으로 착용하는 치마인 킬트를 미국에서 현대화한 의상―옮긴이), 깃발과 현수막, 그리고 식물 팅크제와 요리에서 나오는 연기는 중무장한 르네상스 박람회와 흡사한 분위기를 연출했다. 이곳은 일상의 대면 거래에 암호 화폐를 사용한 세계 최초의 공동체 중 하나였다.

상인들은 단풍나무 및 종비나무 가지 아래 다양한 귀금속의 실질적인 지불가치를 산출하려고 작은 저울, 계산기, 수기로 적은 변환도표를―그리고 입찰-매도 스프레드를 점검하고 비트코인을 거래하려고 스마트폰도―가져다 놓았다. 검보(gumbo: 닭이나 해산물에 오크라를 넣어 걸쭉하게 만든 수프―옮긴이), 말린 양말, 커피, 와이파이 이용권(트레일러 위에 안테나를 세우고, 인도네시아 어딘가의 출구 노드가 있는 VPN의 신비스러운 4G 네트워크와 연결되어 있다), 팔레오 시리얼(아몬드, 호박씨, 코코넛 조각)〔팔레오(Paleo) 식단은 신석기 시대 이후 등장한 식재료 섭취를 제한하는 웰빙 식사법이다―옮긴이〕, 미국의 개인주의 무정부주의자 리샌더 스푸너(Lysander Spooner)의 수필집을 살 수 있었다. 기부도 하고, 국가, 경제 및 세계의 붕괴에 뒤따를 가상 상황의 모형을 만들어 그들의 특별한 미래에 헌신하는 태도를 보여줄 수도 있다. 나는 유토피아 화폐들의 결합이 당혹스럽다고 느꼈다. 교환할 '경화'와 '정직한 돈', 물물교환과 금괴와 '본질적 가치'에 그토록 심혈을 기울이는 바로 그 동일인물들이 어떻게 암호 화폐―버그가 많기만 한 소프트웨어, 이론적 관념, 복잡하고 불안정한 공유 인프라로 만들어진 시스템―를 채택하기로 결정할 수 있는 걸까?

나는 계속 엉뚱한 질문을 해댔다. 이 수수께끼의 해답은 그 통화를 **뒷받침하고 있는** 것과 관련 있다고 추측했다. FRN과 기타 국가화폐에 대한 멸시는 대부분이 그것들을 뒷받침하는 게 오직 약속뿐이라는 생각에서 비롯됐기 때문이다. '연준을 끝장내자(END THE FED)'는 티셔츠를 입은 사람들은 지폐는 "단지 종이"일 뿐인데 동전의 가치가 떨어졌다고 경고했다〔이 축제에서 일부 거래 가격은 '1964년 이전'의 쿼터(quarter: 미국의 25센트짜리 동전―옮긴이)나 다임(dime: 미국의 10센트짜리 동전―옮긴이)―1932년부터 1964년까지 미국 조폐국에서 생산된 은 90퍼센트에 구리 10퍼센트인 90/10 동전들로, 이것들의 금속적 가치는 현재 액면가를 한참 웃돈다―으로 책정됐다〕. 금과 은은 장식만으로도 유용했다. 사람들은 사슴고기를 입수하거나 이웃들과 공포의 균형을 유지할 수 있는 탄약―상자에서 갑으로, 갑에서 개피로 소량 거래로 쉽게 세분화되는 담배처럼 총알의 탄창에는 소비재이면서 화폐인 중요한 속성이 있었다―처럼 지불 및 거래에 적합한 다른 유용한 자산들에 대해 토론했다.

여기서 암호 화폐는 역설처럼 보였다. 나는 무엇이 화폐를 진짜로 만드는가에 관한 존재론적 논쟁, 70년 전 브레턴우즈에서 존 메이너드 케인스와 해리 덱스터 화이트(Harry Dexter White) 사이에 벌어졌던 논쟁의 소규모 버전을 발견할 것으로 기대하고 있었다〔케인스는 합의와 무역의 효용성을 기반으로 한 일종의 국제 결제 화폐—'방코르(bancor)'나 '유니타스(unitas)'—를 제시했다. "화폐가 져야 하는 국제 무역 규모에 비례해 그것의 공급이 있어야 한다"는 것이었다. 화이트는 미국 달러를 세계 기축통화로 한 '금환본위제(금 28.3그램을 35달러로 고정시켜 각국의 화폐 가치를 이와 연결하고 미국 정부가 금으로 교환해주는 제도—옮긴이)'를 주장했다. 1971년까지는 화이트가 이겼다〕.[12] 내가 실제로 발견한 것은 인식론적 입장, 이런 이질적인 화폐 형태들을 알고 검증할 수 있는 비슷한 방식이었다.

비트코인과 은의 공통점은 평가적이라는 것이었다. 한 화폐 주조자의 말대로, 여러분이 보유한 화폐를 입증하려면 "여러분 자신을 믿으면" 된다. 유통되는 암호 화폐들은 블록체인 장부상의 창출, 소유 및 거래의 기록 그 이상도 이하도 아니다. 그것들의 존재는 사용자가 볼 수 있는 그것들의 존재 기록으로 이뤄진다. 은은 손바닥에 놓았을 때의 촉감, 깨물었을 때의 느낌, 체온, 저울 위에 올렸을 때와 손에 쥐었을 때의 무게, 다양한 불빛 아래 보이는 모습 등 물적이다. 내가 얘기해본 공인 주조인들은 정확히 얼마나 많은 돈이 유통 중인지 평가할 수 있고 그것의 생산에 발언권이 있다고 본인들이 느끼는 한〔골드바에 번호를 매기는 이골드의 장부를 떠올려보자. 새 돈을 만드는 게 얼마나 비싼지에 관해 투표하는 비머니의 프로토콜을 떠올려보자. 피니의 '투명한 서버'를 떠올려보자.〕 지폐라도 꼭 반대하지만은 않았다. 본 노트하우스가 자신의 종이 창고증권에 가졌던 입장과 별반 다르지 않다. 사람들은 지폐에 위조 방지용 문양을 사용하는 데 **반대**했다. 그것들이 '주의집중을 방해하는' 역할을 하고, 즉 화폐의 검증을 다른 누군가가 담당하는 일로 바꾸고, 방코르와 국제 질서라는 추상적·제도적 세계를 향해

한 걸음 더 나아간다는 이유에서였다.

제2차 세계대전 중 일제 강점기의 인도네시아에서는 탈러—끈질기게 인기가 많았던 그 무역 은화—가 아주 널리 사용되어서 전략정보국(Office of Strategic Services, OSS)은 지하저항운동을 위해 손수 이 동전을 주조했다〔OSS는 미국중앙정보국(CIA)의 전신이자 특수작전본부(SOE)의 사촌이었다〕. 엽기적인 OSS의 상주 과학자 스탠리 로벨(Stanley Lovell)은 그의 숙달된 위조화폐 팀이 진짜 화폐는 만들기 싫어했지만 자신이 OSS의 위조 탈러는 순 은으로 만들자고 고집했다고 회고했다. "인도네시아 사람들은 동전을 깨물고 그것이 단단한 돌 위에서 울리는 소리를 들어볼 것이므로 나는 절대적인 동일성을 고집했다."[13] 아니, 2014년 여름에 한 자유지상주의자 화폐 주조인이 내게 말했듯이, "은은 은이고, 무게는 무게다".

이런 관점에서 봤을 때 외견상 실망스러운 비트코인의 많은 설계 선택도 다른 종류의 타당성을 갖는다. 전체 비트코인 장치는 특별한 방식과 일반적인 방식 둘 다로 통화의 **검증**을 가능하게 한다. 네트워크 밖에서는 '비트코인'을 교환하거나 자유롭게 유통시킬 수 없다. 그리고 그렇기 때문에 특정 비트코인이 진짜인지 아닌지를 어쩔 수 없이 시험해야 한다. 비트코인은 없고, 비공개 장부 안에서 거래할 권리만 있기 때문이다. 그것들은 파괴할 수 없고(제임스 하우얼스의 경우처럼, 개인키를 분실한 주소에 속해 있어 더 이상 사용하지 못할 수는 있지만), 한정된 비율로 만들어진다. 이러한 검증 가능성은 완전히 공개적인 시스템—장부가 공개된다—과 그 자체가 기록으로 존재하는 형태의 '화폐'를 요구한다. 즉, 모든 개념상의 비트코인은 장부에 그것이 추가되면서부터 그 이후 모든 거래를 운반한다. 여러분은 검사 스탬프, 소수점 이하 네 자리의 순도, 일련번호 및 그것들이 차지했던 모든 금고의 모든 선반을 설명하는 연속적 관리 서류들과 함께 특정 골드바만이 공유하는 정확도로 그것이 무엇인지, 그것이 어디에 있었는지, 그리고 그것의 어떤 부분을 누가 소유하는지를 알 수 있다. 가장 중요한 점은 여러분이 직접 이 검증을 할 수 있다는 것이다. 자기 돈이 진짜인지 확인하고, 그 돈의 계획과 생각에 전념하고, 잘못 결정할 경우 대가를 치르는 책임은 개인에게 있다.

비트코인은 초기에 만들어지고 채택됐을 때 H. G. 웰스가 금본위제에 관해 말했던 속성을 갖고 있었다. 바로 "웅장하고 우직한 정직성"이다.[14] 비실용적인 운영의 복잡성이 행위의 단순성을 은폐했다. 한 치의 오차도 없는 치밀함으로 돈이 정확히 얼마나 많이 있는지, 어디에 있는지, 그리고 얼마나 더 많이 있게 될지 말하는 행위. 그것은 미제스의 '인간행동학' 교리가 가진 환상의 구현 버전이다. "행위를 하는 사람이 선택의 결과를 충분히 알고 선택하기 위해 필요한 모든 정보를 마음껏 쓸 수 있게" 한다는 환상.[15] 비트코인의 닫힌 우주 안에서는 완벽한(적어도 이론적으로는) 검증이 가능했다. 오스트리아학파의 경화론이 모든 규칙이 명확하고 구체적인 비디오 게임—아마도 심골드(SimGold)—으로 재창조된 것이다.

물론 한 가지 정보가 누락됐다. 해당 비트코인의 가치가 실제로 얼마나 되느냐는 것이었다. 돈이 가치가 있는 것은 오로지 사람들과 그들의 제도가 지불이나 교환 시에 그것을 받아들이기 때문이며, 그들이 경험과 기대, 습관과 희망의 균형 속에서—그들이 받아들일 경우에—그렇게 하기 때문이다. 그들은 지금이든 나중이든 결국에는 그 돈이 유통되거나 상환되거나 결제될 수 있다고 믿는다. 이러한 사고 과정은 역사 및 미래성의 모델들 안에서 일어난다. 비트코인의 특별한 아키텍처에는 미래—또한 당초 자유지상주의자들의 화폐로 작용하기에도 적합했던 미래—에 관한 이야기도 있었다.

렘넌트 운동

초기 비트코인이 약속했던 검증 가능성의 일부는 미래에 설정되어 있다. 장부가 있으면 얼마나 많은 비트코인이 존재하는지와 현재 비트코인을 가진 소유자들의 주소를 안다. 아울러 최종적으로 얼마나 많은 비트코인이 존재할지(2100만 개), 그것이 어떤 비율로 도입될지(원래는 한 번에 50개, 지금은 25개), 그리고 그것을 생산하는 데 들어갈 작업(예전보다 더 힘들어지고 있다는 점)도 안다(이후 비트코인의 여러 측면이 그렇듯이, 이것은 시간과 사용으로 더욱 복잡해졌다. 코드는 중대한 변화를 일으킬 수 있고—그리고 일으켜왔고—많은 드라마를 연출하는 일단의 기여자들에 의해 유지된다. 그러나 우선은 초기 버전과 그 개념을 벗어나지 말자). 이것이 최초의 비트코인 사용자들, 즉 2009년에 자신의 랩톱에 소프트웨어를 실행하며 빈둥빈둥 수천 개를 축적했던 제임스 하우얼스처럼 채굴이 쉬웠을 때 들어온 사람들에게 엄청난 보상을 안겨주고, 돈을 보관과 담보로 혹은 다른 시각으로 보면 사재기와 투기를 위해 사용하도록 부추기는 통화 시스템을 만들어낸다.

이런 시각을 따른다면, 비트코인은 경제 성장 촉진을 위해 완만한 인플레이션 경향(이따금 베네수엘라처럼 극단적이고 처참한 예외도 있지만)을 띠는 국가 통화에 대한 현실적인 대안 자산, 또는 통화 수축 실험의 흥미로운 변종, 아니면 뒤늦게 채택해 그것을 사들이려고 몰려드는 어리바리한 개미 부대로 가치를 올리는 버블 유발 피라미드 수법 중 하나로 보일지 모른다. 어느 쪽이든 그것은 비트코인으로 지불하는 모든 사람에게 이런 질문을 제기한다. 여러분 같으면 어딘가에 투자하거나 무언가를 구입하는 것 이상으로 가치가 오를 수 있는 화폐를 왜 소비하거나 투자하겠는가? 그건 감춰두는 편이 낫다, 금처럼. 금마저도 파업과 골드러시(캘리포니아, 오스트레일리아, 남아프리카공화국, 그리고 티에라델푸에고 제도)부터 상품으로서의 금을 위한 새로운 시장에 이르기까지 불확실성이 있다는 점을 제외한다면. 하지만 비트코인의 미래는 알려져 있다. 바로 사전에 결정되어 있다는 것이다.

이것은 이미 현재의 통화 질서 붕괴에 대비하는 사람들에게 특히 솔깃한 개념이다. 부당 수령한 정부 보조금, 쓸데없는 전쟁에 쏟아버린 피와 보물, 국가의 권력 강화 및 과잉규제 자본주의의 마지막 발악—저런, 여러분의 자유지상주의 독배를 골라보세요—에 중독된 유휴 인력 집단 때문에 세상이 조각나고 있으니 비트코인의 일정은 달라지지 않을 것이다(물론 이것은 사실상 무제한인 터무니없이 값싼 전기의 지속적인 사용, 마이크로칩 제조 및 신뢰할 만한 전 세계 인터넷 접속과 같이 어지러운 현실 세계의 수많은 우발적 사건을 가정한다). 비트코인은 예금 인출 사태가 터져 잃어버린다거나 대여 금고로부터 압수당할 일이 없다. 비트코인을 거래할 권리는 계속 장부에 할당되어 있다. 그저 기다리기만 하면 되는 것이다.

투기적인 자유지상주의 화폐를 보유하는 것은 고삐 풀려 날뛰는 번영, 풍요 및 향락적인 우주 도시들이 놓인 저편의 엑스트로피아 돌파구로 넘어가는 문턱이 아니라, 때가 도래했을 때의 문턱을 고대하는 것이다. 그 문턱은 임박한 비상사태, 이 느슨한 공동체의 정치적 모델들이 수십 년간 간절하게 기대해온 위기다. 투기화폐는 엑스트로피아 프로젝트와 마찬가지로 그 미래를 초래하는 데 일조하지 않는다. 그것은 변화에 대한 투자가 아니다. 오히려 동전과 암호 화폐 단위는 **회고적 유물**이다. 현재 치외법권과 대안 구역─생선 항생제, 재도장하고 기름칠한 AK-47 소총 탄창, 그리고 배터리와 가스 마스크의 은닉처─에 있는 묵시록적 상품 및 통화를 축적하고 저장하는 것은 이 새로운 사회가 검증되고 진가를 발휘할 때 일어날 미래의 재난을 상상할 수 있게 해준다. 이러한 일련의 공통된 믿음을 이용하려고 초기 비트코인 업체들이 우후죽순 생겨났고, 하나같이 비트코인으로 가격이 매겨진 종자, 생존 키트, 운동 문학, 그리고 3-D 프린트로 인쇄된 공격용 소총 부품의 모금을 제공했다. 이 화폐를 승인했던 한 티셔츠 회사는 홈스쿨링, 미살균 우유, 총기 규제법 위협 및 차기 금융 위기의 전망─"비트코인 사용자들은 영향받지 않습니다"라는 약속과 함께─을 찬양하는 티셔츠들을 입고했다.[16]

이런 마케팅 전략 중 가장 강력한 것이 '비트코인 여권' 사업이었다. 이것은 세인트키츠섬(St. Kitts)과 네비스섬(Nevis, 서반구에서 가장 작은 주권국가)을 통해 신속하게 승인되는 시민권을 판매하는 시민권 판매업자이자 비트코인 투자자 로저 비어(Roger Ver)가 연루된 기존 계획의 연장선이었다.[17] 그들의 광고 문구는 이러했다. "오늘날 뉴스 헤드라인은 전 세계의 격변, 세금 인상, 시민들의 자유와 사생활에 점점 더 많은 통제권을 휘두르는 정부에 관한 이야기로 가득 차 있다. 세상은 빠르게 변하고 불안정해지고 있으며, 도처의 사람들에게 갈수록 더 많은 위험을 초래하고 있다."[18] 여기에 '국가안보국 감시', '테러' 같은 헤드라인의 콜라주가 따라왔다〔사업이 어두운 상황에서 파산하고 나자, 비어는 이어서 국가 통화로 비트코인을 사용하는 블록체인 거버넌스 프로젝트와 제휴하여 크로아티아와 세르비아 사이의 분쟁 지역에 있는 다뉴브강의 한 섬의 영유권을 주장하고 거기에 거주하는 리버랜드자유공화국 (Free Republic of Liberland) 프로젝트의 자금 조달자이자 지속적인 후원자로 활동했다].

비트코인은 변동 없는 예정된 지불이 중앙은행장들과 경제학자들을 대체한 통화로 이뤄진 새로운 연안 생활을 위한 역외계좌—세인트주드가 1992년에 말했듯이 "수백만을 위한 스위스 은행 계좌"—였고, 기다렸던 폭풍우를 피할 안식처였다.[19]

그것은 이전 장에서 연대순으로 기록했던 기존 국가 기구 바깥의 장소, 여러분이 필연적인 몰락을 편안히 지켜보다가—골트의 협곡 실현—여러분의 안정된 돈으로 세상을 떨이 가격에 모조리 사들이려고 나타날 수 있는 그런 곳에 대한 오랜 욕망과 깔끔하게 연결됐다. 자유지상주의 벤처 자본가이자 투자자인 피터 티엘(Peter Thiel)은 그가 표현한 대로 "모든 정부 통제와 실질 가치 하락이 없는 새로운 국제 통화의 창조, 말하자면 통화 주권의 종말"을 위한, 그리고 상황이 악화되면 여러분의 돈을 신속하게 이동시킬 수 있는 플랫폼으로 페이팔을 공동 창립했다. 그는 이어서 전직 시랜드 스태프로 이 책의 앞부분에 등장했던 패트리 프리드먼과 함께 시스테딩 벤처 사업의 중요한 자금 조달자가 되었다[20](티엘은 나중에 시스테딩협회(Seasteading Institute) 이사회에서 물러났다. "공학적 시각에서 봤을 때 그것들은 그다지 실현 가능성이 없다."[21] 프리드먼은 온두라스에 자치 '헌장 도시(charter city)' 창립을 추진하려고 사임했다].

물리적 탈출구의 선택권을 배제한 다른 이들은 평범한 삶에 내재된 자유지상주의적 외부 세계를 꿈꿨다. 1936년에 자유지상주의자 이론가 앨버트 제이 노크(Albert Jay Nock)—티엘과 프리드먼처럼 반유대주의자일 뿐 아니라 매우 반민주주의적이기도 하다—는 렘넌트(the Remnant: 남은 자들이라는 뜻, 성경에서 최후의 심판에서 살아남은 소수를 가리킨다―옮긴이)라 불리는 운동을 제안했다. "산호충처럼 기층을 짓는" 이 비밀 공동체는 구원적 재앙에 대한 역사적·사회적 무지 속에서 작동할 것이다. 그들은 이상을 고수하고, 예식을 행하고, 돈을 지키며, 기다릴 것이다. "현재의 예언자는 미래의 역사가만큼 알고 있으며 또한 그만큼 아는 게 거의 없다"고 노크는 썼다. 그들이 할 수 있는 일은 오직 몰락과 여파에 대해 곰곰이 생각하고 투기하면서 거기에 대비하는 것뿐이다.[22] 자유지상주의 동전은 램넌트 운동이 지속되듯 미혹된 세계에서 '객관적 가치'의 저장소로서 기존의 사회가 파괴되고 나면 통용될―상환될―수 있도록 지속된다. 《움츠린 아틀라스》의 마지막 문장에서 존 골트는 새로운 시대가 열릴 "황량한 대지" 위에 "달러 표시"를 한다.

희소성 기계

금융 위기가 한창일 때 출시된 긴급화폐였던 비트코인은 이런 판타지에 적합했고, 그중 일부는 비트코인 채택에도 일정한 역할을 했다. 이것은 기술의 설계 선택, 그리고 거기에 반영된 오스트리아학파와 자유지상주의 신념의 부산물이었다. 장부의 투명성과 소유권의 검증, 작업증명 과정, 그리고 새 화폐의 잔량 도입에 대한 사전지식―모든 것, 장치 전체―은 오직 한 가지를 생성하기 위해 설계됐다. 바로 예측 가능한 희소성이다.

비트코인이 생성하는 게 바로 이것이다. 추상적으로 말하면, 비트코인이 생성하는 것은 어마어마한 양의 열 말고는 검증 가능하고 분산되고 신용이 필요 없는 희소성, 그게 **전부**다. 이것이 다른 어느 누구에게도 특정 비트코인을 거래할 권리가 없고, 어떤 복제본도 생산되고 있지 않으며, 전체 숫자는 고정되어 있고 계속 그렇게 유지될 것이므로 만들기가 점점 더 어려워진다는 확신을 준다. 이것이 이 희소한 물건을 소유의 인프라, 즉 분산되고 반박할 수 없는 블록체인—디지털 예술작품의 소유권 설정부터 재산공유와 접근계획의 허용까지 좀더 흥미롭고 잠재적으로 가치가 큰 아주 많은 응용 사례가 있다고 밝혀진 블록체인—장부에 집어넣는다.[23]

이 책은 디지털 기술이 완벽한 복사본을 생산하고, 전송하고, 검증한다는 점에서 화폐로 통할 수 있는 데이터, 즉 디지털 화폐를 만드는 도전으로 시작됐다. 초기 비트코인의 해법은 엉뚱한 천재적 발상이었다. 바로 정보가 풍부한 세계 과학기술 안에서 특정한 한 가지 종류의 데이터를 입증할 수 있도록 희소하면서도 복제가 불가능하게 만드는 메커니즘을 구축하는 것이었다. 희소한 자원을 창출하기 위해 고안된 시스템이 나이절 도드의 말대로 차후에는 "기존의 금융 시스템에서 발견되는 것과 아주 똑같은 부와 권력의 불평등을 복제할 뿐만 아니라 악화시키는 것처럼 보인다"—중앙집중식 "채굴 풀(pool)", 투기 카르텔, 그리고 전체 통화 중에서 소규모 집단이 보유한 커다란 몫으로 완성된다—해도 놀랍지 않다.[24]

이 책은 미래에 대한 여러 가지 전망을 담고 있다. 자기 자신의 부활을 위한 필립 샐린의 금융 시스템, 국가를 파괴하는 팀 메이의 비밀시장, 모든 시대와 모든 인간의 지식을 위한 틀인 재너두, 미래를 예측하는 동시에 미래에 영향을 주는 아이디어 쿠폰들, 폭풍이 강타한 개념상 모든 정부의 역외에 있는 플랫폼, 그리고 대망의 미래로 냉동된 머리 화물을 운송하는 드와. 이 전망들 대부분은 스케치, 제안서, 이따금 원형, 소기업, 또는 단일 사례로 남았다. 비트코인은 그렇지 않았다. 비트코인은 구축됐다. 영구적으로 부족한 디지털 객체를 생산하는 데 필요한 인프라는 실제로 존재하며, 쏟아부은 콘크리트, 예비 발전기, QR코드, 스마트폰 앱 및 마이크로칩 제조의 코스모그램까지 방대한 규모다.

블록체인은 이 글의 집필 시점에 145기가바이트이며, 나카모토의 말대로 "CPU 시간 및 전력"—그 랙과 반도체 칩 보드랙(racks of boards)—을 소모시키는 비트코인 채굴 설비에 의해서 늘어나고 있고, '크다'는 뜻의 기가(giga-), 테라(tera-), 페타(peta-) 및 엑사(exa-) 이상의 그리스어 접두사를 요하는 다량의 컴퓨터 작업을 투입시키고 있다. 채굴자는 전기가 필요하다. 정확히 얼마나 많이 필요한지는 말하기 어렵지만, 저렴한 수력 발전소나 중국의 석탄 화력 발전소가 있는 곳에 구축하는 쪽이 아주 매력적이다. 이 모든 것이 아무것도 드러내지 않고 수량화가 가능한 형태의 **어려움 자체** 말고는 아무것도 초래하지 않는 임의의 문제들을 해결하는 데 사용된다. 매일, 매시간, 매초마다 일어나는 이 끊임없는 소비가 장부에서 어떤 내용도 변경되지 않았다는 공통의 합의를 노드들 사이에 보장한다.

충분히 거리를 두고 보면, 비트코인 기계는 가치에 관해 지금까지 상상한 것들 중 가장 추상적인 판타지의 외장 버전으로 드러난다. 그것은 데이터를 가치 있게 만드는—지불을 승인하고 과거와 미래를 생각하는 인간과 그들의 제도만이 그렇게 할 수 있다—게 아니라 특정 종류의 데이터를 검증할 수 있도록 희소하게 만들고, 그럼으로써 사재기, 표출, 구걸,

과시적 소비 및 지위 경쟁에 적합하게 만든다. 그것은 새로운 종류의 인위적인 결핍을 창출하는 데 낭비한다는 것 말고는 과학기술적 창의력―그것의 에너지, 혁신 및 풍요―으로 무엇을 해야 할지 파악할 수 없는 사회의 가장 순수하고 가장 정직한 표현일 것이다. 우리 시대의 기념비적인 우매함이다.

결론: 언젠가 미래에

이 책이 만약 성공을 거뒀다면, 지금 여러분의 머릿속에는 디지털 화폐, 유토피아적 컴퓨팅 프로젝트 및 현대 암호 화폐 선구자들의 역사, 그러니까 "새로운 방식으로 만들어진 물건"으로 실행한 최초의 실험들, 맹목적인 이캐시, 블랙넷의 크립토크레딧, 해시캐시와 비트골드, RPOW와 비머니, 엑스트로피언들의 아이디어 쿠폰과 손과 하이에크 지폐의 개요, 자유지상주의자들의 동전과 증서와 디지털 금화, 그리고 마지막으로 비트코인의 초기 버전과 그것의 전자 서명 체인이 들어 있을 것이다. 여러분은 디지털 객체가 어떻게 권위를 갖게 되었는가 하는 더 커다란 이야기의 한 챕터로서 스스로 입증하고 증명하고 인증할 수 있는 다양한 종류의 디지털 미디어 객체—서명에서 우편요금까지, 장부에서 은행권까지—를 만드는 어려움을 느꼈을 것이다. 또한 탈러에서 에너지 증서까지, 에어달러에서 묻혀 있는 디르함까지, 아시냐에서 비트코인까지, 가상 및 실제의 모든 통화가 각각 가치·지식·권력·시간의 코스모그램들과 확연히 다른 관계를 갖고 역사와 미래를 전하는 방식도 느꼈을 것이다.

나는 이상의 것들이 실제적인 질문으로 이어지기를 바란다. 여러분의 돈은 어떤 미래, 어떤 지식과 권력의 배열에 속하는가? 그것은 여러분이 실현하기를 소망하는 미래인가? 아니라면, 그 돈은 도대체 무엇인가?

모든 종류의 화폐는 거래되고, 비축되고, 배분되고, 최종적으로 파괴되든지 아니면 수집품이나 박물관 전시품으로 전락하는 시간 및 역사의 구조를 수반한다. 화폐의 미래라는 궁극적인 지평선에는 그것을 거래하는 우리 자신의 죽음과 그 화폐를 가치 있게 만들어준 우리 사회의 종말이 들어 있다. 따라서 그것은 미래, 그러나 언제나 특정 시간 안에 있는 미래의 모델로 작용한다. 이 책의 가상화폐 프로젝트들은 각각 바로 그 모호함과 주변성 안에서 우리에게 통화 제안서 및 소설에 표현된 공동체와 그 시대에 대한 상상력의 완벽한 사례를 제공한다. 그것들은 현재의 증언으로도 작용하는 미래의 이론이다.

이런 점에서 테크노크라트 에너지 증서는 여전히 미래적이다. 미국의 대공황 시대는 댄스 마라톤 또는 **화성침공** 라디오 방송만큼이나 그 시기의 사물이며 미래적이다. 엑스트로피언들의 디지털 화폐와 '아이디어 선물'은 그것들을 오래된 신경제(New Economy: 1990년대에 미국이 디지털 기술을 기반으로 인플레이션 없이 장기 호황을 누린 현상—옮긴이), 호황기, 프랜시스 후쿠야마(Francis Fukuyama)의 《역사의 종말(The End of History)》 및 트랜스휴먼의 전망이 담긴 타임캡슐로 만드는 방식에서 미래적이었다. 초기 비트코인은 2008년과 2009년에 정말로 일어나고 있는 것처럼 보였던 임박한 총체적 위기에 대비해 보유한 인플레이션 없는 '경화'의 오랜 자유지상주의적 미래를 끌어낸다.

테크노크라시 주식회사는 미국 생활의 과학기술 문화사에서 흥미로운 발자취가 되었다. 대륙 전체가 과학적 경영이라는 보정된 모터를 끼우고 공학의 몽상에 전면적으로 항복한 사건이었다. 하워드 스콧은 오래 살아서 늘 자신의 실체였던 대로 산업주의자 코스프레를 하는 사람으로 밝혀지는 상황을 지켜봤고, 그의 운동은 사무실에서 "에르그(erg) 사나이"인 그의 주변을 서성대는 소수의 시종들로 축소됐다.[1]

암호 무정부주의는 결국 정보 유출, 서류 폐기, 밀고 및 갈취 계략 시스템에 부분적인 영감을 주거나 그것들을 위한 서곡으로 끝이 났고─역전, 즉 브루스 스털링(Bruce Sterling)의 말처럼 히피(hippie)화된 "데스크톱 국가안보국"─비트코인을 받고 유출된 데이터를 팔면서 결과적으로 자신들이 파괴할 작정이었던 바로 그 정부들의 전당포와 자산이 되었다(그것은 또한 많은 온라인 암시장에도 영감을 줬다). 우리는 화폐를 디지털화하고 개인의 활동을 사적으로 만든 게 아니라 결국 **사용자**를 화폐화하고 그들을 팔 수 있는 상품─차움이 경고했듯이, 관심과 지불 데이터가 포획과 착취를 위한 또 다른 자원일 뿐인 꼬리표를 단 사육장의 가축─으로 만드는 광고 및 공격적인 감시 위에 구축된 네트워크 인프라를 갖게 되었다.

엑스트로피아는 신기루처럼 환경 그 자체 속으로 사라졌고, 더욱 기이한 그 특성들은 근력 운동을 하고 사각의 카페인을 씹고 사악한 기계 지능의 그노시스주의적 마력에 초조해하면서도 자신들의 초합리성에는 자부심을 느끼는 특이점 형제들로 정상화(상대적으로 말해서)됐다. 시간의 엔트로피 화살을 반대 방향으로 돌릴 작정이었던 엑스트로피아 화폐는 그들이 기대했던 것과는 아주 다른 미래에 처하게 됐다.

초기 비트코인과 그것의 블록체인은 다듬어져 채택되었고, 다른 제도, 의제 및 시스템이 그것을 활용하게 됨에 따라 처음 버전과 다르게 점점 바뀌어갔다. 출시 후 몇 년간은 일련의 위기, 적응, 해킹, 강세장과 하락 국면 및 분열과 재창조가 있었고, 온갖 집단이 비트코인의 **진짜** 정체와 가능성 및 당위를 놓고 왈가왈부했다[2]〔그리고 물론 이더리움(Ethereum)부터 '암호 화폐 공개(Initial Coin Offerings, ICO: 주식회사의 기업공개처럼 신규 암호 화폐를 발행하여 투자자들로부터 자금을 모집하는 방식―옮긴이)'의 확산에 이르기까지 다른 많은 암호 화폐와 관련 기술들이 파생되거나 독자적으로 개발되어왔다. 그것들의 이야기를 하자면 책 몇 권이 될 수 있다〕. 신약성서를 구약성서에 나오는 예언의 이행과 확인으로 개조하는 성경 해석자들처럼, 비트코인이 어떻게 되어야 하는지의 이야기는 틀림없이 과거에 어땠는지를 이해하는 데 달려 있다. 이 책으로서는 현재의 순간을 완벽하게 예시하는 역할을 찾은 듯하다. 근거 없는 추측을 위한 대단히 변덕스러운 수단, 과장 광고, 가격 담합, 한바탕 터지는 광란의 공황상태, 그리고 별로 하는 일 없이 부자가 되려는 꿈의 혼합으로 촉발된 오르락내리락 롤러코스터.

조용히 이 책의 주인공이 되었던 할 피니는 2014년에 세상을 떠났다. 그는 근위축성 측색 경화증(루게릭병)의 희생자였다. 그의 시신은 관류 치환 수술을 받고 영하로 냉각된 후 알코르 냉동보존 시설의 장기 저장소에 안치됐다. 의료 경비의 일부는 그가 블록체인 초창기에 축적해놓은 비트코인을 팔아 부담했다. 그는 손을 통제할 힘을 잃고도 비트코인 지갑 소프트웨어의 보안을 강화하는 코딩 프로젝트 작업을 했다.[3]

복잡한 금융협정에 의한 자금을 지원받아 추운 알루미늄 통에 누운 피니는 신문과 비트코인 블록에서는 고인이 되어 추모를 받으며 과거에 있고, 그와 동시에 영하 196도의 애리조나에서는 현재에 있으며, 희망과 기대의 유토피아적 지평선 저 너머 어딘가 모든 돈이 있는 곳에서는 미래에 있다. 알코르의 현 CEO인 맥스 모어는 그의 저온보존을 발표하면서 이렇게 썼다. "할! 언젠가 미래에 당신과 다시 얘기를 나누고 당신의 부활을 기리는 파티를 열기를 손꼽아 기다린다고 말하면서 나는 많은 이들을 대변하고 있습니다."[4]

감사의 글

마리오 비아지올리, 레이먼드 크레이브, 새러 딘(Sara Dean), 찰리 드타 (Charlie DeTar), 퀸 뒤퐁(Quinn DuPont), 폴 에드워즈(Paul Edwards), 텅-휘 후(Tung-Hui Hu), 크리스 켈티, 빌 마우러, 니콜 마리 밀러(Nicole Marie Miller), 리사 나카무라(Lisa Nakamura), 아빈드 나라야난, 헬렌 니센바움 (Helen Nissenbaum), 렌 누니(Laine Nooney), 메리 푸비, 크리스 라베토(Kriss Ravetto), 필립 로거웨이(Phillip Rogaway), 크리스티안 샌드비그(Christian Sandvig), 라나 스워츠, 존 트레시, 케이틀린 잘룸(Caitlin Zaloom)에게, 그리 고 프린스턴 대학 출판부의 앨 버트란드(Al Bertrand) 및 검토자·편집자· 디자이너, 뉴욕 대학 미디어 문화 커뮤니케이션 학부 직원들 및 이름을 밝히지 말아달라고 요청한 이들에게 깊은 감사를 드린다. 당신들이 없었 다면 이 책은 가능하지 않았을 것이다. 모든 오류는 나의 몫이다.

표지 작품 설명(원서 표지를 참조하십시오─옮긴이)

책 표지의 작품은 주로 화폐를 가지고 작업하는 조이 콜롬보(Joey Colombo)가 제작했다. 이것은 그의 인스타그램(jdotcolombo)에 올린 사진으로, 2017년 아웃사이드랜즈 음악축제(Outside Lands music festival)에서 작업 중인 현장을 담았다. 그 자체가 여러 화폐의 부분들을 고해상도로 스캔하고 확대하여 조합한─디지털화되고 변형된 화폐─순간 예술작품의 기록인 것이다. 그의 작품은 교환과 치환, 저것 대신 이것의 중심에 놓인 희생물의 원초적 신비를 집행한다. 다른 차원, 곧 광활한 외부 세계로 가는 길을 열기 위해 일률적인 가치의 사물들을 파괴한다. 그의 예술세계에서 지폐는 상환을 꿈꾼다. 훼손되어 사용할 수 없기 때문에 대체 통화로 유통되는 데서 해방된 그것은 새로운 형태를 띨 수 있다. 호사스러운 19세기 사이키델릭 아트(psychedelia), 페이즐리(paisley) 시대의 빛나는 유물, 물결무늬, 온실의 꽃, 기계로 짠 태피스트리 및 선 세공 장식의 당초무늬 조각들로 인해 **빽빽한** 길로슈(guilloché: 노끈을 꼰 듯한 무늬─옮긴이) 장식─원래는 위조 방지 조치─들이 드러나 보인다. 눈과 날개는 증식한다. 전 세계 화폐의 낡은 파편들이 새로운 만다라, 환상의 풍경, 명상의 객체가 된다. 윌리엄 버로스는 자신의 "잘라내기(cut-up)" 작문 기법에 대해 "현재를 잘라내면, 미래가 유출된다"고 말했고, 콜롬보의 엑스액토(X-Acto) 칼의 정밀도와 기법은 이상한 미래상으로 포화 상태가 된 작품을 만들어낸다. 정치인, 군주 및 문화계 고위층의 엄숙한 얼굴들이 티베트 승려의 **탕카**(thangka: 탱화─옮긴이)처럼 굽실굽실한 구름과 불타는 후광과 함께 꽃과 이파리로 된 화관을 쓰고 외골격 갑옷과 보석 세공된 헬멧 속에서 새로이 우리를 응시한다. 그들은 고대인 동시에 완전히 미래인 어떤 장소에서 온 주술사와 치품천사, 유토피아에서 온 사절처럼 보인다.

주

서문: 세 가지 흐름

1. Desan, *Making Money*, 331.

01 화폐로 투기하고 상상하기

1. Akin, *Technocracy*, 29. 이 책은 미국사의 이 놀라운 시기에 관심 있는 독자들에게 귀중한 출처다. Segal, *Technological Utopianism*, 6장도 참조.

2. 회사 공동 창립자 중에는 '허버트 피크(peak)' 석유 생산 이론으로 더 유명한 지질학자 마리온 킹 허버트(Marion King Hubbert)도 있는데, 몇십 년 후 그는 '피크 오일'로 세간의 악평을 얻었다.

3. Ahamed, *Lords of Finance*, 435에 인용된 대로다.

4. Ahamed, *Lords of Finance*, 21장은 미국의 자금난의 이것과 다른 결과들에 대한 극도로 흥미로운 개괄을 포함한다. 이 문단은 그의 설명에서 대부분 발췌했다.

5. 이 프로젝트에 관해서는 Stites, *Revolutionary Dreams*, 7장과 Zielinski, *Deep Time of the Media*, 8장 참조.

6. Technocracy Inc., "Total Conscription!".

7. Fezer, "The Energy Certificate".

8. Tresch, *Romantic Machine*, xvii.

9. Ohanian and Royoux, *Cosmograms*, 68.

10. 정치적 유토피아 프로젝트의 맥락에서 이 프로젝트들—"초가 정박"이라 불리는—을 간략하고 훌륭하게 소개한 것으로 North, *Money and Liberation*, 62-66 참조. 표준 일부화폐 프로젝트는 무정부주의 경제학자 실비오 게젤(Silvio Gesell)의 연구에 기반한 '보글 실험(Wörgl experiment)'이었다. 게젤의 연구에 대한 훌륭하고 철저한 개요로는 Onken, "The Political Economy of Silvio Gesell" 참조. 인용문은 Gesell, *The Natural Economic Order*, 121에서 가져왔다.

11. 새로운 형태의 화폐를 제조하는 작업의 공동체 및 시간에 대한 한층 더 깊은 연구는 Maurer, *Mutual Life, Limited* 참조.

12. 같은 책, 89.

13. 이 분야에 풍부한 학문적 저작이 있지만, 이번 장의 목적으로 봤을 때 Graeber, *Debt*와 Hudson, "How Interest Rates Were Set, 2500 BC-1000 AD"를 추천한다.

14. 이런 생각—다른 약속들은 무가치한 것으로 판명 날 거라는 장담—은 금융 및 세계화 이론가 아르준 아파두라이(Arjun Appadurai)의 저서 *Banking on Words*가 출처다. 예일 수도 채권에 관해서는 http://news.yale.edu/2015/09/22/living-artifact-dutch-golden-age-yale-s-367-year-old-water-bond-still-pays-interest 참조.

15. "금융에 대한 합리적 예측 기술에 작용하는 불안, 공포, 의심"의 탁월한 분석으로는 Zaloom, "How to Read the Future" 참조.

16. "예비 기술"이란 용어는 테크놀로지 역사학자 데이비드 에저턴(David Edgerton)한테서 나왔다. Edgerton, *Shock of the Old*, 1장 참조. 소비자 금융과 월수수료 및 당좌대월 요금의 위험—그리고 급여 지급일 대출과 수표 현금화 제도가 제공하는 명확성이 어떻게 선호되는지—에 관한 리사 서번(Lisa Servon)의 저서(Servon, *The Unbanking of America*)도 참조.

17. 여기에 관한 더 심층적인 분석으로는 17세기의 다양한 할인 모델 발달에 관한 윌리엄 데린저(William Deringer)의 연구 참조. "이제 곧 밝혀지겠지만, 〔승리한 모델인〕 복리 할인은 사람들이 미래, 심지어 현재에 대해 느끼는 것을 가장 잘 반영하는 방법 같지는 않다"(Deringer, "Pricing the Future", 521).

18. Spang, *Stuff and Money in the Time of the French Revolution*, 6.

19. 같은 책, 20.

20. Zelizer, *Economic Lives*, 154.

21. 이것은 이 책이 다룰 수 있는 것보다 더 커다란 문제, 바로 다양한 형태의 화폐 및 지불 시스템의 젠더화(gendering)를 암시할 뿐이다. 젤라이저의 저서와 함께 Waring,

If Women Counted, Gibson-Graham, *The End of Capitalism*, 그리고 Swartz, "Gendered Transactions" 참조.

22. Desan, *Making Money*, 6.

23. 같은 책.

24. Benjamin, "One-Way Street", 451.

25. Keynes, "The General Theory of Employment", 216.

26. Tresch, "Cosmogram", 74.

27. Dwiggins, *Towards a Reform*, 20.

28. 같은 책, 19.

29. Belasco, *Meals to Come*, 181, 182.

30. Wells, *The Shape of Things to Come*, 266.

31. 같은 책, 285.

32. Morrisson, *Modern Alchemy*, 176. 이 책은 이 독특하고 매력적인 장르를 명확하게 설명한다.

02 안전한 종이

1. Benjamin, "One-Way Street", 481.

2. Spang, *Stuff and Money*, 46.

3. 같은 책, 47.

4. Kafka, *The Demon of Writing*, 77.

5. Spang, *Stuff and Money*, 175.

6. McPhee, *Oranges*, 97.

7. Beniger, *Control Revolution*, 163에 인용된 대로다.

8. 이 논지는 Beniger, *Control Revolution*, 4장의 연구와 이론에 바탕을 두고 있다.

9. Gitelman, *Paper Knowledge*, ix.

10. 사망진단서의 공중보건사(史)에 관해 좀더 알고 싶다면, Schulz, "Final Forms" 참조.

11. Robertson, "The Aesthetics of Authenticity".

12. Poovey, *Genres*, 3.

13. Dwiggins, *Towards a Reform*, 27.

14. Swartz, *Social Transactions*.

15. Gilbert, "Forging a National Currency", 42.

16. 에드워드 뮬러(Edward Mueller)로 더 많이 알려져 있는 에머리히 유트너는 1930년대에 아내가 세상을 떠난 후 고물상이 되고 싶어 아파트 관리인 일자리를 그만둔 뉴욕시의 노인이다. 입에 겨우 풀칠할 정도로 근근이 살던 그는 일종의 보잘것없는 절박감으로 위조에 의지했기에 그를 잡는 게 거의 불가능했다. 그는 아무도 눈여겨보지 않는 1달러짜리 지폐—심지어 문방구 본드지에 인쇄하여 어설프게 수정한 데다 'Washington'의 철자도 틀려 자신의 행색만큼이나 어색했다—를 고수했다. 그는 돈이 떨어졌을 때 하루에 많아야 한두 장만 유통했다. 예치할 수 없는 지폐로 지불해 장사에 해를 끼치고 싶지 않았기 때문에 위조지폐를 절대 같은 장소에 두 번 유통하지 않았고, 식료품과 강아지 사료를 사려고 맨해튼을 여기저기 누볐다. 해를 거듭하며 첩보기관은 훨씬 더 정교하고 위험한 위조 작업들을 불시에 단속했으나, '880번 노인'은 10년 넘게 그들의 철저한 수색망을 빠져나갔다. McKelway, "Mister Eight-Eighty" 참조.

17. 돈의 책정 및 다양한 할인이라는 이슈는 비비아나 젤라이저의 저서, 특히 기념비적인 기사 "The Social Meaning of Money" 참조. 행동경제학 연구, 특히 리처드 탈러(Richard Thaler)의 "심리 계좌와 소비자 선택"으로 시작된 심리 계좌(mental accounting: 사람들은 경제적 결정을 할 때 머릿속에 계좌를 설정해놓고 손익을 계산하는데 이것이 비합리적 소비를 불러온다는 사고—옮긴이)에 관한 저서도 참조.

18. Gibson, *Zero History*, 345-46.

19. Murdoch, "Software Detection of Currency"; Murdoch and Laurie, "The Convergence of Anti-Counterfeiting"; Kuhn, "The EURion Constellation"; Nieves, Ruiz-Agundez, and Bringas, "Recognizing Banknote Patterns".

03 알려지지 않았지만 알아볼 수 있는 것

1. 이 이야기는 Fitzsimons, *Nancy Wake*(대중서이기는 하지만, 웨이크 본인과의 인터뷰를 바탕으로 하여 부차적인 지식으로 검증한 것이다)와 Elliott, *The Shooting Star*에서 발췌했다.

2. Marks, *Between Silk and Cyanide*, 44.

3. 같은 책, 590.

4. Wallace and Melton, *Spycraft*, 436.

5. 호기심 있는 독자를 위해, 나는 마크스 본인이 더들리 스미스(Dudley-Smith) 사령관에게 LOP 시스템을 발표할 때 사용했던 대체 사각형과 1회용 암호표의 첫 줄을 쓰고 있다. Marks, *Between Silk and Cyanide*, 246.

6. Kahn, *The Codebreakers*는 자료 은폐 도구이 사진들을 포함해 수십 년간 1회용 암호표의 다양한 적용에 관한 풍부한 개요를 제공한다. 이런 시스템의 외교적 용례에 관한 훌륭한 요약본은 Smith, "Book Ciphers"이다.

7. Shannon, "Communication Theory of Secrecy Systems".

8. Levy, *Crypto*; Singh, *The Code Book*; Plutte, "Whitfield Diffie Interview".

9. Merkle, "Secure Communications over Insecure Channels".

10. Singh, *The Code Book*, 283.

11. Levy, *Crypto*, 270.

12. Diffie and Hellman, "New Directions", 652.

13. Rivest, Shamir, and Adleman, "A Method for Obtaining Digital Signatures"; Blanchette, *Burdens of Proof*.

14. 이 수는 RSA-240로, RSA 암호키에 사용되는 종류의 숫자 연구를 장려하기 위해 만든 'RSA 소인수분해 챌린지'의 반소수다. 챌린지는 중단됐지만―서로 다른 암호 체계의 강도에 대한 현장의 이해에 진전이 있었다―다른 많은 RSA 소인수분해 챌린지와 더불어 이 챌린지 숫자에 대한 해답은 결코 발견되지 않았다.

15. Blanchette, *Burdens of Proof*, 81.

16. Diffie and Hellman, "New Directions", 649.

17. 같은 책.

18. Blanchette, *Burdens of Proof*, 63.

19. 이 부분은 Meier and Zabell, "Benjamin Peirce and the Howland Will"과 저자 미상의 "The Howland Will Case"를 바탕으로 했다.

20. 덧붙여, 존 퀸시 애덤스(John Quincy Adams) 대통령의 수표 110장을 조사했고 일부는 서로 겹칠 수 있도록 투명 종이로 옮겼다. 대통령보다 더 나은 기준점이 어디 있겠는가?

21. "The Howland Will Case", 577.

22. 20년 뒤 찰스 퍼스의 제자이자 친구인 미술사학자 앨런 마퀀드(Allan Marquand)는 형식 논리학의 일련의 문제를 자동으로 해결하는 기계 장치를 만들었고(프린스 턴에서 가장 오래된 농가주택의 기둥으로 만든 삼나무 케이스 안에 그것을 저장했

다), 퍼스는 이렇게 추천했다. "나는 전기가 의존할 수 있는 가장 좋은 방법이라고 생각한다." 마퀸드가 논리적 연산을 위한 최초의 전기 회로를 도식으로 만들었을 때, 퍼스는 이런 연구의 전망에 관한 논문을 발표했다. "기계가 생각하는 일을 정확히 얼마나 많이 수행하도록 제작될 수 있을지, 그리고 그중 어떤 부분을 살아 있는 사람을 위해 남겨야 하는지는 상상할 수 있는 실질적 중요성이 없지 않은 문제다. 그것에 대한 연구는 어쨌든 추론 과정의 본질에 필요한 실마리를 반드시 던져 줄 것이다"(Peirce, "Logical Machines", 165).

23. Peirce, "Of Reasoning in General", 13.

24. Schwartz, *The Culture of the Copy*, 179.

25. '서명'이 실제로 암호화에서 무슨 일을 하는지에 관한 가치 있는 철학적 분석—블록 체인에 대한 특별한 언급이 있다—으로는 DuPont, "Blockchain Identities" 참조.

04 비공개 요소

1. Greenberger, "The Computers of Tomorrow".

2. McCarthy, "The Home Information Terminal".

3. Stearns, *Electronic Value Exchange*, 44. 이 책은 다른 데서는 구할 수 없는 대단히 매력적인 내용이 담긴 비자사와 호크의 훌륭한 역사로, 훨씬 더 많은 이들에게 읽힐 가치가 있다.

4. 같은 책, 195.

5. Armer, "Computer Technology and Surveillance", 10.

6. 같은 책, 11.

7. Atwood, *The Handmaid's Tale*, 25.

8. Eubanks, *Automating Inequality*, 특히 2장 참조.

9. Deleuze, "Postscript", 5.

10. 같은 책.

11. 같은 책, 6.

12. 이 대화에 살을 더 붙일 두 권의 필독서는 Bratton, *The Stack*과 Hu, *A Prehistory of the Cloud*이다.

13. Gleick, "The End of Cash".

14. Chaum, "Blind Signatures", 199.

15. US Congress, "Federal Government Information Technology".

16. Greenberg, *This Machine Kills Secrets*, 65에 인용된 차움의 말. 인용된 특허에는 "모든 평범한 열쇠를 인식할 줄 아는 전자자물쇠"(6318137)와 "물리적·디지털 비밀 투표 시스템"(20010034640)이 포함된다.

17. Biagioli, "From Ciphers to Confidentiality".

18. Chaum, "Prepaid Smart Card Techniques".

19. Chaum, "Security without Identification".

20. Finney, "Protecting Privacy with Electronic Cash", 12.

21. Chaum, "Achieving Electronic Privacy".

22. Gleick, "The End of Cash".

23. Levy, *Crypto*, 293; Rockelein and Maier, "A Common Currency System"; Gleick, "The End of Cash" 참조.

24. Blanchette, *Burdens of Proof*, 60.

25. 이렇게 디자인 공간을 연 것은 Turner, *From Counterculture to Cyberculture*에 기술된 자유를 위한 컴퓨팅의 재해석과 함께 읽어보면 좋겠다.

26. 중앙은행과의 정치적 싸움 및 그것과 암호 화폐와의 관계에 대한 전체적 맥락은 Golumbia, *The Politics of Bitcoin* 참조. 심층적 연구를 위한 흥미로운 한 분야―애석하게도 이 책의 범위를 벗어난다―는 로버트 헤팅거(Robert Hettinga)가 개발한 '디지털 무기명 증서' 프로젝트다. 헤팅거는 정기적인 사이퍼펑크 기고가였고, 그의 제안과 연구는 차움 이후의 디지털 화폐가 택할 수 있는 대안적 접근법을 제시한다.

27. Finney, "Why remailers……".

28. Pitta, "Requiem".

29. Narayanan, "What Happened to the Crypto Dream?", 3.

05 정부의 붕괴

1. 모든 인용문을 포함해 이 네 문단은 그녀의 설명을 바탕으로 했다(Milhon, "Secretions").

2. 주드와 커뮤니티 메모리는 널리 논의되었다. Levy, *Hackers*, 특히 8장; Felsenstein, "Community Memory"; Doub, "Community Memory"; 그리고 Brand, "Spacewar!"

참조.

3. Levy, *Hackers*.

4. Liska, "St. Jude's Legacy".

5. 이 부분의 모든 인용문의 출처는 Milhon, "Secretions"이다.

6. Meieran, Engel, and May, "Measurement of Alpha Particle Radioactivity", 20-21.

7. 암호 무정부주의의 유산과 위키리크스—이 책에 나온 동일한 인물들을 다수 포함하지만 돈보다는 내부고발 및 공개와 관련이 있다—의 탄생에 대한 탁월한 저널리즘적 설명으로 Greenberg, *This Machine Kills Secrets* 참조.

8. Hughes, "Nuts & Acorns".

9. May, "Libertaria in Cyberspace".

10. May, "The Cyphernomicon", 17.3.1.

11. May, "The Crypto Anarchist Manifesto".

12. 같은 책.

13. May, "The Cyphernomicon", 17.3.1.

14. 같은 책.

15. Benkler, *Wealth of Networks*, 특히 3장.

16. May, "The Cyphernomicon", 17.3.1.

17. Hughes, "Nuts & Acorns".

18. May, "The Cyphernomicon", 16.3.4.

19. Stadd, "NASA Headquarters Oral History Project".

20. Peterson, "Shuttle Pricing", 12에 인용된 대로다.

21. Dyson, "Making Markets", 2에 인용된 대로다.

22. Orr, "Join the Information Economy".

23. Ott, "For Your Information".

24. Dyson, "Information, Bid and Asked", 92.

25. Dyson, "Making Markets", 5.

26. 브랜드와 **스페이스워!**에 관한 맥락은 Turner, *From Counterculture to Cyberculture*, 특히 4장 참조.

27. Brand, "Spacewar!"

28. 실질적인 문제로, 이것을 우리는 거의 언제나 저지른다. 여기에 대한 설명과 더 심층적으로 잡음 통신로들에서의 전송, 저장 및 복제라는 도전에 대해서는 Sterne,

MP3 참조.

29. 이 주장에 대한 눈에 띄는 대안으로, DuPont, "Blockchain Identities" 참조.

30. 이 책의 임무를 넘어서는 이것에 대해서는 할 말이 많지만, 시작하기에 좋은 곳으로 Kirschenbaum, *Mechanism*과 그의 법의학적 물질성과 형식적 물질성 사이의 구분; Schwartz, *The Culture of the Copy*, 특히 6장, 그리고 Boon, *In Praise of Copying*, 마찬가지로 특히 6장이 있다.

31. 미디어와 컴퓨팅의 교차점으로서 추제의 데이터 저장 필름에 대한 더 많은 정보와 상당한 통찰로는 Manovich, *The Language of New Media*, 특히 1장 참조.

32. 이 주제에 관한 문헌은 방대하다. 이 책의 질문들, 특히 복제와 소유권에 대해서는 기준점으로 Johns, *Piracy*를 추천하겠다.

33. Dyson, "Making Markets", 5.

34. 〈와이어드〉지가 사이퍼펑크의 개요를 알려주고 울프의 서사적인 재너두 실패담을 실었던 확장 시기에 이곳의 편집인이던 다이슨의 동시대 인물 케빈 켈리(Kevin Kelly)—그는 《통제 불능(Out of Control)》에서 디지털 화폐에 대해 자세히 쓰기도 했다—는 2016년 저서 《인에비터블(The Inevitable)》의 몇몇 대목에서 과거 예측들의 오류를 바탕으로 이 질문에 사려 깊게 대답했다.

35. May, "Timed-Release Crypto".

36. 공개키 암호화와 소액결제 시스템 개발과 마찬가지로 Rivest, Shamir, and Wagner가 썼던 대로다. 그들의 "Time-Lock Puzzles" 참조.

37. 단어의 머리글자를 딴 이 이름은 컴퓨터 과학계 내부의 농담이기도 하다. XOR—'exclusive or'—은 투입이 다를 때만 1의 결과로 되돌아오는 논리적 연산이다. 1 XOR 1은 0이고 0 XOR 1은 1이다. 이런 단순한 기초를 바탕으로 아주 복잡한 것을 구축할 수 있다.

38. 재너두의 개념적 의의는 아무리 해도 과장이 아니며, 이 프로젝트에 대해서는 훨씬 이전의 문헌들이 있다. 우선 Barnet, *Memory Machines*; Harpold, *Ex-foliations*, 2장; 그리고 Rayward, "Visions of Xanadu" 참조.

39. Nelson, *Literary Machines*, 1/35.

40. Walker, *The Autodesk File*, 500.

41. 같은 책, 499.

42. 같은 책, 843.

43. Nelson, *Literary Machines*, 0/5.

44. 같은 책, 1/25.

45. 같은 책, 2/29.

46. 같은 책, 2/43.

47. 같은 책, 4/29.

48. http://www.caplet.com/adages.html에서 "The Rule of Scarcity" 아래 참조.

49. 밀러는 또한 1980년에 '밀러 칼럼'으로 지금은 흔히 사용되는 중첩된 디렉토리—
아이튠즈(iTunes)와 맥 오에스 엑스(MAC OS X)의 '칼럼 뷰(column view)'로 가
장 친숙하다—를 통해 계층적 탐색 인터페이스(hierarchical navigation interface)
를 독자적으로 발명했다고 주장한다.

50. Nelson, *Computer Lib/Dream Machines*, 41.

51. Miller, Tribble, Pandya, and Stiegler, "The Open Society and Its Media", 18.

52. http://www.overcomingbias.com/2006/11/first_known_bus.html.

53. Walker, *The Autodesk File*, 424.

54. Greenberg, *This Machine Kills Secrets*, 59.

55. May, "Re: Anguilla-A DataHaven?".

06 영원한 개척지

1. May, "Re: Wired & Batch File".

2. Turner, *From Counterculture to Cyberculture*, 6, 73.

3. 이 용어들의 출처는 May, "Re: HACKERS: Crypto Session Being Planned"이다.

4. Vinge, "The Coming Technological Singularity", 12.

5. Vinge, *True Names*, 245.

6. Dai, "Cypherpunks and Guns".

7. Vinge, *True Names*, 285.

8. May, "Re: Blacknet Worries".

9. 정확히 말하면, 사이퍼펑크 메일링 리스트, alt.extropian 뉴스그룹, 그리고 alt.fan.
david-sternlight 뉴스그룹이다. 내부자들끼리 하는 농담으로, 스턴라이트는 암호화
의 일부 응용 프로그램에 대한 그의 혐오에 있어서 의심 많고, 까다롭고, 심술 맞은
것으로 유명했다.

10. 이 현상(내 사례들을 포함해)은 Rubery, *The Novelty of Newspapers*, 2장에 설

명되어 있다.

11. 집에서 따라 풀어볼 사람들을 위해, "Don't let JS see you look at advertisement".

12. May, "Introduction to Blacknet", 242. 만일 메이의 익명 포스트 원본과 거기에 대한 반응이 궁금하다면, 그것은 1993년 8월 18일 수령인들 중 한 명[티머시 뉴섐(Timothy Newsham)]으로부터 사이퍼펑크 메일링 리스트에 '제목 없음(파일 전송)'이라는 제목으로 전달되었다. https://cypherpunks.venona.com/raw/cyp-1993.txt에서 찾아볼 수 있다.

13. 이것은 블랙넷의 출범과 그 여파에 관한 그의 훌륭한 이력에서 인용했다. '암살 시장'처럼 이 책에서 우리가 다룰 수 없는 사안들도 거기에 들어 있다. Rid, *Rise of the Machines*, 278.

14. More, *Utopia*, 249.

15. May, "Introduction to Blacknet", 241.

16. Sterling, "The Blast Shack"은 유사성과 연관성에 관한 우수한 논의다. Rid, *Rise of the Machines*도 참조.

17. Brunton, "Keyspace".

18. Hughes, "No Subject"; May, "A Minor Experimental Result".

19. Swartz, "Blockchain Dreams", 85.

20. Turner, "Prototype", 256.

21. 같은 책, 259.

22. Lewis, "On Line with William Gibson".

23. Barlow, "Crime and Puzzlement".

24. Turner, "Can We Write a Cultural History of the Internet?", 40.

25. May, "The Cyphernomicon", 8.4.22와 4.8.2.

26. May, "Introduction to BlackNet", 241.

27. Barlow, "A Cyberspace Independence Declaration".

28. '정착민 개척지'라는 용어의 출처는 Richards, *The Unending Frontier*, 6의 "적극적인 정치적·군사적·재정적 참여와 팽창 중인 국가의 지원이 필요한" 개척지들 부분이다.

29. May, "The Cyphernomicon", 16.21.5.

30. Barlow, "A Cyberspace Independence Declaration".

31. May, "Untraceable Digital Cash".

32. Stallman, "What Is Free Software?"

33. Martinson, "Another Pax-Type Remailer".

34. 같은 책.

07 나노초 여행 가방

1. Mitchell, "The Contributions of Grace Murray Hopper", 68.

2. 같은 책, 39.

3. 현재의 현실적 목적에 비췄을 때, 즉 양자 얽힘 같은 것들은 잠시 제쳐뒀을 때.

4. Williams, "Improbable Warriors", 112.

5. Mitchell, "The Contributions of Grace Murray Hopper", 63.

6. 관련 생각—백이 해시캐시 개발 중에는 모르고 있었던 것—은 1992년 Dwork and Naor, "Pricing via Processing"에서 설명되었다. 리베스트도 실비오 미칼리(Silvio Micali)와 함께 개발한 2004년 페퍼코인 시스템의 스팸 대응 응용 프로그램을 제안했다. Rivest, "Peppercoin Micropayments" 참조.

7. Knott, "Hashing Functions", 275.

8. Morris, "Scatter Storage Techniques".

9. Kirschenbaum, Mechanisms, 177.

10. 같은 책, 85.

11. Finney, "RPOW Theory".

12. 정확성을 위해, 2017년 2월 실제로 구글의 공학자들과 암스테르담의 CWI(네덜란드 국립정보과학연구소)가 SHA-1 충돌을 설계할 수 있었다는 언급이 있다. 다른 데이터를 위해 똑같은 해시를 생성하는 것은 다양한 SHA-1—증명서 및 서명을 위한 기초 시스템—을 위험하게 만들지만, 여기서 설명한 작업은 그 시연이 있기 전의 것이다. http://security.googleblog.com/2017/02/announcing-first-sha1-collision.html 참조.

13. "Post-Office Stamps as Currency".

14. Szabo, "Trusted Third Parties Are Security Holes".

15. Szabo, "Bit Gold". 이 부분은 2005년에 그가 이 생각을 더 공식적으로 상술한 데서 인용했다. 1999년(Szabo, "Intrapolynomial Cryptography")에 그는 벤치마크 (benchmark) 함수의 맥락에서 "해시캐시, 마이크로민트(MicroMint), 비트골드 등

등"을 언급했다. 1998년(Szabo, "Secure Property Titles with Owner Authority")
에는 비트골드 시스템의 측면을 자세히 설명했다.

16. May, "The Cyphernomicon", 6.3.3.

17. May, "The Cyphernomicon", 6.8.3.

18. May, "Re: Guns: H&K".

19. Dai, "Cypherpunks and Guns".

20. Dai, "PipeNet 1.1 and B-Money".

21. Finney, "Re: Currency Based on Energy".

22. 같은 책.

23. 구현하기에 간단한 일은 아닐 것이며─비트코인이 차후에 보여줬듯이─다이는 몇
가지 대안을 제시했다. 그 모든 개별 장부들 사이에 동기화를 유지하는 것은 상당
한 도전이기 때문에, 그는 중앙집중식 서버에 의존하는 방법과 계산 작업에서 이
론상 공정한 가격을 유지하기 위해 새 돈을 주조하는 난이도에 참가자들이 입찰하
는 방법을 거론했다.

24. Nakamoto, "Citation of Your B-Money Page".

25. Nakamoto, "Re: Citation of Your B-Money Page".

26. Finney, "Re: Currency Based on Energy".

08 냉동인간 하이에크

1. More, "Editorial".

2. More, "Denationalisation of Money", 19.

3. 같은 책, 20.

4. "Introduction", 3.

5. Edgerton, *The Shock of the Old*에서 비행 열풍 현상을 컴퓨팅과 나란히 분석한
우수한 요약을 찾아볼 수 있다.

6. More, "The Extropian Principles", 17.

7. 빈서클과 동석했던─그리고 나아가서 심층 생태학 이론을 발전시키는─아르네 나
에스(Arne Naess)는 빈의 거리에서 "여러분은 무엇이 참인지를 어떻게 판단하십니
까?"라는 단일 질문의 설문지를 돌렸다.

8. Mises, *Human Action*, 32.

9. 여기 있는 요약은 Hayek, *The Denationalization of Money*와 *The Market and Other Orders*; Mises, *Notes and Recollections*(특히 1장, 4장, 그리고 4부)와 *The Theory of Money and Credit*; O'Driscoll and Rizzo, *Austrian Economics Re-examined*; 그리고 Jones, *Masters of the Universe*에 주로 의존했다.

10. 이 용어를 처음 사용했을 때 포퍼는 '유토피아 사회공학'이라고 언급했다. 《열린 사회와 그 적들》을 쓸 무렵에 그것을 '유토피아 공학'으로 요약했다(Popper, *Open Society*, 148).

11. Hayek, *Law, Legislation, and Liberty, Vol. 2*, 108-9.

12. 이 책의 범위를 벗어나지만, 이 프로젝트는 나중에 '가속주의(accelerationism)'라 불리게 된 일련의 사고 및 정치적 공약과 흥미로운 관계를 맺고 있다. 가속주의 개념의 의제 설정자 중 하나인 영국의 사이버네틱 문화연구소(Cybernetic Culture Research Unit)는 엑스트로피언들의 비관적인 현대판 사촌들이었다. 그들은 마찬 가지로 버블 경제와 신종 화폐 발명을 장려하면서—작동되는 원형은 전혀 만들어 내지 못한 수사학적 테크노-고딕(techno-Gothic) 정신에서 나오기는 했지만—똑같은 전제에서 출발해 디스토피아적 종반전으로 끝마쳤다.

13. Appadurai, "The Spirit of Calculation", 9, 그리고 *Banking on Words*의 맥락에서 더 큰 논쟁. Zaloom, *Out of the Pits*도 참조.

14. Marx, *Grundrisse*, 410.

15. "Spontaneous Orders", 7.

16. Yow, "Mindsurfing".

17. Cypher, "Magic Money Digicash System".

18. Finney, "Protecting Privacy with Electronic Cash".

19. Chaum, "Security without Identification", 1030.

20. 특히 미래 초지능(superintelligence)과 일종의 예측적 대화를 추구하는 지능 철학 독학자 엘리저 유드코프스키(Eliezer Yudkowsky), 그리고 신반동주의자이며 인종차별주의자이며 '신중상주의 경제학자'(군국주의적인 테크노크라시 주식회사를 상상하라)인 소프트웨어 개발자 커티스 '멘시우스 몰드버그' 야빈(Curtis 'Mencius Moldbug' Yarvin) 등등. 그러나 이것은 또 다른 책이 될 것이다. 야빈은 현재 클라우드 컴퓨팅을 완전히 새롭게 디자인하는 어비트(Urbit)의 개발을 지휘하고 있다. 야빈은 "비트코인이 디지털 화폐라면, 어비트는 디지털 토지"라고 말했다.

21. Hanson, "Idea Futures", 9.

22. Potvin, "A Solicitation". 날짜는 엑스트로피언 리스트에 올린 그의 포스트를 바탕으로 했다(Potvin, "Extropians' Net Worths").

23. SEC v. SG Ltd.(2001). No. CIV.A. 00-11141-JLT.

24. Brekke, "Money for Nothing".

25. May, "Untraceable Digital Cash".

26. Spang, *Stuff and Money*, 272.

27. Bell, "Extropia".

28. Machado, "Five Things".

29. Bishop, "my EXTRO 3 perspective"; Szabo, "Future Forecasts", "Intrapolynomial Cryptography", "Bit Gold".

09 미래의 욕망

1. Finney, "Exercise and Longevity".

2. 이 부분은 "The Cryonics Bracelet Contest"의 여러 다른 원고에서 발췌했다.

3. Romain, "Extreme Life Extension", 4.

4. de Wolf, "Deconstructing Future Shock", 5.

5. Platt, "Hamburger Helpers", 14.

6. "Excitations/Advances", 6-7.

7. Simberg, "The Frozen Frontier".

8. Lanouette, *Genius in the Shadows*, 16장.

9. Szilard, "Memoirs", 4.

10. Ettinger, "The Penultimate Trump".

11. 냉동 수면 이야기는 아니지만, 에드워드 벨러미(Edward Bellamy)의 소설 《뒤돌아보면(Looking Backward)》은 여기서 언급할 가치가 있다. 주인공인 줄리안 웨스트(Julian West)는 새로운 경제적 미래―벨러미가 만든 말인 '신용카드'가 포함되는 미래―로 가기 위해 최면 상태로 보존된다. "이 카드는 일정 금액의 달러로 발급됩니다." 미래의 거주민은 웨스트에게 전달한 '두꺼운 종잇조각'에 대해 말한다. "우리는 옛날 말은 지켰지만 실체는 안 지켰습니다. 우리가 사용할 때 그 용어는 아무런 실물에도 해당하지 않아요. 단지 제품의 가치를 서로 비교하기 위한 대수학적 상징 역할을 하죠."

12. Szilard, "The Mark Gable Foundation", 2.

13. 이 부분은 Krementsov, *Revolutionary Experiments*와 *A Martian Stranded on Earth*를 비슷하게 기초했다.

14. Hayek, *The Constitution of Liberty*, 32.

15. Hayek, *Law, Legislation, and Liberty, Vol. 3*, 176.

16. Hayek, *Law, Legislation, and Liberty, Vol. 1*, 38.

17. 같은 책, 42.

18. Robin, "Wealth and the Intellectuals". 하이에크가 기대하는 미래 지향적 소수 집권층은 슘페터(Schumpeter)가 말한 "새로운 사실들에 비판적인 감수성"을 가지고 언제나 다음에 일어날 일에 깨어 있고, "비범한 신체 및 신경 에너지"를 소유한 이상적인 대기업 리더 같은 타입이다(Schumpeter, "The Rise and Fall of Families", 123).

19. Drinan, "Review: *Law, Legislation, and Liberty(Volume 3)*", 621.

20. Hayek, *The Constitution of Liberty*, 40.

21. 여기 있는 하이에크의 주장을 어디서부터 반박하기 시작할까? 사실상 기술의 역사상 어느 것도 이 설명에 해당하지 않는다. 훌륭한 출발점은 Edgerton, *The Shock of the Old*가 제공하는 혁신, 발명, 분배 및 생산에 대한 분석이다.

10 긴급화폐

1. Brunnermeier, "Deciphering the Liquidity and Credit Crunch".

2. Nakamoto, "Bitcoin P2P e-Cash Paper".

3. 세 가지 이의 제기를 선택한다면, "우리는 정말정말 이런 시스템이 필요하다"고 암호학자이자 사이퍼펑크인 제임스 도널드(James Donald)가 나카모토에게 보내는 답장에 썼다(Donald, "Bitcoin P2P e-Cash Paper"). "그러나 내가 당신의 제안서를 이해한 바로는, 그것이 필요한 크기만큼 확장되지 않는 것 같다." "이 시스템의 진짜 쟁점은 비트코인들을 위한 시장이라고 생각한다"고 리스트의 또 다른 단골이 썼다(Dillinger, "Bitcoin P2P e-Cash Paper"). "전산 작업증명은 내재적 가치를 갖고 있지 않다." 존 러바인(John Levine)—인터넷과 전자메일의 보안 및 신뢰 세계에서 잔뼈가 굵은 인물—은 작업증명 시스템 자체에 있는 잠재적 우려에 주목하면서 이렇게 지적했다. "해시캐시가 오늘날 인터넷에서 작동하지 못하는 것도 이와 같은 이유

다. 착한 사람들은 나쁜 사람들보다 컴퓨터 화력이 엄청나게 약하다. 나는 다른 사안들도 의문시되지만, 이게 가장 골칫거리다"(Levine, "Bitcoin P2P e-Cash Paper").

4. 이 초기의 수용과 논의는 신문기사들에 게재되었는데, 특히 Popper, *Digital Gold*, 2장의 결론에 나온다.

5. 은둔형 수학자 모치즈키 신이치(望月新一)의 ABC 추측(ABC Conjecture) 연구는 소인수들의 빈도와 수의 덧셈 및 곱셈 속성에 관한 수수께끼와 관련이 있다. 그가 나카모토라고 추정할 특별한 이유는 없다.

6. Nakamoto, "Re: Citation of Your B-Money Page".

7. Finney, "Bitcoin P2P e-Cash Paper".

8. Diffie and Hellman, "New Directions in Cryptography", 654.

9. Nakamoto, "Bitcoin P2P e-Cash Paper".

10. Greenfield, *Radical Technologies*, 5장은 어떻게 비트코인이 비전문가에게 먹히는지를 탁월하고 명쾌하게 설명하며, 거기에는 '합의' 모델이 이 말의 일반적인 사용을 얼마나 반영하고 있지 못한지에 대한 다음의 설명도 포함되어 있다. "반대의견은 한동안 지속될 수 있지만 점차 없어진다. 어떤 일련의 사건 후보는 그것이 도전받을 확률이 0까지 감소하는 임계치를 넘어가기 때문이다. 모든 채굴 노드는 결국 이 가장 긴 하나의 체인으로 수렴하고, 그것은 모든 일회성 경쟁자들이 도중에 실패하고 나면 표준이 된다."

11. Nakamoto, "Bitcoin VO.1 Released".

12. 장부 기반의 화폐라는 더 큰 세계에서 비트코인이 차지하는 자리의 분석에 관해서는 Maurer, "Money as Token and Money as Record" 참조.

13. Nelson, *Literary Machines*, 2/29.

14. 전자의 좋은 사례는 다크월렛(DarkWallet) 프로젝트(https://www.darkwallet.is)다. 지금 이 책의 집필 시점에서 진정한 익명 암호 화폐 중 기술적으로 가장 흥미로운 버전은 Z캐시 프로젝트(https://z.cash)다. 다크월렛의 대표 개발자였고 지금은 자율다기술그룹(Autonomous Polytechnics Group)을 시작하고 있는 아미르 타키(Amir Taaki)는 비트코인 세계에서 철학적으로나 정치적으로 단연 가장 흥미로운 인물이다. 그의 작업은 탐구할 가치가 있다.

15. Hern, "Missing: Hard Drive Containing Bitcoins".

16. 이 주소는 현재 8000BTC를 소유하고 있는데, 하우얼스가 기억하는 날짜에 따르면 모두 2009년 두 달 동안 만든 것이다. 이 주소로 외부로 전송한 거래는 한 번도 한

적이 없고, 2009년 4월 26일 이후로는 완전히—2014년부터 이상하게 드문드문 극소한 액수로 들어오는 거래들을 제외하면—사용하지 않았다. 내 생각에 이것은 당시와 그 이후에 비트코인 소프트웨어의 몇몇 부분에서 표본 주소로 사용되고 있던 주소의 부작용인 것 같다.

17. Hillis, "The Connection Machine".

18. 전산과 에어컨이 결합한 역사로는 Brunton, "Heat Exchanges" 참조.

19. Kolodzey, "CRAY-1 Computer Technology".

20. Cray, "U.S. Patent No. 4,590,538".

21. Shirriff, "Mining Bitcoin with Pencil and Paper".

22. 이 모든 게 그저 해시 생성 문제들을 푸는 것이다. 매우 큰 정수들을 많이 곱하는 작업이 포함되는 비트코인 거래 서명과 같은 것을 하려는 게 아니다.

23. Keynes, *The General Theory of Employment, Interest and Money*, 129.

24. Nakamoto, "Bitcoin", 4.

25. Maurer, Nelms, and Swartz, "When Perhaps the Real Problem Is Money Itself!", 2.

26. P2P 재단 사이트는 생년월일을 요구하는데, 그러고 나면 그것이 프로필에 게시되는 나이에 반영된다: http://p2pfoundation.ning.com/profile/SatoshiNakamoto?xg_source=activity. P2P 재단 아카이브를 통해 나이의 증가를 쫓던 암호시장 분석업체 그웬(https://www.gwern.net)은 1975년 4월 5일에 그것이 감소했음을 발견했다.

27. Metzger, "ADMIN: No Money Politics, Please".

11 탈출의 지형학

1. von NotHaus and Presley, "To Know Value".

2. 같은 책, 12, 14, 17.

3. "New Liberty Dollar".

4. 이 말은 창고증권의 문구에 나오며, 견본 복사본에도 재현되어 있는 것을 볼 수 있다. 이를테면 Shelter Systems, "Motion for Return", 33에 재현되어 있는 Exhibit C 참조.

5. Shelter Systems, "Motion for Return"(진술서), 11에 증거로 입력된 내용과 같다.

6. Keynes, "The General Theory of Employment", 213.

7. von NotHaus, "The Nazi-ization of America", 492.

8. Silk Road trial: Government Exhibit 270, 14 Cr. 68(KBF).

9. DGC 세계에 관한 뛰어난 조사로는 Mullan, *A History of Digital Currency* 참조. 이골드에 관한 메모는 이 책의 2장과 거기에 인용된 주요 출처들에서 가져왔다.

10. Smith, *The Rationale of Central Banking*, 169-70.

11. Greenberg, "Collected Quotations of the Dread Pirate Roberts".

12. Heinlein, *The Moon Is a Harsh Mistress*, 155.

13. Rand, *Atlas Shrugged*, 384.

14. 같은 책, 253, 258.

15. Stiefel, *The Story of Operation Atlantis*.

16. Craib, "Escape Geographies and Libertarian Enclosures".

17. 아틀란티스 작전의 숙명과 운영 세부사항의 출처는 Strauss, *How to Start Your Own Country*와 Halliday, "Operation Atlantis"이다.

18. 미네르바와 피닉스재단에 관한 간결한 요약의 출처는 McDougall("Micronations in the Caribbean"), Lindstrom("Cult and Culture"), Strauss(*How to Start Your Own Country*)와 함께 Craib, "Escape Geographies"이다. 더 심층적인 분석은 크레이브가 현재 집필 중인 책 참조. 가제가 *Libertarian Noir: Exit, Enclosure, and the Age of Right Flight*이다. 조세 및 주권의 맥락에서 미네르바의 상황을 탁월하고 간결하게 요약한 내용은 van Fossen, *Tax Havens*의 3장에 있다.

19. Lindstrom, "Cult and Culture", 117.

20. "1997 MIT $1K Warm-Up Business Idea Competition"은 http://web.mit/edu/~mkgray/afs/bar/afs/athena/activity/other/50k/old-www/1k97/1k97-summary.htm에서 (아직도!) 볼 수 있다.

21. Lackey, "Starting an e-Cash Bank".

22. 기사는 Garfinkel, "Welcome to Sealand"였다. 이 부분에 인용한 다른 내용과 더불어 Rid, *Rise of the Machines*, 7장의 시랜드와 사이퍼펑크에 관한 아주 흥미로운 이야기를 추천한다.

23. 법률적 상황 자체와 심히 이상하고 폭넓은 관련 범죄 활동의 훌륭한 개요로는 Grimmelmann, "Sealand, HavenCo, and the Rule of Law" 참조.

24. Johns, *Death of a Pirate*, 특히 8장.

25. Rid, Rise of the Machines, 281에 인용된 대로다.

26. 무슨 일이 일어났는지에 관한 래키의 설명은 그가 시랜드를 떠난 뒤 데프콘 회의를 위해 제작한 프레젠테이션 슬라이드를 바탕으로 했다(Lackey, "HavenCo: What Really Happened").

12 황량한 대지

1. 동전을 포함해 화폐에 내장된 기록과 역사에 관한 상세한 논의는 Maurer, "Money as Token" 참조.

2. Pettersson, *The Spillings Hoard*. 유명한 사례로 이 특별한 비축분에 있던 하자르 (Khazar) 동전—'모세(Moses) 동전'—한 개가 하자르 왕조의 유대교 개종이라는 복잡한 역사에서 중요하고 논란 많은 순간에 관한 물질적 흔적을 제공했다. 비축되고 주조되는 동전이 어떻게 우리가 하자르를 이해하는 데 도움이 될 수 있는지에 관한 개요로는 Kovalev, "What Does Historical Numismatics Suggest" 참조.

3. MacGregor, *A History of the World in 100 Objects*, 95장.

4. 가치 저하와 "경쟁적 가치 저하"에 관한 매력적인 설명으로 Desan, "Coin Reconsidered" 참조. 동전을 자르거나, 테두리를 깎거나, 망가뜨리는 관행과 의미에 관한 두 가지 통찰력 있는 설명은 Caffentzis, *Clipped Coins*와 von Glahn, *Fountain of Fortune*, 3장이다.

5. Weatherford, *The History of Money*, 7장에는 탈러에 관한 훌륭하고 철저한 설명이 있다.

6. Addison, *Dialogues upon the Usefulness of Ancient Medals*와 "Autobiography of a Shilling". Spicer, *The Mind is a Collection*, 특히 exhibit 13에 나오는 애디슨과 동전에 관한 매력적인 설명도 참조.

7. Spang, *Stuff and Money*, 272.

8. Stadter, "Alexander Hamilton's Notes on Plutarch".

9. Franklin, "A Modest Enquiry".

10. Trettien, "Leaves".

11. 이 개념의 흥미로운 또 다른 변종은 바이마르 독일의 **렌텐마르크**(Rentenmark)였다. 이 프로젝트와 그 배경에 관한 뛰어난 요약은 Taylor, The Downfall of Money, 326-335 참조.

12. 이 희대의 대화에 관한 전반적 개요는 Steil, *The Battle of Bretton Woods* 참조.

케인스의 계획에 관해 더 알고 싶다면, Keynes, "International Clearing Union" 참조. 나중에 국면이 이상하게 흘러가면서 화이트는 전후 소련의 경제적 성공을 돕기 위해 비밀리에 일하는 일종의 금융 스파이였음이 밝혀지게 된다. 듣자 하니 새로운 국제 질서의 안정은 어느 한쪽의 승리보다는 **두** 초강대국의 번영에 달려 있다는 확신하에 벌인 일인 듯하다. 무엇보다 그는 전후 독일 점령기의 법정 통화인 연합군 마르크의 인쇄용 복제판을 소련이 받을 수 있게 중개했다. Craig, *Treasonable Doubt* 참조.

13. Lovell, *Of Spies and Stratagems*, 29.

14. Ahamed, Lords of Finance, 20에 인용된 대로다.

15. Mises, *Human Action*, 173.

16. 공격용 소총 주제는 del Castillo, "Dark Wallet"과 Wilson, *Come and Take It*에서 다뤘다. 티셔츠 회사 '7bucktees' 사이트는 없어졌지만, 다음의 인터넷 아카이브에서 찾을 수 있다. https://web.archive.org/web/20160412110430/http://www.7bucktees.com/product-category/t-shirts/.

17. 버(Ver)는 Abrahamian, *The Cosmopolites*, 특히 5장에 기억할 만하게 기록되어 있다.

18. 사이트(passportsforbitcoin.com)는 접속이 끊겼지만, 인터넷 아카이브를 통해 여전히 찾아볼 수 있다. 그것은 여러분이 상상하는 것처럼 논쟁의 주제가 되어왔다. 이 프로젝트의 초창기에 관한 설명으로 Clenfield and Alpeyev, "'Bitcoin Jesus' Calls Rich to Tax-Free Tropical Paradise" 참조.

19. Milhon, "Secretions".

20. Thiel, "The Education of a Libertarian".

21. Dowd, "Peter Thiel".

22. Nock, "Isaiah's Job" 참조. 이런 생각이 미국의 보수주의와 특히 윌리엄 버클리 주니어(William F. Buckley, Jr.)에게 미친 영향에 관해서는 Judis, *William F. Buckley, Jr.*, 44-46 참조.

23. 블록체인 및 암호 화폐 악몽의 몇 가지 결과를 비롯해 블록체인을 기반으로 한 재산공유를 멋지게 환기시켜주는 책으로 Greenfield, *Radical Technologies*, 10장 참조.

24. Dodd, "The Social Life of Bitcoin", 21.

결론: 언젠가 미래에

1. Manley, "The Erg Man".

2. 2013~2014년의 걷잡을 수 없는 유명세를 포함해 이런 변화에 관한 상세한 개요는
   Wolfson, "Bitcoin: The Early Market" 참조.

3. Greenberg, "Nakamoto's Neighbor".

4. More, "Hal Finney Being Cryopreserved Now".

참고문헌

Abrahamian, Atossa. *The Cosmopolites: The Coming of the Global Citizen*. New York: Colimbia Global Reports, 2015.

Addison, Joseph. "Autobiography of a Shilling." *Tatler*, no. 249, November 11, 1710.

____. *Dialogues upon the Usefulness of a Ancient Medals: Especially in Relation to the Latin and Greek Poets*. Published 1726. https://Quod.lib.umich.edu/cgi/t/text/text-idx?c=ecco;idno=004788594.0001.000.

Ahamed, Liaquat. *Lords of Finance: The Bankers Who Broke the World*. New York: Penguin, 2009.

Akin, William. *Technocracy and the American Dream: The Technocrat Movement, 1900-1941*. Berkeley: University of California Press, 1977.

Appadurai, Arjun. "The Spirit of Calculation." *Cambridge Journal of Anthropology* 30, no. 1 (Spring 2012): 3-17.

____. *Banking on Words: The Failure of Language in the Age of Derivative Finance*. Chicago: University of Chicago Press, 2015.

Armer, Paul. "Computer Technology and Surveillance." *Computers and People* 24, no. 9 (September 1975): 8-11.

Atwood, Margaret. *The Handmaid's Tale*. New York: Houghton Mifflin, 1986.

Barlow, John Perry. "Crime and Puzzlement." June 8, 1990. Electronic Frontier

Foundation list archive: https://www.eff.org/ko/pages/crime-and-puzzlement.

_____. "A Declaration of the Independence of Cyberspace." February 8, 1996. Electronic Frontier Foundation list archive: https://www.eff.org/cyberspace-independence.

Barnet, Belinda. *Memory Machines: The Evolution of Hypertext*. London: Anthem, 2013.

Belasco, Warren. *Meals to Come: A History of the Future of Food*. Berkeley: University of California Press, 2006.

Bell, Tom. "Extropia: A Home for Our Hopes." *Extropy* 8 (Winter 1991/1992): 35-41.

Beniger, James. *The Control Revolution: Technological and Economic Origins of the Information Society*. Cambridge, MA: Harvard University Press, 1986.

Benjamin, Walter. "One-Way Street." In *Selected Writings Volume 1: 1913-1926*, edited by M. Bullock and M. W. Jennings, 444-88. Cambridge, MA: Belknap Harvard, 1996.

Benkler, Yochai. *The Wealth of Networks: How Social Production Transforms Markets and Freedom*. New Haven, CT: Yale University Press, 2006.

Bennett, James, and Phillip Salin. "Privatizing Space Transportation." Issue paper no. 102, Federal Privatization Project. Santa Monica, CA: Reason Foundation, 1987.

Biagioli, Mario. "From Ciphers to Confidentiality: Secrecy, Openness and Priority in Science." *British Society for the History of Science*, 2012. https://ssrn.com/abstract=2427952.

Bishop, Forrest. "my EXTRO 3 perspective." ExI-list archive, August 12, 1995. http://extropians.weidai.com/extropians.3Q97/1794.html.

Blanchette, Jean-François. *Burdens of Proof: Cryptographic Culture and Evidence Law in the Age of Electronic Documents*. Cambridge, MA: MIT Press, 2012.

Boon, Marcus. *In Praise of Copying*. Cambridge, MA: Harvard University Press, 2010.

Brand, Stewart. "Spacewar! Fanatic Life and Symbolic Death among the Computer Bums." *Rolling Stone*, December 7, 1972. http://wheels.org/spacewar/stone/rolling_stone.html.

Bratton, Ben. *The Stack: On Software and Sovereignty*. Cambridge, MA: MIT Press, 2016.

Brekke, Dan. "Money for Nothing." *Wired* 8, no. 9 (September 2000). https://www.wired.com/wired/archive/8.09/stock.html.

Brunnermeier, Markus. "Deciphering the Liquidity and Credit Crunch 2007-2008." *Journal of Economic Perspectives* 23, no. 1 (Winter 2009): 77-100.

Brunton, Finn. "Keyspace: WikiLeaks and the Assange Papers." *Radical Philosophy* 166 (March/April 2011): 8-20.

＿＿. "Heat Exchanges." In *The MoneyLab Reader: An Intervention in Digital Economy*, edited by Geert Lovink, Nathaniel Tkacz, and Patricia de Vries. Amsterdam: Institute of Network Cultures, 2015.

Caffentzis, Constantine. *Clipped Coins, Abused Words, Civil Government: John Locke's Philosophy of Money*. New York: Autonomedia, 1989.

Chaum, David. "Blind Signatures for Untraceable Payments." In *Advances in Cryptology: Proceedings of Crypto 82*, edited by David Chaum, Ronald L. Rivest, and Alan T. Sherman, 199-203. New York: Plenum Press, 1983.

＿＿. "Security without Identification: Transaction Systems to Make Big Brother Obsolete" *Comm. ACM* 28, no. 10 (1985): 1030-44.

＿＿. "Achieving Electronic Privacy." *Scientific American*, August 1992, 96-101.

＿＿. "Prepaid Smart Card Techniques: A Brief Introduction and Comparison." DigiCash, 1994. https://www.chaum.com/publications/Prepaid_Smart_Card_Techniques.html.

Clenfield, Jason, and Pavel Alpeyev. "'Bitcoin Jesus' Calls Rich to Tax-Free Tropical Paradise." *Bloomberg Technology*, June 16, 2014. https://www.bloomberg.com/news/articles/2014-06-15/-bitcoin-jesus-calls-rich-to-tax-free-tropical-paradise.

Craib, Raymond. "Escape Geographies and Libertarian Enclosures." Presentation at Yale's Program in Agrarian Studies, February 2015. https://agrarianstudies.macmillan.yale.edu/sites/default/files/files/CraibAgrarianStudies.pdf.

Craig, R. Bruce. *Treasonable Doubt: The Harry Dexter White Spy Case*. Lawrence: University Press of Kansas, 2004.

Cray, Seymour. "U.S. Patent No. 4,590,538: Immersion Cooled High Density

Electronic Assembly." US Patent Office, November 18, 1982.

"The Cryonics Bracelet Contest: Top Contenders." *Cryonics* 7, no. 10 (October 1986): 10-18.

Cypher, Product. "Magic Money Digicash System." Cypherpunks list archive, February 4, 1994. https://cypherpunks.venona.com/date/1994/02/msg00247. html.

Dai, Wei. "Cypherpunks and guns." Cypherpunks list archive, January 6, 1998. http://cypherpunks.venona.com/date/1998/01/msg00115.html.

____. "PipeNet 1.1 and b-money." Cypherpunks list archive, November 27, 1998. http://cypherpunks.venona.com/date/1998/11/msg00941.html.

del Castillo, Michael. "Dark Wallet: A Radical Way to Bitcoin." *New Yorker*, September 24, 2013. https://www.newyorker.com/business/currency/dark-wallet-a-radical-way-to-bitcoin.

Deleuze, Gilles. "Postscript on the Societies of Control." *October* 59 (Winter 1992): 3-7.

Deringer, William. "Pricing the Future in the Seventeenth Century: Calculating Technologies in Competition." *Technology and Culture* 58, no. 2 (April 2017): 506-28.

Desan, Christine. "Coin Reconsidered: The Political Alchemy of Commodity Money." *Theoretical Inquiries in Law* 11, no. 1, article 13 (January 2010): 361-409.

Desan, Christine. *Making Money: Coin, Currency, and the Coming of Capitalism.* Oxford: Oxford University Press, 2014.

de Wolf, Aschwin. "Deconstructing Future Shock." *Cryonics* 36, no. 2 (February 2015): 5.

Diffie, Whitfield, and Martin Hellman. "New Directions in Cryptography." *IEEE Transactions on Information Theory* IT-22, no. 6 (November 1976): 644-54.

Dillinger, Ray. "Bitcoin P2P e-Cash Paper." Cryptography mailing list, November 6, 2008. http://www.metzdowd.com/pipermail/cryptography/2008-November/014822.html.

Dodd, Nigel. *The Social Life of Money.* Princeton: Princeton University Press, 2014.

_____. "The Social Life of Bitcoin." *Theory, Culture & Society* (2017): 1-26.

Donald, James. "Bitcoin P2P e-Cash Paper." Cryptography mailing list, November 2, 2008. http://www.metzdowd.com/pipermail/cryptography/2008-November/014814.html.

Doub, Bo. "Community Memory: Precedents in Social Media and Movements," *Computer History Museum* (blog), February 23, 2016. http://www.computerhistory.org/atchm/community-memory-precedents-in-social-media-and-movements/.

Dowd, Maureen. "Peter Thiel, Trump's Tech Pal, EXplains Himself." *New York Times*, January 11, 2017.

Drinan, Robert. "Review: *Law, Legislation, and Liberty (Volume 3)*." *University of Chicago Law Review* 47, no. 3 (Spring 1980): 621-33.

DuPont, Quinn. "Blockchain Identities: Notational Technologies for Control and Management of Abstracted Entities." *Metaphilosophy* 48, no. 5 (October 2017): 634-53.

Dwiggins, W. A. *Towards a Reform of the Paper Currency, Particularly in Point of Its Design*. New York: Limited Editions Club, 1932. Reprint, New York: First Typophiles; Boston: Godine; Cambridge, MA: Kat Ran Press, 2015.

Dwork, Cynthia, and Moni Naor. "Pricing via Processing or Combatting Junk Mail." *Advances in Cryptology—CRYPTO' 92*. Berlin: Springer, 1993.

Dyson, Esther. "Making Markets." *Release 1.0*, July 14, 1990, 1-15.

_____. "Information, Bid and Asked." *Forbes*, August 20, 1990, 92.

Edgerton, David. *The Shock of the Old: Technology and Global History since 1900*. London: Profile, 2008.

Elliott, Geoffrey. *The Shooting Star: Denis Rake, MC: A Clandestine Hero of the Second World War*. London: Methuen, 2009.

Ettinger, R. C. W. "The Penultimate Trump." *Startling Stories*, March 1948, 104-15.

Eubanks, Virginia. *Automating Inequality*. New York: St. Martin's Press, 2017.

"Excitations/Advances." *Extropy* 17, no. 8:2 (2nd Half 1996): 6-7.

Felsenstein, Lee. "Community Memory: The First Public-Access Social Media System." In *Social Media Archeology and Poetics*, edited by Judy Malloy, 89-102. Cambridge, MA: MIT Press, 2016.

Fezer, Harold. "The Energy Certificate." Technocracy Pamphlet Series A, no. 10, July 1938. http://www.technocracyinc.org/energy-certificate-2/.

Finney, Fran. "Exercise and Longevity." *Extropy* 9, no. 4:1 (Summer 1992): 30-33.

Finney, Hal. "Why remailers..." Cypherpunk mailing list, November 15, 1992. http://cypherpunks.venona.com/date/1992/11/msg00108.html.

____. "Protecting Privacy with Electronic Cash." *Extropy* 10, 1993, 8-14.

____. "RPOW Theory." RPOW.net. https://web.archive.org/web/20070528042614/http://rpow.net:80/theory.html.

____. "Re: Currency based on Energy." ExI-list archive, February 22, 2002. http://extropians.weidai.com/extropians.1Q02/3361.html.

____. "Bitcoin P2P e-Cash Paper." Cryptography mailing list, November 7, 2008. http://www.metzdowd.com/pipermail/cryptography/2008-November/014827.html.

Fitzsimons, Peter. *Nancy Wake: The Inspiring Story of One of the War's Greatest Heroines*. London: HarperCollins, 2002.

Franklin, Benjamin. "A Modest Enquiry into the Nature and Necessity of a Paper Currency." Philadelphia: Printed and sold at the New Printing-Office, near the Market, 1729. https://founders.archives.gov/documents/Franklin/01-01-02-0041.

Frye, Curtis D. "Re: Forged messages part of " Operation"?" Cypherpunks list archive, January 10, 1994. http://cypherpunks.venona.com/date/1994/01/msg00117.html.

Garfinkel, Simson. "Welcome to Sealand. Now Bugger Off." *Wired* 8 (July 2000). https://www.wired.com/2000/07/haven-2/.

Gesell, Silvio. *The Natural Economic Order*. London: Peter Owen, 1958.

Gibson, William. *Zero History*. New York: Putnam, 2010.

____. "The Art of Fiction No. 211" (interviewed by David Wallace-Wells). *Paris Review* 197 (Summer 2011).

Gibson-Graham, J. K. *The End of Capitalism (as We Knew It): A Feminist Critique of Political Economy*. Cambridge, MA: Blackwell, 1996.

Gilbert, Emily. "Forging a National Currency: Money, State-Building and Nation-Making in Canada." In *Nation-States and Money: The Past, Present and Future of National Currencies*, edited by Emily Gilbert and Eric Helleiner. New York: Routledge, 1999.

Gitelman, Lisa. *Paper Knowledge: Toward a Media History of Documents*. Durham, NC: Duke University Press, 2014.

Gleick, James. "The End of Cash." *New York Times Magazine*, June 16, 1996. https://www.nytimes.com/1996/06/16/magazine/dead-as-a-dollar.html.

Golumbia, David. *The Politics of Bitcion: Software as Right-Wing Extremism*. Minneapolis: University of Minnesota Press, 2016.

Graeber, David. *Debt: The First 5,000 Years*. New York: Melville House Publishing, 2011.

Greenberg, Andy. *This Machine Kills Secrets: How WikiLeakers, Cypherpunks, and Hacktivists Aim to Free the World's Information*. New York: Dutton, 2012.

_____. "Collected Quotations of the Dread Pirate Roberts, Founder of Underground Drug Site Silk Road and Radical Libertarian." *Forbes*, April 19, 2013. https://www.forbes.com/sites/andygreenberg/2013/04/29/collected-quotations-of-the-dread-pirate-roberts-founder-of-the-drug-site-silk-road-and-radical-libertarian/.

_____. "Nakamoto's Neighbor: My Hunt for Bitcoin's Creator Led to a Paralyzed Crypto Genius." *Forbes*, March 25, 2014. https://www.forbes.com/sites/andygreenberg/2014/03/25/satoshi-nakamotos-neighbor-the-bitcoin-ghostwriter-who-wasnt.

Greenberger, Martin. "The Computers of Tomorrow." *Atlantic* 213, no. 5 (May 1964): 63-67.

Greenfield, Adam. *Radical Technologies: The Deign of Everyday Life*. New York: Verso, 2017.

Grimmelmann, James. "Sealand, HavenCo, and the Rule of Law." *University of Illinois Law Review* 405 (2012): 405-84.

Halliday, Roy. "Operation Atlantis and the Radical Libertarian Alliance: Observations of a Fly on the Wall." Royhalliday.com (website), February 13, 2002. https://vonupodcast.com/operation-atlantis-radical-libertarian-alliance-observations-fly-wall/.

Hanson, Robin. "Idea Futures: Encouraging an Honest Consensus." *Extropy* 8 (Winter 1991): 7-17.

Harpold, Terry. *Ex-foliations: Reading Machines and the Upgrade Path*. Minneapolis: University of Minnesota Press, 2009.

Hayek, Friedrich. *Law, Legislation, and Liberty, Vol. 1: Rules and Order*. Chicago: University of Chicago Press, 1973.

_____. *Law, Legislation, and Liberty, Vol. 2: The Mirage of Social Justice*. Chicago: University of Chicago Press, 1977.

_____. *Law, Legislation, and Liberty, Vol. 3: The Political Order of a Free People*. Chicago: University of Chicago Press, 1979.

_____. *The Constitution of Liberty*. Chicago: University of Chicago Press, 1978.

_____. *The Denationalization of Money—the Argument Refined: An Analysis of the Theory and Practice of Concurrent Currencies*. 3rd ed. London: Institute of Economic Affairs, 1990.

_____. *The Market and Other Orders*. Chicago: University of Chicago Press, 1990.

Heinlein, Robert. *The Moon Is a Harsh Mistress*. New York: Orb, 1997.

Hern, Alex. "Missing: Hard Drive Containing Bitcoins Worth £4m in Newport Landfill Site." *Guardian*, November 27, 2013.

Hillis, William Daniel. "The Connection Machine." PhD dissertation, Prof. Gerald Sussman. Cambridge, MA: Massachusetts Institute of Technology, 1985.

"The Howland Will Case." *American Law Register (1852-1891)* 38, no. 9 (September 1890): 562-81.

Hu, Tung-Hui. *A Prehistory of the Cloud*. Cambridge, MA: MIT Press, 2015.

Hudson, Michael. "How Interest Rates Were Set, 2500 BC-1000 AD: *Máš, tokos* and *foenus* as Metaphors for Interest Accruals." *Journal of the Economic and Social History of the Orient* 43 (Spring 2000): 132-61.

Hughes, Eric. "No Subject." Cypherpunks list archive, September 21, 1992. http://cypherpunks.venona.com/date/1992/09/msg00001.html.

_____. "Nuts & Acorns." Cypherpunks list archive, October 6, 1992. http://cypherpunks.venona.com/date/1992/10/msg00020.html.

"Introduction." *Extropy* 1 (Fall 1988): 1-13.

Johns, Adrian. *Piracy: The Intellectual, Property Wars from Gutenberg to Gates*. Chicago: University of Chicago Press, 2009.

_____. *Death of a Pirate: British Radio and the Making of the Information Age*. New York: W. W. Norton, 2011.

Jones, Daniel Steadman. *Masters of the Universe: Hayek, Friedman, and the Birth of Neoliberal Politics*. Princeton, NJ: Princeton University Press, 2012.

Judis, John B. *William F. Buckley, Jr.: Patron Saint of the Conservatives*. New York: Simon & Schuster, 2001.

Kafka, Ben. *The Demon of Writing: Powers and Failures of Paperwork*. New York: Zone Books, 2012.

Kahn, David. *The Codebreakers: The Comprehensive History of Secret Communication from Ancient Times to the Internet*. New York: Simon & Schuster, 1996.

Kelly, Kevin. *Out of Control: The New Biology of Machines, Social Systems, and the Economic World*. New York: Basic Books, 1995.

_____. *The Inevitable: Understanding the 12 Technological Forces That Will Shape Our Future*. New York: Viking, 2016.

Keynes, John Maynard. *The General Theory of Employment, Interest and Money*. London: Macmillan, 1936 (reprinted 2007).

_____. "The General Theory of Employment." *Quarterly Journal of Economics* 51, no. 2 (February 1937): 209-23.

_____. "The Intenational Clearing Union." In *The New Economics: Keynes' Influence on Theory and Public Policy*, edited by Seymour Harris. New York: Knopf, 1947.

Kirschenbaum, Matthew. *Mechanisms: New Media and the Forensic Imagination*. Cambridge, MA: MIT Press, 2007.

Knott, G. D. "Hashing Functions." *Computer Journal* 18, no. 3 (January 1975): 265-78.

Kolodzey, James. "CRAY-1 Computer Technolog." *IEEE Transactions on Components, Hybrids, and Manufacturing Technology* 4, no. 2 (June 1981): 181-86.

Koselleck, Reinhart. *The Practice of Conceptual History: Timing History, Spacing*

Concepts. Stanford, CA: Stanford University Press, 2002.

_____. *Futures Past: On the Semantics of Historical Time*. New York: Columbia, 2004.

Kovalev, Roman. "What Does Historical Numismatics Suggest about the Monetary History of Khazaria in the Ninth Century?—Question Revisited." *Archivum Eurasiae Medii Aevi* 13 (2004): 97-129.

Krementsov, Nikolai. *A Martian Stranded on Earth: Alexander Bogdanov, Blood Transfusion, and Proletarian Science*. Chicago: University of Chicago Press, 2011.

_____. *Revolutionary Experiments: The Quest for Immortality in Bolshevik Science and Fiction*. Oxford: Oxford University Press, 2013.

Kuhn, Markus G. "The EURion Constellation." Security Group presentation, Computer Laboratory, University of Cambridge, February 8, 2002. http://www.cl.cam.ac.uk/~mgk25/eurion.pdf.

Lackey, Ryan. "Starting an e-Cash Bank." Cypherpunks list archive, December 30, 1995. http://cypherpunks.venona.com/date/1995/12/msg00969.html.

_____. "HavenCo: What Really Happened." Presentation at DEF CON 11, August 3, 2003. http://www.metacolo.com/papers/dc11-havenco/dc11-havenco.pdf.

Lanouette, William. *Genius in the Shadows: A Biography of Leo Szilard, the Man behind the Bomb*. Chicago: University of Chicago Press, 1994.

Levine, John. "Bitcoin P2P e-Cash Paper." Cryptography mailing list, November 3, 2008. http://www.metzdowd.com/pipermail/cryptography/2008-November/014817.html.

Levy, Steven. "The Cypherpunks vs. Uncle Sam." In *Building in Big Brother: The Cryptographic Policy Debate*, edited by Lance J. Hoffman. Berlin: Springer, 1995.

_____. *Crypto: How the Code Rebels Beat the Government—Saving Privacy in the Digital Age*. New York: Penguin, 2001.

_____. *Hackers: Heroes of the Computer Revolution* (25th anniversary edition). Sebastopol, CA: O'Reilly, 2010.

Lewis, Peter. "On Line with William Gibson: Present at the Creation, Startled at the Reality." *New York Times*, May 22, 1995.

Licklider, J. C. R. "Memorandum for Members and Affiliates of the Intergalactic Computer Network." Advanced Research Projects Agency, April 23, 1963.

_____. "Some Reflections on Early History." In *A History of Personal Workstations*, edited by Adele Goldberg. New York: Addison-Wesley, 1988.

Lindstrom, Monty. "Cult and Culture: American Dreams in Vanuatu." *Pacific Studies* 4, no. 2 (Spring 1981): 101-23.

Liška. "St. Jude's Legacy." July 18, 2015. http://unwittingraconteur.com/index. php/2015/07/18/st-judes-legacy/.

Lovell, Stanley. *Of Spies and Stratagems*. Englewood Cliffs, NJ: Prentice-Hall, 1962.

MacGregor, Neil. *A History of the World in 100 Objects*. New York: Penguin, 2013.

Machado, Romana. "Five Things You Can Do to Fight Entropy Now." September 12, 1994. http://www.euvolution.com/prometheism-transhumanism-posthumanism/ transtopa-transhumanism-evolved/5things.html.

Manley, Jared. "The Erg Man." *New Yorker* 12, no. 37 (October 31, 1936): 19-21.

Manovich, Lev. *The Language of New Media*. Cambridge, MA: MIT Press, 2002.

Marks, Leo. *Between Silk and Cyanide: A Codemaker's Story, 1941-1945*. London: Harper Colins, 1998.

Martinson,Yanek. "Another pax-type remailer." Cypherpunks list archive, December 22, 1992. http://cypherpunks.venona.com/date/1992/12/msg00232.html.

Marx, Karl. *Grundrisse: Foundations of the Critique of Political Economy*. London: Penguin, 1973.

Maurer, Bill. *Mutual Life, Limited: Islamic Banking, Alternative Currencies, Lateral Reason*. Princeton, NJ: Princeton University Press, 2005.

_____. "Money as Token and Money as Record in Distributed Accounts." In *Distributed Agency*, edited by N. J. Enfield and Paul Kockelman. Oxford: Oxford University Press, 2017.

Maurer, Bill, Taylor Nelms, and Lana Swartz. "'When Perhaps the Real Problem Is Money Itself!': The Practical Materiality of Bitcoin." *Social Semiotics* (2013).

https://doi.org/10.1080/10350330.2013.777594.

May, Timothy. "The Crypto Anarchist Manifesto." Cypherpunks list archive, November 22, 1992. http://cypherpunks.venona.com/date/1992/11/msg00204.html.

____. "A Minor Experimental Result." Cypherpunks list archive, December 13, 1992. http://cypherpunks.venona.com/date/1992/12/msg00124.html.

____. "Timed Release Crypto." Cypherpunks list archive, February 10, 1993. http://cypherpunks.venona.com/date/1993/02/msg00129.html.

____. "Re: Wired & Batch File." Cypherpunks list archive, February 11, 1993. http://cypherpunks.venona.com/date/1993/02/msg00159.html.

____. "Libertaria in Cyberspace." Cypherpunks list archive, August 9, 1993. http://cypherpunks.venona.com/date/1993/08/msg00168.html.

____. "Re: HACKERS: Crypto Session Being Planned." Cypherpunks list archive, October 7, 1993. http://cypherpunks.venona.com/date/1993/10/msg00307.html.

____. "Re: Blacknet Worries." Cypherpunks list archive, February 20, 1994. http://cypherpunks.venona.com/date/1994/02/msg01131.html.

____. "The Cyphernomicon: Cypherpunks FAQ and More." September 1994. https://web.archive.org/web/20170805063522/http://www.cypherpunks.to:80/faq/cyphernomicron/cyphernomicon.txt.

____. "Re: Anguilla—A DataHaven?" Cypherpunks list archive, August 14, 1996. http://cypherpunks.venona.com/date/1996/08/msg01155.html.

____. "Introduction to BlackNet." In *High Noon on the Electronic Frontier: Conceptual Issues in Cyberspace*, edited by Peter Ludlow. Cambridge, MA: MIT Press, 1996.

____. "Untraceable Digital Cash, Information Markets, and BlackNet." Talk at Computers, Freedom, and Privacy 1997. http://osaka.law.miami.edu/~froomkin/articles/tcmay.htm.

____. "Re: Guns: H&K, G3, 7.62 v 5.56 [Guns]" Cypherpunks list archive, January 2, 1998. http://cypherpunks.venona.com/date/1998/01/msg00006.html.

McCarthy, John. "The Home Information Terminal—A 1970 View." *Man and*

Computer: Proceedings of International Conference, Bordeaux, 1970, 48-57. Basel: Karger, 1972.

McDougall, Russell. "Micronations of the Caribbean." In *Surveying the American Tropics: A Literary Geography from New York to Rio*, edited by Maria Cristina Fumagalli, Peter Hulme, Owen Robinson, and Lesley Wylie. Liverpool: Liverpool University Press, 2013.

McKelway, St. Clair. "Mister Eight-Eighty." In *Reporting at Wit's End: Tales from the New Yorker*. New York: Bloomsbury, 2010.

McPhee, John. *Oranges*. New York: Farrar, Straus, and Giroux, 1966.

Meier, Paul, and Sandy Zabell. "Benjamin Peirce and the Howland Will." *Journal of the American Statistical Association* 75, no. 371 (September 1980): 497-506.

Meieran, E. S., P. R. Engel, and T. C. May. "Measurement of Alpha Particle Radio-activity in IC Device Packages." *17th Annual Reliability Physics Symposium*, 1979, 13-22.

Merkle, Ralph C. "Secure Communications over Insecure Channels." *Communications of the ACM* 21, no. 4 (1978): 294-99.

Metzger, Perry. "ADMIN: No Money Politics, Please." Cryptography mailing list, November 7, 2008. http://www.metzdowd.com/pipermail/cryptography/2008-November/014824.html.

Michell, Humfrey. "The Iron Money of Sparta." *Phoenix*, supplement to vol. 1 (Spring 1947): 42-44.

Milhon, Judith. "Secretions." Cypherpunks list archive, September 25, 1992. http://cypherpunks.venona.com/date/1992/09/msg00013.html.

____. "Public vs. Private." Cypherpunks list archive, October 3, 1992. http://cypherpunks.venona.com/date/1992/10/msg00005.html.

Miller, Mark, E. Dean Tribble, Ravi Pandya, and Marc Stiegler. "The Open Society and Its Media." *Extropy* 12, no. 6:1 (1st Quarter 1994): 18-23.

Mises, Ludwig von. *The Theory of Money and Credit*. Rev. ed. New Haven, CT: Yale University Press, 1953.

____. *Human Action: A Treatise on Economics—the Scholar's Edition*. Auburn, AL: Ludwig von Mises Institute, 1998.

_____. *Notes and Recollections, with the Historical Setting of the Austrian School of Economics*. Indianapolis: Liberty Fund, 2014.

Mitchell, Carmen L. "The Contributions of Grace Murray Hopper to Computer Science and Computer Education." PhD dissertation. Denton: University of North Texas, 1994.

More, Max. "The Extropian Principles." *Extropy* 6 (Summer 1990): 17-18.

_____. "Denationalisation of Money: Friedrich Hayek's Seminal Work on Competing Private Currencies." *Extropy* 15, no. 7:2 (2nd/3rd Quarter 1995): 19-20.

_____. "Editorial." *Extropy* 15, no. 7:2 (2nd/3rd Quarter 1995): 8.

_____. "Hal Finney Being Cryopreserved Now." ExI-list archive, August 28, 2014. https://web.archive.org/web/20180611154221/http://lists.extropy.org/pipermail/extropy-chat/2014-August/082585.html.

More, Thomas. *Utopia*. Oxford: Clarendon Press, 1904.

Morris, Robert. "Scatter Storage Techniques." *Communications of the ACM* 11, no. 1 (January 1968): 38-44.

Morrisson, Mark S. *Modern Alchemy: Occultism and the Emergence of Atomic Theory*. Oxford: Oxford University Press, 2007.

Mullan, P. Carl. *A History of Digital Currency in the United States: New Technology in an Unregulated Market*. New York: Palgrave, 2016.

Murdoch, Steven J. "Software Detection of Currency." 2012. www.cl.cam.ac.uk/~sjm217/projects/currency/.

Murdoch, Steven J., and Ben Laurie. "The Convergence of Anti-counterfeiting and Computer Security." 21st Chaos Communication Congress, December 27-29, 2004. http://sec.cs.ucl.ac.uk/users/smurdoch/talks/ccc04_counterfeiting.pdf.

Nakamoto, Satoshi. "Bitcoin: A Peer-to-Peer Electronic Cash System." 2008. https://bitcoin.org/bitcoin.pdf.

_____. "Citation of Your B-Money Page." Email to Wei Dai, August 22, 2008. http://www.gwern.net/docs/2008-nakamoto.

_____. "Bitcoin P2P e-Cash Paper." Cryptography mailing list, October 31, 2008. http://www.metzdowd.com/pipermail/cryptography/2008-October/014810.

html.

_____. "Bitcoin v0.1 Released." Cryptography mailing list, January 8, 2009. http://www.metzdowd.com/pipermail/cryptography/2009-January/014994.html.

_____. "Re: Citation of Your B-Money Page." Email to Wei Dai, July 10, 2009. http://www.gwern.net/docs/2008-nakamoto.

Narayanan, Arvind. "What Happened to the Crypto Dream? Part 1." *IEEE Security & Privacy* 11, no. 2 (March/April 2013): 2-3.

Nelson, Theodore. *Computer Lib/Dream Machines*. Redmond, WA: Microsoft Press, 1987.

_____. *Literary Machines 93.1*. Sausalito: Mindful Press, 1993.

"New Liberty Dollar." 2013. http://newlibertydollar.com.

Nieves, Javier, Igor Ruiz-Agundez, and Pablo G. Bringas. "Recognizing Banknote Patterns for Protecting Economic Transactions." *2010 Workshop on Database and Expert Systems Applications*, 2010, 247-249.

Nock, Albert Jay. "Isaiah's Job." *Atlantic Monthly*, June 1936, 641-49.

North, Peter. *Money and Liberation: The Micropolitics of Alternative Currency Movements*. Minneapolis: University of Minnesota Press, 2007.

O'Driscoll, Gerald, and Mario Rizzo. *Austrian Economics Re-examined: The Economics of Time and Ignorance*. New York: Routledge, 2015.

Ohanian, Melik, and Jean-Christophe Royoux. *Cosmograms*. Berlin: Sternberg Press, 2005.

Onken, Werner. "The Political Economy of Silvio Gesell: A Century of Activism." *American Journal of Economics and Sociology* 59, no. 4 (October 2000): 609-22.

Orr, Joel. "Join the Information Economy." *Computer Aided Engineering*, April 1992, 84.

Ott, Christopher. "For Your Information." *Salon*, August 3, 1999. http://www.salon.com/1999/08/03/info_markets/.

Peirce, Charles Sanders. "Logical Machines." *American Journal of Psychology* 1 (1887): 165-70.

_____. "Of Reasoning in General." In *The Essential Peirce: Selected Philosophical*

Writings (1893-1913). Bloomington: Indiana University Press, 1998.

Peterson, Chris. "Shuttle Pricing and Space Development." *L5 News*, January/ February 1985, 8-16.

Pettersson, Ann-Maria. *The Spillings Hoard: Gotland's Role in Viking Age World Trade*. Visby, Sweden: Gotlands Museum, 2009.

Pitta, Julie. "Requiem for a Bright Idea." *Forbes*, November 1, 1999. https:// www.forbes.com/forbes/1999/1101/6411390a.html.

Platt, Charles. "Hamburger Helpers." *Cryonics* 179, no. 19:4 (4th Quarter 1998): 13-16.

Plutte, Jon. "Whitfield Diffie Interview." March 28, 2011. Computer History Museum, CHM reference number X6075.2011.

Poovey, Mary. *Genres of the Credit Economy: Mediating Value in Eighteenth- and Nineteenth-Century Britain*. Chicago: University of Chicago Press, 2008.

Popper, Karl. *The Open Society and Its Enemies*. Single-volume ed. Princeton, NJ: Princeton University Press, 2013.

Popper, Nathaniel. *Digital Gold: Bitcoin and the Inside Story of the Misfits and Millionaires Trying to Reinvent Money*. New York: Harper, 2016.

"Post-Office Stamps as Currency." *New York Times*, October 2, 1862.

Potvin, Richard. "A Solicitation to Extropians to Buy Virtual Shares." January 9, 2000.

_____. "Extropians' net worths." ExI-list archive, January 9, 2000. http://extropians. weidai.com/extropians.1Q00/0488.html.

Rand, Ayn. *Atlas Shrugged*. New York: Signet, 1996.

Rayward, W. Boyd. "Visions of Xanadu: Paul Otlet (1868-1944) and Hypertext." *Journal of the American Society of Information Science* 45 (1994): 235-50.

Richards, John. *The Unending Frontier: An Environmental Histoy of the Early Modern World*. Berkeley: University of California Press, 2006.

Rid, Thomas. *Rise of the Machines: A Cybernetic History*. New York: W. W. Norton, 2016.

Rivest, Ronald. "Peppercoin Micropayments." *Proceedings Financial Cryptography 2004*. Berlin: Springer, 2004.

Rivest, Ronald, Adi Shamir, and Leonard Max Adleman. "A Method for Obtaining Digital Signatures and Public-Key Cryptosystems." *Communications of the ACM* 21, no. 2 (1978): 120-26.

Rivest, Ronald, Adi Shamir, and David Wagner. "Time-Lock Puzzles and Timed-Release Crypto." Laboratory for Computer Science technical memo MIT/LCS/TR-684 (February 1996).

Robertson, Frances. "The Aesthetics of Authenticity: Printed Banknotes as Industrial Currency." *Technology and Culture* 46, no. 1 (January 2005): 31-50.

Robin, Corey. "Wealth and the Intellectuals." In *Hayek: A Collaborative Biography: Part V, Hayek's Great Society of Free Men*, edited by Robert Leeson. London: Palgrave Macmillan UK, 2015.

Röckelein, Wolfgang, and Ronald Maier. "A Common Currency System for Spontaneous Transactions on Public Networks: Is it Feasible?" *Proceedings of the Ninth International Conference on EDI-IOS Electronic Commerce for Trade Efficiency and Effectiveness*, June 1996.

Romain, Tiffany. "Extreme Life Extension: Investing in Cryonics for the Long, Long Term." *Medical Anthropology: Cross-Cultural Studies in Health and Illness* 29, no. 2 (May 2010): 194-215.

Rubery, Matthew. *The Novelty of Newspapers: Victorian Fiction after the Invention of the News*. Oxford: Oxford University Press, 2009.

Schulz, Kathryn. "Final Forms." *New Yorker*, April 7, 2014, 32-37.

Schumpeter, Joseph. "The Rise and Fall of Families within a Class." In *Imperialism and Social Classes: Two Essays*. New York: Meridian Books, 1966.

Schwartz, Hillel. *The Culture of the Copy: Striking Likenesses, Unreasonable Facsimiles*. New York: Zone Books, 1996.

Scott, Howard. "Technology Smashes the Price System: An Inquiry into the Nature of Our Present Crisis." *Harper's Magazine* 166 (January 1933): 129-42.

Segal, Howard. *Technological Utopianism in American Culture: Twentieth Anniversary Edition*. Syracuse, NY: Syracuse University Press, 2005.

Servon, Lisa. *The Unbanking of America: How the New Middle Class Survives*. New York: Houghton Mifflin, 2017.

Shannon, Claude. "Communication Theory of Secrecy Systems." *Bell System Technical Journal* 28, no. 4 (1949): 656-715.

Shelter Systems, LLC. "Motion for Return of Property." Case No. MS-07-6337-MHW, June 17, 2008.

Shirriff, Ken. "Mining Bitcoin with Pencil and Paper: 0.67 Hashes per Day." *Righto.com* (blog), September 2014. http://www.righto.com/2014/09/mining-bitcoin-with-pencil-and-paper.html.

Simberg, Rand. "The Frozen Frontier, or: How Alcor Will Open Up Space." *Cryonics* 115, no. 11:2 (February 1990): 51-55.

Singh, Simon. *The Code Book: The Science of Secrecy from Ancient Egypt to Quantum Cryptography*. New York: Anchor, 1999.

Smith, David. "Book Cyphers in External Affairs Canada (1930s-1980s)." January 2005. http://www.jproc.ca/crypto/otfp_otlp.html.

Smith, Vera. *The Rationale of Central Banking and the Free Banking Alternative*. Indianapolis: Liberty Fund, 1990.

Spang, Rebecca. *Stuff and Money in the Time of the French Revolution*. Cambridge, MA: Harvard University Press, 2015.

Spicer, Sean. *The Mind Is a Collection: Case Studies in Eighteenth-Century Thought*. Philadelphia: University of Pennsylvania Press, 2015.

"Spontaneous Orders." *Extropy* 1 (Fall 1988): 7.

Stadd, Courtney. "NASA Headquarters Oral History Project." Interviewed by Rebecca Wright, Washington, DC, January 7, 2003. https://historycollection.jsc.nasa.gov/JSCHistoryPortal/history/oral_histories/NASA_HQ/Administrators/StaddCA/StaddCA_1-7-03.pdf.

Stadter, Philip. "Alexander Hamilton's Notes on Plutarch in His Pay Book." *Review of Politics* 73, no. 2 (Spring 2011): 199-217.

Stallman, Richard. "What Is Free Software?" Free Software Foundation. https://www.gnu.org/philosophy/free-sw.en.html.

Stearns, David. *Electronic Value Exchange: Origins of the VISA Electronic Payment System*. London: Springer-Verlag, 2011.

Steil, Benn. *The Battle of Bretton Woods: John Maynard Keynes, Harry Dexter*

White, and the Making of a New World Order. Princeton, NJ: Princeton University Press, 2013.

Sterling, Bruce. "The Blast Shack." *Webstock* (blog), December 22, 2010. https://medium.com/@bruces/the-blast-shack-f745f5fbeb1c.

Sterne, Jonathan. *MP3: The Meaning of a Format*. Durham, NC: Duke University Press, 2012.

Stiefel, Werner ("Warren K. Stevens"). *The Story of Operation Atlantis*. Saugerties, NY: Atlantis Publishing Company, 1968.

Stites, Richard. *Revolutionary Dreams: Utopian Vision and Experimental Life in the Russian Revolution*. Oxford: Oxford University Press, 1991.

Strauss, Erwin. *How to Start Your Own Country*. Boulder, CO: Paladin Press, 1999.

Strugatsky, Arkady and Boris. *Roadside Picnic*. New York: Macmillian, 1977.

Swartz, Lana. "Gendered Transactions: Identity and Payment at Midcentury." *Women's Studies Quarterly* 42, no. 1/2, "Debt" (Spring/Summer 2014): 137-53.

_____. "Blockchain Dreams: Imagining Techno-Economic Alternatives after Bitcoin." In *Another Economy Is Possible*, edited by Manuel Castells. London: Polity Press, 2017.

_____. *Social Transactions: The Cultural Politics of Money Technology*. New Haven, CT: Yale University Press, forthcoming.

Szabo, Nick. "Future Forecasts." *Extropy* 15, no. 7:2 (2nd/3rd Quarter 1995): 10-13.

_____. "Secure Property Titles with Owner Authority." Nick Szabo's E-Commerce and Security White Papers (website), 1998. https://nakamotoinstitute.org/secure-property-titles/.

_____. "Intrapolynomial Cryptography." Nick Szabo's E-Commerce and Security White Papers (website), 1999. https://web.archive.org/web/20010802174702/http://www.best.com:80/~szabo/intrapoly.html.

_____. "Trusted Third Parties Are Security Holes." Nick Szabo's Essays, Papers, and Concise Tutorials (website), 2001. https://web.archive.org/web/20160705000502/http://szabo.best.vwh.net/ttps.html.

_____. "Bit Gold." *Unenumerated* (blog), December 29, 2005. http://unenumerated. blogspot.com/2005/12/bit-gold.html.

Szilard, Leo. "The Mark Gable Foundation." Leo Szilard Papers. MSS 32, BOX 27, Folder 11. Special Collections & Archives, UC San Diego Library, July 28, 1948.

_____. "Memoirs." Leo Szilard Papers. MSS 32, Box 40, Folder 10. Special Collections & Archives, UC San Diego Library, 1960.

Taaki, Amir. "Why Do We Want to Make unSYSTEM, DarkWallet and All These Things?" Darkwallet (website), 2013.

Taylor, Frederick. *The Downfall of Money: Germany's Hyperinflation and the Destruction of the Middle Class*. New York: Bloomsbury, 2013.

Technocracy, Inc. "Total Conscription! Your Questions Answered." New York: Technocracy Inc. Continental Headquarters, 1942. https://archive.org/details/ TotalConscriptionYourQuestionsAnswered.

Thaler, Richard. "Mental Accounting and Consumer Choice." *Marketing Science* 4, no. 3 (1985): 199-214.

Thiel, Peter. "The Education of a Libertarian." *Cato Unbound*, April 13, 2009. https://www.cato-unbound.org/2009/04/13/peter-thiel/education-libertarian.

Tresch, John. "Cosmogram." In *Cosmograms*. edited by Melik Ohanian and Jean-Christophe Royoux. New York: Lukas & Sternberg, 2005.

_____. *The Romantic Machine: Utopian Science and Technology after Napoleon*. Chicago: University of Chicago Press, 2012.

Trettien, Whitney Anne. "Leaves." In *Paid: Tales of Dongles, Checks, and Other Money Stuff*, edited by Bill Maurer and Lana Swartz. Cambridge, MA: MIT Press, 2017.

Turner, Fred. *From Counterculture to Cyberculture: Stewart Brand, the Whole Earth Network, and the Rise of Digital Utopianism*. Chicago: University of Chicago Press, 2006.

_____. "Prototype." In *Digital Keywords: A Vocabulary of Information Society and Culture*, edited by Benjamin Peters. Princeton, NJ: Princeton University Press, 2016.

_____. "Can We Write a Cultural History of the Internet? If So, How?" *Internet*

Histories 1 (2017): 39-46.

US Congress, Office of Technology Assessment. "Federal Government Information Technology: Electronic Record Systems and Individual Privacy." OTA-CIT-296 Washington, DC: US Government Printing Office, 1995.

van Fossen, Anthony. *Tax Havens and Sovereignty in the Pacific Islands*. St. Lucia: University of Queensland Press, 2012.

Vinge, Vernor. "The Coming Technological Singularity: How to Survive in the Post-human Era." *Vision-21: Interdisciplinary Science and Engineering in the Era of Cyberspace* (NASA Conference publication 10129). NASA Office of Management, 1993.

_____. *True Names and the Opening of the Cyberspace Frontier*. New York: Tor, 2001.

von Glahn, Richard. *Fountain of Fortune: Money and Monetary Policy in China, 1000-1700*. Berkeley: University of Califonia Press, 1996.

von NotHaus, Bernard. "To Know Value—An Economic Research Paper." 1974. http://bernardvonnothaus.org/wp-content/uploads/To-Know-Value.pdf.

_____. "The Nazi-ization of America." In *The Liberty Dollar Solution to the Federal Reserve*. Evansville, IN: American Financial Press, 2003.

Waldrop, M. Mitchell. *The Dream Machine: J. C. R. Licklider and the Revolution That Made Computing Personal*. New York: Penguin, 2001.

Walker, John. *The Autodesk File: Bits of History, Words of Experience*. 4th ed. 1994. https://www.fourmilab.ch/autofile/.

Wallace, Robert, and Harold Keith Melton. *Spycraft: The Secret History of the CIA's Spytechs from Communism to Al-Qaeda*. New York: Plume, 2006.

Waring, Marilyn. *If Women Counted: A New Feminist Economics*. New York: Harper & Row, 1988.

Weatherford, John. *The History of Money: From Sandstone to Cyberspace*. New York: Three Rivers, 1997.

Wells, H. G. *The Shape of Things to Come*. New York: Penguin, 2005.

Widdig, Bernd. *Culture and Inflation in Weimar, Germany*. Berkeley: University of California Press, 2001.

Williams, Kathleen. "Improbable Warriors: Mathematicians Grace Hopper and Mina Rees in World War II." In *Mathematics and War*, edited by Bernhelm Booß-Bavnbek and Jens Hoyrup. Basel: Springer Basel AG, 2003.

Wilson, Cody. *Come and Take It: The Gun Printer's Guide to Thinking Free*. New York: Gallery Books, 2016.

Wolf, Gary. "The Curse of Xanadu." *Wired* 3, no. 6 (June 1995). https://www.wired.com/1995/06/xanadu/.

Wolfson, Shael N. "Bitcoin: The Early Market." *Journal of Business & Economics Research* 13, no. 4 (Fourth Quarter 2015): 201-14.

Yow. "Mindsurfing: The Tia Transformation." *Extropy* 15, no. 7:2 (2nd/3rd Quarter 1995): 47.

Zaloom, Caitlin. *Out of the Pits: Trading and Technology from Chicago to London*. Chicago: University of Chicago Press, 2006.

_____. "How to Read the Future: The Yield Curve, Affect, and Financial Prediction." *Public Culture* 21, no. 2 (2009): 245-268.

Zelizer, Viviana. "The Social Meaning of Money: 'Special Monies.'" *American Journal of Sociology* 95, no. 2 (September 1989): 342-77.

_____. *Economic Lives: How Culture Shapes the Economy*. Princeton, NJ: Princeton University Press, 2011.

Zielinski, Siegfried. *Deep Time of the Media: Toward an Archaeology of Hearing and Seeing by Technical Means*. Cambridge, MA: MIT Press, 2008.

Zimmerman, Philip R. *PGP Source Code and Internals*. Cambridge, MA: MIT Press, 1995.

찾아보기